DIREITO INTERNACIONAL E O DEBATE SOBRE SUA UNIDADE

Coleção **Direito Internacional**
Organizador: Paulo Borba Casella

EMÍLIO MENDONÇA DIAS DA SILVA

DIREITO INTERNACIONAL E O DEBATE SOBRE SUA UNIDADE

©TODOS OS DIREITOS RESERVADOS À EDITORA DOS EDITORES LTDA.

Produção editorial: Equipe Ee.

Dados Internacionais de Catalogação na Publicação (CIP)
Angélica Ilacqua CRB-8/7057

Silva, Emílio Mendonça Dias da
  Direito internacional e o debate sobre sua unidade / Emílio Mendonça Dias da Silva. -- São Paulo : Editora dos Editores, 2019.
  206 p.

Bibliografia
ISBN 978-85-85162-39-9

1. Direito internacional I. Título

CDU 341

19-2205

Índices para catálogo sistemático:
1. Direito - Ensaios

RESERVADOS TODOS OS DIREITOS DE CONTEÚDO DESTA PRODUÇÃO.
NENHUMA PARTE DESTA OBRA PODERÁ SER REPRODUZIDA ATRAVÉS DE QUALQUER MÉTODO, NEM SER DISTRIBUÍDA E/OU ARMAZENADA EM SEU TODO OU EM PARTES POR MEIOS ELETRÔNICOS SEM PERMISSÃO EXPRESSA DA EDITORA DOS EDITORES LTDA., DE ACORDO COM A LEI Nº 9610, DE 19/02/1998.

Este livro foi criteriosamente selecionado e aprovado por um Editor científico da área em que se inclui. A **Editora dos Editores** assume o compromisso de delegar a decisão da publicação de seus livros a professores e formadores de opinião com notório saber em suas respectivas áreas de atuação profissional e acadêmica, sem a interferência de seus controladores e gestores, cujo objetivo é lhe entregar o melhor conteúdo para sua formação e atualização profissional.

Desejamos-lhe uma boa leitura!

EDITORA DOS EDITORES
Rua Marquês de Itu, 408 – sala 104 – São Paulo/SP
CEP 01223-000
Rua Visconde de Pirajá, 547 – sala 1.121 – Rio de Janeiro/RJ
CEP 22410-900

+55 11 2538-3117
contato@editoradoseditores.com.br
www.editoradoseditores.com.br

*Para Vera Márcia de Mendonça e
Flora Martins de Mendonça.*

Prefácio

Paulo Borba CASELLA[1]

A controvertida questão da situação do direito internacional, no contexto pós-moderno, entre fragmentação e unidade sistêmica, é examinada por Emílio Mendonça Dias da SILVA, neste trabalho, originalmente apresentado e aprovado com distinção, como mestrado em Direito internacional na Faculdade de Direito da Universidade de São Paulo, sob a minha orientação. O texto foi inteiramente revisado pelo autor para a presente edição.

Matéria tanto relevante quanto oportuna é o exame do **Direito internacional e coerência sistêmica – o Relatório da Comissão de Direito internacional sobre fragmentação** – após um decênio. O risco de fragmentação, potencialmente, existe, mas, no meu entender, a unidade do direito internacional permanece, ao menos até o momento. E isso permanece, mais de uma década, depois do Relatório da CDI da ONU sobre a matéria.

Em lugar de temer o risco de fragmentação do direito internacional pós-moderno é preciso entender que o quadro atual reflete o desenvolvimento do conjunto da disciplina, e exprime o enorme desenvolvimento do direito internacional pós-moderno, com áreas inteiras deste, que se criaram e se desenvolveram nas últimas décadas.

Emílio se vale de sua dupla formação, graduado em direito (pela Faculdade de Direito de São Bernardo, 2011) e em relações internacionais (pelo Centro Universitário Fundação Santo André, 2011), para examinar uma das questões mais discutidas do direito internacional: existe risco de fragmentação, ou permanece a unidade sistêmica do direito internacional, como um todo? Para expor o seu entendimento, Emílio, no capítulo I, apresenta

---

[1] Professor titular de Direito internacional público da Faculdade de Direito da USP, Presidente do IDIRI – Instituto de direito internacional e relações internacionais de São Paulo, coordenador de cursos da área de Direito internacional da ESA – Escola Superior da Advocacia da Ordem dos Advogados do Brasil, seção de São Paulo, coordenador do GEBRICS – Grupo de Estudos sobre os BRICS da USP e coordenador do GEPIM – Grupo de Estudos sobre proteção internacional de minorias da USP.

o quadro atual do 'Direito internacional entre unidade e fragmentação', seguindo-se, no capítulo II a configuração de 'lex specialis e regimes autônomos no direito internacional'.

O capítulo III, sobre 'fragmentação e normas sucessivas de direito internacional' trata de outra faceta da matéria, antes apontada sob a rubrica de 'direito intertemporal', e que traz aspectos adicionais para o debate sobre a possibilidade de fragmentação do direito internacional e de riscos à unidade sistêmica deste.

O capítulo IV retoma as bases do direito internacional no contexto pós-moderno, considerando 'jus cogens, a carta da ONU, obrigações erga omnes e unidade do direito internacional', e o faz de maneira oportuna e acertada: existem critérios ordenadores do direito internacional e este tem se desenvolvido e multiplicado as suas subáreas de especialização, independentemente, sem contudo perder a sua lógica como conjunto.

Finalmente, o capítulo V expõe a visão do autor sobre a 'fragmentação do direito internacional e integração sistêmica', seguido da 'conclusão'.

Cabe-me manifestar a oportunidade e a adequação das considerações expendidas por Emílio Mendonça Dias da SILVA neste seu estudo sobre 'direito internacional e coerência sistêmica' e recomendar a leitura deste trabalho como referência útil para quem quiser compreender de que se fala quando se mencionam 'fragmentação' e 'unidade sistêmica' do direito internacional, e quais as consequências dessa condição pós-moderna de nossa disciplina.

Finalmente, cabe expor a satisfação pela aceitação deste estudo, para a presente publicação pela Editora dos Editores, na sua coleção jurídica. O relevante tema da fragmentação e unidade sistêmica do direito internacional passa a contar com referência que será útil para a compreensão dessa temática, não somente por parte dos alunos de graduação e de pós-graduação em direito internacional e em relações internacionais, bem como de outras áreas das ciências sociais, neste nosso mundo pós-moderno, no qual tantas e tão complexas transformações estão em curso.

São Paulo, 20 de setembro de 2019

Abreviaturas

CDI	Comissão de Direito Internacional das Nações Unidas.
CEDH	Corte Europeia de Direitos Humanos.
CIJ	Corte Internacional de Justiça
CNUDM	Convenção das Nações Unidas sobre o Direito do Mar.
CVDT	Convenção de Viena sobre o Direito dos Tratados de 1969.
OMC	Organização Mundial do Comércio.
ONU	Organização das Nações Unidas.
OSC	Órgão de Solução de Controvérsias da Organização Mundial do Comércio.
TPII	Tribunal Penal Internacional para a Antiga Iugoslávia.

Sumário

INTRODUÇÃO 01

CAPÍTULO I:
DIREITO INTERNACIONAL E O DEBATE
SOBRE SUA UNIDADE OU FRAGMENTAÇÃO 07

1.1 O significado da fragmentação do direito internacional 08
    1.1.1 Fragmentação sob o aspecto institucional 18
        1.1.1.1. Fragmentação e forum shopping 19
    1.1.2 A dimensão sociológico-jurídica da fragmentação 21

1.2 Oposição à ideia de fragmentação do direito internacional 23
    1.2.1 A percepção de constitucionalismo no direito internacional
        como eventual contraponto à ideia de fragmentação 29

1.3 Fragmentação como tendo aspectos negativos e positivos e
fragmentação e constitucionalismo como fenômenos coexistentes 32

CAPÍTULO II:
A DISCUSSÃO SOBRE *LEX SPECIALIS* E A FORMAÇÃO DE
REGIMES AUTÔNOMOS NO DIREITO INTERNACIONAL 37

2.1. Conflitos e norma especial 38

2.2. *Lex specialis* no direito internacional público 45
    2.2.1. *Lex specialis* como critério de solução de antinomia 45
    2.2.2. *Lex specialis*: permissibilidade
        pelo direito internacional "geral" 57

2.3. *Lex specialis* e regimes autônomos (*self-contained regimes*) 58
    2.3.1. O problema de definição de "regimes autônomos" 58
    2.3.2. Regimes autônomos:
        o debate sobre sistema e subsistemas de
        responsabilidade internacional do estado 64
    2.3.3. Condições para a formação de
        regimes e sua relação com o direito geral 67

2.4. Direito geral especial? Normas primárias e secundárias? 78
    2.4.1. *'Lex specialis'* e regionalismo 81

xii

CAPÍTULO III:
A DISCUSSÃO SOBRE FRAGMENTAÇÃO E NORMAS
SUCESSIVAS NO DIREITO INTERNACIONAL 89

3.1. O debate sobre conflitos entre normas sucessivas 90

3.2. Sucessividade normativa na Convenção
de Viena sobre o Direito dos Tratados de 1969 99

3.3. Sucessividade normativa e a discussão
sobre validade ou prioridade jurídica 102
3.3.1. Princípio da decisão política? 103

3.4. Cláusulas que tratam da relação entre tratados:
a recomendação da CDI 103

3.5. Acordos *inter* se que importam modificação de um tratado 108

3.6. A conclusão da CDI sobre normas sucessivas e fragmentação 112

CAPÍTULO IV:
JUS COGENS, CARTA DAS NAÇÕES UNIDAS, OBRIGAÇÕES
ERGA OMNES E A UNIDADE DO DIREITO INTERNACIONAL 115

4.1. Abordagem preliminar sobre a Carta
das Nações Unidas e sua prevalência 117
4.1.1. A discussão da CDI sobre normas
conflitantes com a Carta das Nações Unidas 119

4.2. *Jus cogens* e sua capacidade de solução de conflito normativo 126
4.2.1. O problema da definição de quais normas são *jus cogens* 130
4.2.2. A existência do *jus cogens* 132

4.3. O estudo da CDI sobre obrigações *erga omnes* e suas críticas 136

4.4. Conclusões sobre a prevalência da Carta das
Nações Unidas, jus cogens e obrigações erga omnes 138

CAPÍTULO V:
FRAGMENTAÇÃO DO DIREITO INTERNACIONAL
E INTEGRAÇÃO SISTÊMICA 141

5.1. A Convenção de Viena sobre o
Direito dos Tratados e integração sistêmica 142
5.1.1. A aplicação do artigo 31(3)(c) da CVDT 145

5.2. A proposta da técnica de balanceamento 157

5.3. Conclusões do trabalho da CDI sobre "integração sistêmica" 158

CONCLUSÃO 161

REFERÊNCIAS BIBLIOGRÁFICAS 183

JURISPRUDÊNCIA INTERNACIONAL CONSULTADA 191

INTRODUÇÃO

Apresenta-se, no direito internacional público, um debate a respeito de sua capacidade de conservar um sentido uniforme e coerente. O debate tem por contexto sua institucionalização, expansão e diversificação.

Estes três fenômenos demonstram a transformação do direito internacional, no sentido de superar o modelo frequentemente denominado por "clássico", cujo propósito se limitaria a regular a relação entre estados soberanos. Se o direito internacional tivera o fim precípuo de garantir a coexistência de estados soberanos, o novo direito internacional, fortemente edificado a partir da segunda metade do século XX, passou a assumir funções centradas no indivíduo, nas coletividades e na comunidade internacional; para que, além da convivência de estados, fossem estabelecidos objetivos a serem seguidos por todos os estados e pela sociedade internacional organizada.

Dito cenário importa a criação de organizações e órgãos internacionais, afigurando-se sua institucionalização. O tratamento de demandas internacionalizadas evoca a criação de organizações internacionais, de caráter amplo ou específico, para gerenciamento de assuntos de importância transnacional. Abarca, inclusive, a criação de órgãos cuja função é resolver controvérsias envolvendo sujeitos de direito internacional: os órgãos judicantes ou adjudicatórios, referidos, quando é o caso, por tribunais internacionais.

A institucionalização do direito internacional, particularmente a criação de órgãos judicantes, responsáveis por resolver controvérsias, foi o primeiro ponto a dar motivo ao ressurgimento do debate sobre a unidade e coerência do direito internacional. Isto porque, na década de 1990, houve intensa criação de órgãos judicantes especializados e, em virtude da ausência de mecanismos que pudessem garantir a uniformização da aplicação e da interpretação jurídica, alguns estudiosos passaram a vislumbrar o risco de as diferenças jurisprudenciais acabarem por minar um sentido comum ao sistema jurídico internacional. Dar-se-ia o problema em questão, por exemplo, caso duas demandas, de razões jurídicas idênticas ou similares, fossem submetidas tanto ao Tribunal Internacional do Direito do Mar quando à Corte Internacional de Justiça: os julgados de um não necessariamente estariam vinculados às decisões de outro órgão, de modo a possibilitar o distanciamento de entendimentos.

Assim, ter-se-iam órgãos isolados a decidirem de acordo com suas inteligências próprias. Seriam os órgãos judicantes fechados e alheios às normas internacionais que não compusessem o regime que amparou e justificou sua criação. Neste passo, os estudiosos que enxergaram um risco de distanciamento e sobreposições jurisprudenciais dos órgãos judicantes, no direito internacional, passaram a tratar do que chamaram de "proliferação de tribunais internacionais", recebendo objeções daqueles que viram, no referido aumento, maior grau de substituição da força pelo direito.

Para além da transformação pela institucionalização, o direito internacional assistiu, logicamente, à extensão dos campos sobre os quais deva apresentar solução jurídica. Há um aumento de objetos sujeitos à normatividade internacional, porquanto seu escopo tenha-se ampliado, visando resguardar mais interesses do que meramente aqueles fundados na coexistência de estados, como a proteção ao ambiente, aos direitos humanos, ao comércio e aos investimentos internacionais, à saúde, às relações de trabalho, entre muitos outros assuntos. A partir daí, tem-se a diversificação como consequência da expansão.

O progressivo grau de diversificação é entendido como sua divisão em linhas temáticas que constituem seus diferentes "ramos" de estudo. Nota-se que o fenômeno aqui tratado corresponde à divisão, de caráter ao menos pedagógico, de diferentes esferas de normatividade internacional, como o direito internacional ambiental, o direito internacional dos direitos humanos, o direito do comércio internacional e assim por diante; à semelhança das divisões didáticas dos direitos domésticos. No entanto, como ao longo deste trabalho será explicado, referida diversificação pode – e aqui esclareço tratar-se de uma hipótese amplamente questionada e debatida - não se limitar a ter fins pedagógicos, mas efetivamente atender a inteligibilidades próprias, com princípios norteadores específicos, donde se questiona como ditas esferas se relacionam em casos cuja solução apresente importância tanto para uma quanto para outra.

Foi para este ponto que a discussão acerca da unidade e coerência do direito internacional evoluiu durante os anos: o sentido substantivo. A preocupação não se limita à perda de unidade por ausência de vinculação institucional entre órgãos judicantes, mas sugere que os próprios conteúdos de direito internacional são demasiadamente horizontalizados, propiciam sua organização em subconjuntos normativos adstritos temática ou territorialmente e pouco ou nada esclarecem sobre suas mútuas relações.

Os que entenderam que a unidade e coerência do direito internacional estariam arriscadas no sentido substantivo argumentam que o direito internacional se vê fragmentado pela formação de "regimes jurídicos autônomos". Ditos regimes proclamariam sua independência e aplicação exclusiva frente às disposições contidas no direito internacional geral ou a outros regimes jurídicos. Objeções recaíram, igualmente, sobre esta ordem de preocupações, afirmando-se a capacidade de o direito internacional se manter como sistema a partir da aplicação de normas de relação e das técnicas adequadas à solução de antinomias e princípios.

Portanto, a discussão opõe aqueles que acreditam que o direito internacional vivencia sua fragmentação àqueles que reforçam sua sistematicidade ou, até mesmo, sua constitucionalização. Toca pontos sociológicos da sociedade internacional a partir da complexidade de assuntos gerenciados em seu âmbito; perpassa o aspecto institucional, tratando de isolamentos possíveis de órgãos judicantes, por vezes defendendo sua hierarquização e o estabelecimento de mecanismos processuais que promovam o diálogo entre órgãos no direito internacional, ou mesmo tratando de eventuais consultas e recursos a serem apreciados por uma determinada corte, mormente a Corte Internacional de Justiça; percorre pelo aspecto substantivo, tratando de regimes jurídicos especiais, para alguns autônomos, e de normas que possam resolver a relação entre as normas ou eventuais colisões entre princípios; aponta para a perfeita aplicabilidade ou para a falibilidade dos critérios de solução de antinomias; e atravessa para o próprio desafio de caracterização do direito internacional como sistema.

Evoluiu-se, ainda, ao longo da discussão, para um intenso esforço analítico visando compreender como o direito internacional lida com antinomias – com a aplicação dos critérios *lex specialis*, *lex posterior* e *lex superior* - e colisão de princípios. Referido estudo foi capitaneado, inclusive, pela Comissão de Direito Internacional das Nações Unidas (CDI), a qual elaborou um relatório sobre o tema, no intuito de consolidar e entender a categoria de normas que calibram a relação normativa, como são os critérios de solução de conflitos normativos. O estudo da CDI é a principal base de discussão do presente trabalho.

A proposta que deu azo ao estudo da Comissão de Direito Internacional defendia que faz menção ao fim da guerra fria e ao crescente aumento da divisão política e interdependência global e regional no tocante a assuntos de importância para as relações internacionais, como economia, ambiente, energia, recursos, saúde e proliferação de armas de destruição em massa e daí por diante. Lembra que em trabalhos anteriores da Comissão se entendeu não haver uma ordem jurídica internacional homogênea, mas partes de normatividade erráticas e elementos diferentemente estruturados, os quais contém um lado positivo por garantirem a submissão de demandas sociais internacionalizadas ao direito, mas que igualmente podem resultar em fricções e contradições a ameaçar a consistência do direito internacional.

O problema deveria, segundo a proposta, ser estudado pela Comissão, porquanto afeta a estabilidade do sistema jurídico internacional, diante de algumas características do direito internacional que são levantadas para esclarecer o porquê da fragmentação do direito internacional: a ausência de órgãos centralizados; as instituições do sistema internacional não têm o poder de se imporem aos estados, mas somente promovem coordenação; há um grau crescente de especialização em linhas setoriais; há diferentes estruturas de conjuntos normativos no direito internacional, como a estrutura baseada no direito internacional clássico de relações eminentemente recíprocas entre estados, estrutura de normas insculpindo obrigações ao estado devidas aos indivíduos e estrutura de normas estabelecendo deveres oriundos e devidos a toda a comunidade de estados; há regulamentação paralela sobre os mesmos assuntos, por exemplo, no plano universal e regional; há regulação competitiva originada de diferentes regimes de direito, como as regulações comerciais e ambientais, as primeiras procurando impedir restrições ao comércio e as segundas, muitas vezes, contê-lo para fins de proteção ao ambiente; há um aumento do escopo do direito internacional, o qual redunda no aumento de atores; há diferentes regimes de normas secundárias, entendendo-se como tais normas que estabelecem consequências por violações e condições sob as quais um estado pode ser considerado responsável. Enfim, a proposta sustentou que este formato disperso do direito internacional promove sua desintegração, ameaça sua autoridade e credibilidade, recomendando, portanto, a elaboração de um relatório[1].

Referido documento foi gestado e concluído seis anos após a inclusão na agenda da Comissão, reunindo importantes pontos de vistas e constituindo uma das principais referências no assunto. Além da sua relevante perspectiva, este trabalho tratará de toda a discussão acerca da unidade do

---

[1] HAFNER, Gerhard. **Risks Ensuing From Fragmentation of International Law**. Syllabuses on Topics Recommended for Inclusion in the Long-Term Programme of Work of the Comission (A/55/10) -2000.

direito internacional que precede e fomenta o assunto, bem como críticas feitas ao trabalho da Comissão de Direito Internacional das Nações Unidas.

Assim, seu primeiro capítulo discutirá a hipótese de fragmentação institucional e substantiva do direito internacional e tratará de suas críticas correspondentes. O segundo capítulo adentrará em questão mais técnica, ao levantar a discussão a respeito da aplicação da norma *lex specialis* no direito internacional; o que se repetirá, no terceiro capítulo, a respeito da norma *lex posterior*; no quarto a respeito de *lex superior*; e, ao final, no quinto capítulo, tratar-se-á do mecanismo de interpretação jurídica entendido como sendo o balanceamento de princípios.

Feito isso, introduz-se ao leitor tanto o debate sobre a unidade ou fragmentação do direito internacional, como se permite o aprendizado a respeito de como são as normas de relação e normas de interpretação aplicadas no direito internacional de modo a permitir-se seu sentido coerente.

DIREITO INTERNACIONAL E O DEBATE SOBRE SUA UNIDADE OU FRAGMENTAÇÃO

O entendimento de que o direito internacional público vivencia sua fragmentação tem caráter ontológico. Trata-se de preocupação com a coerência entre órgãos judicantes ou mesmo entre os próprios conteúdo do direito internacional, face à possibilidade de serem organizados em diferentes sistemas normativos sem que haja apropriados mecanismos de interação. A fragmentação do direito internacional é, assim, ora apresentada como um problema institucional, em função do distanciamento jurisprudencial de órgãos judicantes somado à ausência de mecanismos processuais que promovam suas intervinculações; ora apresentada a partir de um caráter substantivo, em função da organização do conteúdo do direito internacional em regimes autônomos, sem um grau satisfatório de coerência jurídica.

Acredita-se, seguindo esta hipótese, que o recente desenvolvimento jurídico do direito internacional se estabeleceu a partir de sistemas especializados e estanques; consolidou-se sobre uma sociedade cuja diferenciação funcional – formação técnica de pessoal especializado para gerenciar determinadas atividades transnacionais - e operacionalização de interesses específicos originam um mosaico normativo, cujo formato disperso oportuniza escolhas de enfoques que sejam favoráveis a quem o invoca. Figurativamente, é como se as engrenagens de uma máquina estivessem dispostas distantemente uma da outra, sem ocasionar o ponto de encaixe em que engrenam, hipótese em que cada engrenagem constituiria um circuito próprio e alheio ao funcionamento integrado da máquina.

Referida preocupação é alvo de debate entre estudiosos do direito internacional há, pelo menos, meio século[2]. Há argumento, porém, no sentido

---

[2] Comissão de Direito Internacional das Nações Unidas. **Fragmentation of International Law: Difficults Arisding from the Diversification and Expansion of International Law – Report of the Study Group of the International Law Comission – Finalized by**

8   Direito Internacional e o Debate sobre sua Unidade

de que o debate reaparece nos meios acadêmicos em intervalos regulares desde a metade do século XIX[3].

No entanto, apesar da possibilidade de este debate ser anterior, muitos trabalhos escritos principalmente ao final da década de 1990 consolidam um novo movimento de teóricos dispostos a discutir os contornos do fenômeno no contexto de uma expressiva ampliação de órgãos voltados a soluções de controvérsias.

Se os estudos que inauguraram esta recente onda de preocupações com a fragmentação do direito internacional tomaram, em um primeiro momento, o problema como sendo marcadamente institucional, vez que focado na "proliferação" de tribunais internacionais; logo este passou a ser apresentado como lógico-normativo, ou seja, como um problema de coerência sistêmica entre as próprias normas ou conjunto de normas do direito internacional.

Neste capítulo, portanto, pretende-se resgatar os termos gerais do debate e apurar a base teórica que entende existir a fragmentação do direito internacional, tanto sob seu aspecto institucional como substantivo, seja sob enfoque jurídico ou mesmo sociológico. Os casos jurídicos possivelmente indicativos da chamada fragmentação serão esclarecidos, com vistas a demonstrar a concretude do problema apresentado.

O capítulo também abordará a crítica dirigida à percepção da fragmentação, seja a que postula a unidade do direito internacional ou simplesmente a que entende que a fragmentação não existe ou, ainda, que sempre tenha existido ao ponto de não merecer a atenção que teve com a vinda dos tribunais internacionais especializados. Há o esclarecimento, inclusive, de vieses intermediários, a reconhecer parcial verdade em ambas as posições.

1.1   O significado da fragmentação do direito internacional.

A partir das Grandes Guerras do século XX, o direito internacional passou por ampla transformação no sentido de sua institucionalização, a contar com órgãos permanentemente estabelecidos para gerenciamento de interesses comuns da humanidade, incluindo órgãos judiciais e "quase judiciais" para solução de controvérsias. Também passou a reger assuntos e assumir tutelas que antes eram reservados ao tratamento exclusivo dos estados.

Martti Koskenniemi. p. 10.

[3]   MARTINEAU, Anne-Charlotte. **The Rhetoric of Fragmentation: Fear and Faith in International Law. Leiden Journal of International Law**. Vol 22; issue 1. pp. 1-28. 2009. p. 4.

As transformações do direito internacional fazem com que duas dimensões de direito sejam associadas: a primeira segue a lógica do direito internacional clássico, estabelecendo normas de coexistência, cujo objetivo é assegurar as integridades e o relacionamento pacífico entre estados, sob o primado da soberania nacional; a segunda se refere a uma dimensão de cooperação que, diferentemente da primeira, não se constitui por normas essencialmente negativas – obrigando os estados a se absterem de certas práticas – mas estimula os estados a prestações positivas para consecução de objetivos comuns. A fim de coordenar tal cooperação de interesses compartilhados, o direito internacional passou a contar com órgãos internacionais permanentes[4].

Isto significa que para além de normas moldadas para garantir a existência dos estados e seus respectivos canais de comunicação, o direito internacional passou a estabelecer objetivos que dependem de atuações conjuntas para suas consecuções, como a elevação dos padrões de vida sociais por vias de garantias fundamentais e direitos coletivos, de preservação do ambiente e muitos outros assuntos dos quais a estruturação social depende. Nota-se, inclusive, que esta categoria normativa não se limita a fixar normas a serem cumpridas unicamente no meio internacional, porque o direito seria titularizado por outro ente internacional, mas alcança padrões normativos que estabelecem deveres os quais os estados devem cumprir em relação aos seus próprios nacionais, contendo, por isso, certo nível de exigência de estruturação interna dos estados exercida pelo direito internacional.

No entanto, as profundas transformações do direito internacional se deram em variadas esferas de desenvolvimento normativo e institucional, tendo em vista a formação de sistemas jurídicos entre estados com proximidade geográfica, originando a convivência entre o sistema universal e sistemas locais de direito internacional, bem como a formação de regimes jurídicos especiais, contemplando o desenvolvimento jurídico e institucional com adstrição temática e aprimoramento técnico[5].

Esta formação de variados subsistemas jurídicos suscita dúvidas a respeito da capacidade de integração entre sistemas e posiciona estudiosos entre os que acreditam que o processo disperso de desenvolvimento normativo representa a fragmentação do direito internacional e os que não

---

[4] FRIEDMANN, Wolfgang. **Mudança de Estrutura do Direito Internacional**. Rio de Janeiro: Freitas Bastos, 1971. pp. 51 e 52.

[5] DUPUY, Pierre-Marie. **L'unité de l'ordre juridique international**. (297) Recueil des Cours de l'Academie de Droit International de la Haye. 2002. p. 35.

enxergam no seu desenvolvimento este caráter, além daqueles que se dedicam a propor soluções ao problema.

Wilfred Jenks foi o primeiro teórico a vislumbrar a possibilidade de ocorrer fragmentação no direito internacional, ao constatar que a formulação de tratados tenderia a se circunscrever por grupos funcionais ou regionais separados uns dos outros; além de as revisões de tratados multilaterais vincularem apenas os estados que delas participam, o que dificultaria a formação de padrões normativos comuns[6]. Discorrendo sobre os elementos de transformação do direito internacional, considerou não haver contrariedade inerente entre sistemas universal e regionais, mas uma possível complementariedade e desenvolvimento mútuo. Reconheceu, no entanto, a possibilidade – e até a previsibilidade - de haver desacordos entre tais sistemas[7].

Jenks, então, passou a afirmar que o problema em questão ocorria em relação a conflitos entre instrumentos multilaterais, cujos grupos associados são idênticos, mas os instrumentos operam em diferentes "órbitas funcionais". Ele teria identificado, portanto, que as normas jurídicas internacionais são desenvolvidas dentro de sistemas de direito que ofereceriam pouco diálogo entre si. E isso porque, segundo disse, o mundo ainda seria muito grande e diversificado para permitir uma estrutura jurídica unificada[8].

Para ilustrar o que se pode considerar por fragmentação do direito internacional, toma-se por referência o 'Caso da Usina de MOX'. Trata-se de um litígio envolvendo a Irlanda e o Reino Unido acerca da instalação, pelo Reino Unido, de uma planta de combustível radioativo MOX (*Mixed Oxide Fuel*), a partir da qual a Irlanda, temendo que a usina causasse danos ambientais irreversíveis em seu mar, constituiu um procedimento arbitral, em 2001, fundamentado na Convenção para Proteção do Ambiente Marinho do Atlântico Nordeste (*Convention for the Protection of the marine Environment of the North-East Atlantic* – OSPAR).

A Irlanda reivindicou, em tal procedimento, o acesso a informações técnicas que atestassem a segurança do empreendimento para o ambiente marinho[9]. No mesmo ano, considerando que o Reino Unido não suspendeu

---

[6]   Comissão de Direito Internacional das Nações Unidas. Op. Cit. p. 10.

[7]   JENKS, Wilfred. **El derecho comum de la humanidade**. Madrid: Editora Tecnos, 1968. pp. 208 e 209.

[8]   JENKS, Wilfred. **The Conflict of Law-Making Treaties**. (30) British Yearbook of International Law. 1953. p. 404.

[9]   Memorial da Irlanda no procedimento arbitral constituído perante a Corte Permanente de Arbitragem. Caso "Ireland vs. United Kingdom (OSPAR Arbitration)". p. 7

a instalação da usina, a Irlanda peticionou ao Tribunal Internacional do Direito do Mar, requerendo a suspensão das atividades como medida acauteladora[10]. O Tribunal negou a suspensão das atividades da usina, embora tenha considerado que as partes devem cooperar e monitorar os riscos ambientais[11].

O procedimento arbitral fundado em instrumento regional ainda se encontrava pendente de solução quando a Irlanda decidiu constituir novo procedimento arbitral, desta vez fundamentado em instrumento de caráter geral, qual seja, a Convenção das Nações Unidas sobre o Direito do Mar (CNUDM). Nele, a Irlanda aborda questões mais intimamente ligadas à proteção do ambiente marinho – e não unicamente ao dever de prestar informações científicas sobre a segurança do empreendimento - considerando o fato de ter o mar com maior poluição radioativa do mundo; considerando a recente descoberta de um giro oceânico em seu mar, o qual, dada a falta de fluidez das águas, impossibilitaria a saída de resíduos radioativos; e invocando o dever do Reino Unido de evitar a poluição do ambiente marinho. Objetou, ademais, que dentro do processo de utilização do referido combustível há necessariamente sobras radioativas, as quais podem ser encapsuladas e depositadas em estruturas geológicas firmes ou vaporizadas, o que, de uma forma ou de outra, poderia resultar em poluição do mar[12].

Em sua defesa, neste segundo procedimento, considerando que a Irlanda fez referência a outros instrumentos jurídicos que não a CNUDM, o Reino Unido alegou que a jurisdição do procedimento arbitral fundamentado na Convenção estaria confinada à aplicação e interpretação de seus próprios dispositivos[13]; a própria Convenção condicionaria a aplicação de outros instrumentos à aceitação das partes. Ademais, dada a menção, pela Irlanda, de instrumentos de caráter regional, somente um órgão pertencente ao sistema da União Europeia teria jurisdição sobre o caso[14].

---

[10] Pedido de Medidas Provisórias da Irlanda junto ao Tribunal Internacional do Direito do Mar.

[11] Tribunal Internacional do Direito do Mar; Decisão sobre o pedido de medidas provisórias.

[12] Memorial apresentado pela Irlanda ao Tribunal Permanente de Arbitragem. "Ireland vs. United Kingdom (MOX Plant case).

[13] Dispõe o artigo 288 (2) da Convenção das Nações Unidas para o Direito do Mar o seguinte: "a corte ou tribunal a que se refere o artigo 287 tem também jurisdição sobre qualquer controvérsia relativa à interpretação ou aplicação de um acordo internacional relacionado com os objetivos da presente Convenção que lhe seja submetida de conformidade com esse acordo".

[14] Contramemorial apresentado pelo Reino Unido, "Ireland vs. United Kingdom (MOX Plant case).

Ao que o procedimento arbitral fundado na OSPAR foi decidido em 2003 – negando-se a pretensão irlandesa por ausência de clara demonstração de que a usina apresentaria riscos ao ambiente marinho – a Comissão Europeia, que vinha atuando paralelamente aos procedimentos arbitrais, ajuizou uma ação no Tribunal de Justiça da União Europeia, pugnando a censura à Irlanda por transgredir o seu dever de recorrer a órgãos pertencentes ao sistema regional para solução de controvérsias surgidas entre seus membros. Em trinta de maio de 2006, foi proferida a decisão do Tribunal de Justiça da União Europeia, censurando a Irlanda pelo desrespeito à sua competência exclusiva para as matérias relativas a tratados firmados no seio da ordem jurídica comunitária (regional)[15].

Em 2008, o Tribunal Arbitral emitiu nota de extinção do segundo procedimento, no qual a Irlanda oferece argumentação científica e jurídica mais apurada a respeito da instalação da usina, considerando, dentre outros motivos, a decisão do Tribunal de Justiça da União Europeia de censurar a Irlanda por ter buscado fora do sistema regional uma solução para sua controvérsia com o Reino Unido.

Com efeito, para aqueles que acreditam estar o direito internacional diante de sua fragmentação, o 'Caso da Usina de MOX' é extremamente simbólico, na medida em que apresentaria um choque entre sistemas normativos regional e universal. As esferas de desenvolvimento normativo internacionais apresentariam colisões de difícil solução, por inexistirem normas que calibrem a relação entre ditas esferas.

O caso, portanto, exporia questões complexas, como aduziu a Comissão de Direito Internacional da ONU: quais são e como se aplicam as normas de relação entre normas no direito internacional? Como relacionar os complexos normativos? Quais princípios devem ser empregados nestes casos em que os sistemas se chocam? E ainda questões mais graves, pois, segundo argumentou, os problemas subjacentes à fragmentação do direito internacional teriam faceta institucional, considerando eventuais conflitos de competência; e/ou lógico-normativa, considerando que o Tribunal Internacional do Direito do Mar, decidindo o pedido de medidas provisórias, proclamou que mesmo que haja semelhança ou identidade entre as disposições de instrumentos geral e regional, estes contêm direitos e obrigações que existem separadamente[16].

Deste modo, a possível fragmentação do direito internacional é percepção segundo a qual este teria germinado esferas de desenvolvimento

---

[15] Acórdão do Tribunal de Justiça da União Européia. Processo C – 459/03. p. I – 4693.
[16] Comissão de Direito Internacional das Nações Unidas. Op. Cit. p. 13.

normativo de existências separadas e que postulam independência frente aos demais. Por isso seus teóricos empregam expressões similares para designar os subconjuntos normativos, como "órbitas funcionais" ou "caixas", havendo inclusive quem apresente queixas de que o direito internacional foi transformado em um "feudalismo normativo".

Na visão de um dos principais expoentes desta vertente, o direito internacional, oscilando entre o etos cosmopolita e a especialização técnica, foi recentemente separado em regimes funcionais – como direito do comércio, direitos humanos, direito ambiental – para atender a demandas internacionalizadas, criando-se novas formas de "expertise". A situação seria comparável à formação do Estado-Nação ao final do século XIX; com a observação de que se os estados são "comunidades imaginárias", os regimes jurídicos especializados também o seriam[17].

A estratégia de consolidação do direito internacional - estratégia esta que visou seu reconhecimento enquanto ramo do direito similar ao direito doméstico a partir de seu aprimoramento técnico -, segundo argumenta, constituiria seu principal problema hodierno: a formação de regimes especializados que delegam o poder decisório aos especialistas apontados pelo órgão fiscalizador, dos quais decorre um isolamento ou distanciamento funcional, resultando em incoerência sistêmica[18]. A setorização da prática jurídica internacional seria, assim, um dos elementos da fragmentação.

Entende-se que a ameaça à unidade do direito internacional tem como fatores a multiplicação de ordens jurídicas parceladas, constituídas pelas organizações internacionais com base em seus atos constitutivos, assim como o aumento de jurisdições internacionais – regionais e universais -, e a proliferação de sistemas especializados de controle da juridicidade internacional, como resultado das bases materiais da sociedade internacional, notadamente como efeito ao fenômeno da globalização[19].

1.1.1 Fragmentação sob o aspecto institucional.

Como explicitado, o direito internacional foi institucionalizado, contemplando tanto a criação de órgãos com atribuições gerais como especializadas. Suspeita-se, porém, que a ausência de mecanismos que vinculem as instituições poderia ameaçar a unidade do direito internacional. Esta

---

[17] KOSKENNIEMI, Martti. **The Fate of Public International Law: Between Technique and Politics**. Modern Law Review. Vol. 70; issue 1. 2007. p. 1.

[18] Idem. pp. 2 – 4.

[19] DUPUY, Pierre-Marie. Op. Cit. pp. 39 e 40.

suspeita corresponde ao aspecto institucional da preocupação a respeito da fragmentação do direito internacional.

Além da sofisticação de seus institutos tradicionais, houve expressiva extensão de seus campos especializados. Embora os sistemas internos de cada estado também possuam órgãos judicantes especializados, estes teriam precisas delimitações de seus âmbitos de jurisdição em relação à jurisdição geral; além de tais órgãos estarem submetidos ao controle de órgãos superiores. Já no direito internacional, a existência de órgãos judicantes especializados ameaçaria sua coesão, precisamente por não haver delimitação de funções. Os articuladores desta perspectiva argumentam, assim, que o maior grau de especialização e a divisão do trabalho, como consequências de maior complexidade do sistema institucional, deve importar a busca pela unidade correspondentemente maior, visto que está se torna mais difícil de manter em razão dos efeitos centrífugos da especialização[20].

A preocupação acerca da fragmentação entre órgãos judicantes foi manifestada por sucessivos presidentes da Corte Internacional de Justiça na Assembleia Geral das Nações Unidas[21]. Em discurso proferido em outubro de 1999, Stephen Schwebel fez referência à criação de tribunais especializados, afirmando que estes são bem-vindos, na medida em que conferem maior efetividade ao direito internacional; entretanto, considerando que a proliferação de tribunais internacionais deve produzir conflitos substanciais entre eles, seria necessário, para minimizar as diferenças interpretativas, habilitar os tribunais especializados a formularem consultas perante a Corte Internacional de Justiça[22].

Na mesma senda, e ainda com mais ênfase, no discurso de Gilbert Guillaume ao Comitê da Assembleia Geral, em outubro de 2000, afirmou-se que a proliferação de tribunais tem consequências negativas, na medida em que haveria um aumento do risco de sobreposição de jurisdições, exemplificando que para aplicação da Convenção das Nações Unidas sobre o Direito do Mar foi criado o Tribunal Internacional do Direito do Mar, muito embora a Corte Internacional de Justiça já teria jurisdição sobre as questões envolvendo o direito do mar; além de, a partir desta sobreposição, emergir os problemas do *forum shopping* – ou seja, a possibilidade de escolha do órgão

---

[20] ABI-SAAB, Georges. **Fragmentation or Unificarion: Some Concluding Remarks**. Vol. 31; n. 4. New York Journal of International Law/1999. pp. 923 - 925.

[21] KOSKENNIEMI, Martti; LEINO, Päivi. **Fragmentation of International Law? Postmodern Anxieties.** Volume 15; issue 3. pp. 553-579. Leiden Journal of International Law/2002. pp. 553 e 554.

[22] SCHWEBEL, Stephen. **Adress to the Plenary Session of the General Assembly of the United Nations**. 1999.

cuja jurisprudência melhor atenda aos interesses de quem o acione - e da possibilidade de providências conflitantes entre órgãos judicantes, já que dois órgãos podem ser acionados sobre a mesma questão e prolatarem decisões distintas[23].

Conflitos de jurisdição e divergência jurisprudencial são comuns dentro de qualquer sistema judicial complexo, de modo que o fato de eles estarem presentes no quadro institucional do direito internacional não deve, por si, levantar suspeitas sobre sua capacidade de oferecer soluções aos litígios. No entanto, a preocupação a respeito da fragmentação do direito internacional, sob o viés institucional, se funda não na existência de conflitos, mas na ausência de critérios claros para solucioná-los[24].

Não há, no sistema institucional do direito internacional considerado como um todo, hierarquização, um sistema recursal, mecanismos de uniformização jurisprudencial, critérios para solução de conflitos de jurisdição; nem sequer a possibilidade de os órgãos especializados consultarem, por mecanismo processual instituído juridicamente, consulta à Corte Internacional de Justiça, como sugerido pelo seu então presidente. Dadas referidas ausências, o direito internacional teria sua consistência possivelmente minada, de acordo com os que entendem existir fragmentação sob o ângulo institucional.

A respeito da recente proliferação de órgãos judicantes no direito internacional, comenta-se que, desde 1989, quase uma dúzia de órgãos judiciais se tornaram ativos. Tais órgãos são criados como consequência da amplificação de instituições visando o comprometimento com obrigações jurídicas. Caso se inclua nesta lista os órgãos com atribuição "quase judicial", outra dúzia se acrescenta ao quadro institucional[25].

Nesse passo, considerando os múltiplos órgãos judiciais internacionais, há opiniões no sentido de que não se pode concluir que eles constituam um sistema judicial, visto que por sistema se entende um grupo cujas partes são interativas ou interdependentes; e, no caso dos órgãos judiciais do direito internacional, tem-se um "sistema anárquico"[26]. Sob esta

---

[23] GUILLAUME, Gilbert. **The Proliferation of International Judicial Bodies: the Outlook for the International Legal Order**. 2000.

[24] KINGSBURY, Benedict. **Foreword: Is the Proliferation of International Courts and Tribunals a Systematic Problem?**. Vol. 31. New York University Journal of International Law and Politics. 1999. p. 683.

[25] ROMANO, Cesare. **The Proliferation of International Judicial Bodies: the Pieces of the Puzzle**. Vol. 31. New York University Journal of International Law and Politics. 1999. pp. 709 e 710.

[26] Idem; p. 723.

16 Direito Internacional e o Debate sobre sua Unidade

perspectiva, os órgãos são amplamente autônomos, havendo exíguas hipóteses de interação entre eles: até 1995, a Corte Internacional de Justiça cultivava atribuição revisional sobre as decisões do Tribunal Administrativo das Nações Unidas, mas a atribuição foi eliminada pela Assembleia Geral; outro exemplo de interação seriam os órgãos de direitos humanos os quais atuam como filtro para órgãos judiciais, como a Comissão Interamericana de Direitos Humanos. Porém, há vários exemplos de potencial competição jurisdicional, exemplificando-se com os casos da Corte Internacional de Justiça e o Tribunal Internacional para o Direito do Mar ou com órgãos pertencentes a grupos distintos, como a Corte Internacional de Justiça e o Órgão de Solução de Controvérsias da Organização Mundial do Comércio[27].

Se a ausência de hierarquização entre os órgãos judicantes do direito internacional, não existindo órgão ao qual se confira competência recursal e revisional sobre os outros, é vista como um elemento da fragmentação do direito internacional, também a ausência de expedientes como litispendência e coisa julgada são salientados. A fragmentação do direito internacional seria um fenômeno já evidente[28], precisamente porque inexistem critérios como os mencionados, tendo a prática demonstrado que o comportamento dos tribunais se pauta sobre suas autonomias e independências em relação aos demais, das quais resulta um sistema de "ilhas judiciais"[29].

Em estudo produzido por Nikolaos Lavranos, de relevância pela análise de casos levados a órgãos judicantes internacionais, tratou-se da possível competição entre eles. O autor sustenta que a proliferação de órgãos voltados à solução de controvérsias, sem que haja uma hierarquização entre

---

[27] Ibidem; p. 727. A competência da Corte Internacional de Justiça, em razão da matéria, está fixada no artigo 36 de seu estatuto, abrangendo "todas as questões que as partes lhe submetam, bem como todos os assuntos especialmente previstos na Carta das Nações Unidas ou em tratados e convenções em vigor". Já a esfera de jurisdição do Tribunal Internacional do Direito do Mar está assentada no artigo 21 do anexo VI à Convenção das Nações Unidas sobre o Direito do Mar, compreendendo "controvérsias e pedidos que lhe sejam submetidos de conformidade com a presente Convenção, bem como todas as questões especialmente previstas em qualquer outro acordo que confira jurisdição ao Tribunal". O artigo 287 da Convenção elenca diferentes órgãos para os quais o estado pode recorrer, incluindo a Corte Internacional de Justiça e o Tribunal Internacional do Direito do Mar. O Órgão de Soluções de Controvérsias da OMC, conforme o Anexo II de seu acordo constitutivo, por sua vez, tem a atribuição de solucionar litígios cuja questão jurídica esteja disciplinada pelos chamados "acordos abrangidos".

[28] RAMOS, André de Carvalho. **Direitos Humanos na Integração Econômica – Análise Comparativa da Proteção de Direitos Humanos e Conflitos Jurisdicionais na União Europeia e Mercosul**. Rio de Janeiro: Renovar/2008. p. 373.

[29] Idem. p. 381.

órgãos, faz com que os órgãos atuem isoladamente, não estando uns vinculados pela jurisprudência de outros[30].

Para ilustrar o efeito da multiplicação de cortes internacionais, tomou-se o exemplo do caso da usina de MOX – o qual, para ele, demonstra efeitos fragmentários ao cindir os procedimentos regionais e universais; mas, por outro lado, efeitos unificantes em relação ao direito regional, visto que a reivindicação de exclusividade de jurisdição do Tribunal de Justiça da União Europeia preserva a uniformidade de interpretação sobre os tratados que versam sobre a proteção do ambiente no âmbito local[31].

O autor também avalia a possibilidade de existir o fenômeno de sobreposições jurisdicionais no caso da linha ferroviária "Ijzeren Rijn" ou "Iron Rhine", envolvendo a Bélgica e a Holanda. A ferrovia foi construída no século XIX, obtendo a Bélgica direito de passagem para percurso no território holandês. Desde 1991, a linha ferroviária não era utilizada e a Holanda estabeleceu uma área especial de conservação dentro do que seria o percurso da linha, fundamentada na "EC Habitats Directive", a qual corporifica a política europeia de conservação ambiental. A Bélgica manifestou seu interesse em tornar a usar a linha ferroviária, o que resultou na constituição de um procedimento arbitral para solução da controvérsia. O Tribunal Arbitral constatou que o resultado do procedimento seria o mesmo, existindo ou não a "EC Habitats Directive". Por isso, a Holanda teria de respeitar os tratados que concediam direito de passagem à Bélgica. Segundo o autor, o direito comunitário, particularmente a "EC Habitats Directive" era relevante para solução do caso. A fragmentação do direito seria, neste caso, a ausência de aplicação do direito europeu, assemelhando-se ao caso da Usina de MOX[32].

Apurou-se, ademais, a possível verificação do fenômeno no caso da disputa entre o México e os Estados Unidos sobre medidas de taxação a refrigerantes e outras bebidas açucaradas, no qual os Estados Unidos instituíram, em 2004, um procedimento de solução de controvérsias na OMC, por entenderem que as taxas impostas às bebidas açucaradas violavam o GATT/1994. Considerando que ambos os estados pertencem ao Tratado Norte-Americano de Livre Comércio (NAFTA), o México argumentou que o "panel" deveria ser constituído no âmbito do NAFTA, e não da OMC. O "panel" da OMC negou a argumentação do México, alegando que não poderia escolher o procedimento correto, de modo que não poderia declinar sua

---

[30] LAVRANOS, Nikolaos. **The Solange-Method as a Tool for Regulating Competing Jurisditions Among International Courts and Tribunals**. 2008. pp. 276 e 277.

[31] Idem. p. 285.

[32] Ibidem. pp. 285 – 290.

jurisdição. Sustentou, porém, que a OMC deveria decidir sobre os "acordos abrangidos" ao seu sistema. O caso, segundo o autor, demonstra um conflito entre o direito geral da OMC e o regional do NAFTA, cujo resultado foi o posicionamento da OMC de que deve firmar sua jurisdição independentemente da jurisdição de outros órgãos[33].

Na mesma linha, apontou-se o caso dos pneus recauchutados, envolvendo o Brasil e o Uruguai no âmbito do MERCOSUL, primeiramente, e o Brasil e a Comunidade Europeia no âmbito da OMC, em um segundo momento. O Brasil, em 2000, restringiu a importação de pneus usados, em razão do risco de intoxicação causado pela queima dos pneus e pelo risco de proliferação da dengue que eles expõem. Em 2001, o Uruguai inaugurou um procedimento arbitral junto ao MERCOSUL, o qual decidiu que a proibição de importação seria incompatível com as obrigações incorporadas no sistema regional. Considerando que os países que compõem o MERCOSUL, a partir do resultado do procedimento arbitral, foram autorizados a exportar pneus para o Brasil, criando-se uma exceção a eles, a Comunidade Europeia constituiu um "panel" na OMC para reclamar tratamento equivalente. Segundo argumentou a Comunidade Europeia, a proibição deveria contemplar todos os membros da OMC. Neste, a OMC decidiu que o resultado discriminatório não provinha de uma decisão arbitrária do Brasil. Tendo sido a exceção criada por um procedimento do MERCOSUL, a discriminação não seria resultado de capricho ou aleatória, dando-se razão ao Brasil. O autor enxerga este caso como uma continuação ao caso do México, em que a OMC, porém, teria recusado a supremacia de seu sistema frente a instrumentos regionais[34].

Por seu turno, o autor igualmente lembrou dos contrastes de entendimentos a Corte Internacional de Justiça e o Tribunal Penal Internacional para a antiga Iugoslávia. Estes casos expressam divergências acerca da responsabilidade internacional do estado pelo crime de genocídio. No caso *Tadic* (1993), o Tribunal Penal Internacional para a antiga Iugoslávia analisou a questão da responsabilidade internacional do estado apenas com a intenção de definir se o conflito armado seria internacional e se posicionou contrariamente à jurisprudência da Corte Internacional de Justiça, especialmente a respeito da decisão do caso *Nicarágua*. No caso do genocídio bósnio, apurado junto à Corte Internacional de Justiça em 2006, esta reafirma seu entendimento, contrário ao do tribunal. Para Lavranos, as diferentes

---

[33] LAVRANOS, Nikolaos; Op. Cit. pp. 290 – 296.
[34] Idem. pp. 297 - 304.

interpretações minam a consistência do direito internacional, visto que não há hierarquia entre órgãos[35].

Por fim, levantou-se o caso "Bosphorus". A companhia aérea "Bosphorus" adquiriu da antiga Iugoslávia um avião que, em razão de sanções das Nações Unidas, foi apreendido na Irlanda. A juridicidade da apreensão foi apreciada pelo Tribunal de Justiça da União Europeia, o qual não constatou irregularidade. Inconformada, a empresa ajuizou ação na Corte Europeia de Direitos Humanos, alegando violação ao seu direito fundamental à propriedade. Esta decidiu que não sobreporia a decisão do Tribunal de Justiça, tendo em vista que o caso não revelava uma proteção aos direitos humanos "manifestamente deficiente". Embora a Corte não tenha definido o que seria uma proteção "manifestamente deficiente", o autor comenta que este é um caso em que há delimitação jurisprudencial[36].

Por vezes, os casos expressam diferença jurisprudencial entre dois órgãos com jurisdição sobre controvérsias surgidas de conjunturas semelhantes; em outras ocasiões, o conflito institucional reflete dúvidas a respeito de qual o órgão com atribuição para solucionar determinada controvérsia, sem que uma norma jurídica que solucione o impasse se apresente com clareza. A divergência entre soluções se intensificaria, pois mais de um órgão possui jurisdição sobre o conjunto de normas incluídas em um determinado tratado ou em um conjunto limitado de tratados.

1.1.1.1 Fragmentação e *forum shopping*.

Um problema identificado por aqueles que acreditam estar o direito internacional diante de sua fragmentação, no aspecto institucional, é a questão do *forum shopping*. Como os litígios envolvem, muitas vezes, conteúdos jurídicos pertencentes a diferentes "ramos" do direito internacional – ou mesmo diferentes complexos normativos que, apesar de tratarem da mesma matéria, são instrumentalizados em tratados de existência separada e autônoma e implementados por instituições a estes vinculadas -, a especialização funcional dos órgãos judicantes permitiria que as partes descrevessem o objeto da controvérsia sob a perspectiva correspondente a seus interesses. Argumenta-se que os órgãos especializados analisam os conflitos de interesse sob a perspectiva correspondente à esfera normativa a qual tem obrigação jurídica de aplicar[37].

---

[35] Ibid. pp. 304 – 311.
[36] Ibid. pp. 311 – 314.
[37] KOSKENNIEMI, Martii. **International Law: Between Fragmentation and Constitucionalism.**

Oportunizar-se-ia, assim, que a parte a qual recorre a um sistema de solução de controvérsia descreva seu objeto sob a perspectiva jurídica cujas normas sustentem sua pretensão, encontrando no quadro institucional uma divisão funcional que a permita, inclusive, escolher o foro cuja jurisprudência lhe favoreça.

Nesse passo, a pluralidade de foros internacionais originaria uma política jurídica, consistente na escolha de foro que ofereça melhores condições de sucesso àqueles que iniciam um procedimento de solução de controvérsias[38]. O problema do *forum shopping* não seria inédito ao emergir no direito internacional, tendo-se afigurado e tratado, inclusive, nas cortes dos Estados Unidos da América, recusando-se os benefícios oriundos da escolha do foro ao demandante[39], ao passo que, porém, no caso da jurisdição internacional o problema persiste[40].

A escolha do foro ocorreria, à guisa desta corrente, a partir de duas variáveis: (1) a preferência do demandante a respeito do resultado; (2) a expectativa que este tenha de utilizar o resultado em face de outros membros em futuros litígios[41]. Essa perspectiva a respeito dos critérios que podem levar um estado a escolher um ou outro sistema de solução de controvérsias exprimiria a seletividade característica do fenômeno do *forum shopping.*

Com efeito, toma-se como exemplo de *forum shopping* o caso México contra os Estados Unidos, acerca das restrições impostas à importação de bebidas açucaradas (WT/DS308/R), no qual o México insistiu na necessidade de a controvérsia ser solucionada sob o regime jurídico do NAFTA – inclusive constituindo um "panel" -, ao que os Estados Unidos escolheram o regime da OMC para solucionar o caso.

O fenômeno ocorreria no contexto em que há uma abrupta multiplicação de órgãos. Se anteriormente não havia qualquer órgão para tratar de uma controvérsia, atualmente é comum encontrar dois órgãos que possuem jurisdição sobre um mesmo caso, segundo seus expoentes[42], de onde

---

2006. p. 5.

[38] JUENGER; Friedrich K. **Forum Shopping, Domestic and International**. Law Journal Library. Vol. 63. Tulane Law Review/ 1988 – 1999. p. 555.

[39] Ele considera o que chama de decisões "anti-forum-shopping".

[40] JUENGER; Friedrich K. **Forum Shopping, Domestic and International**. Law Journal Library. Vol. 63. Tulane Law Review/ 1988 – 1999. p. 557.

[41] BUSCH, Marc L. **Overlapping Institutions, Forum Shopping, and Dispute Settlement in International Trade.** Vol. 61; issue 4. pp. 735-761. International Organization/ 2007. p. 736.

[42] PAUWELYN, Joost; SALLES, Luiz Eduardo. **Tribunals: (Real) Concerns and (Im) Possible Solutions.** Vol. 42. Cornell International Law Journal/2009. pp. 77 – 80. Os

emergem dois problemas: normas inconsistentes redundam em não solução de disputas; e a inconsistência normativa pode ameaçar a estabilidade e a legitimidade do sistema mais amplo de direito internacional[43].

O *forum shopping* talvez esteja bem ilustrado pela divergência envolvendo a Comunidade Europeia e o Chile acerca da descarga de peixes-espada nos portos chilenos. No dia dezenove de abril de 2000, a Comunidade Europeia requereu consultas ao Órgão de Solução de Controvérsias da OMC sobre a juridicidade da proibição chilena ao transporte de peixes-espada em seus portos, bem como a consequente proibição de importação ao produto, medidas essas que violariam os artigos V e XI do GATT de 1994[44]. Em resposta, o Chile peticionou ao Tribunal Internacional do Direito do Mar, cuja Câmara Especial para tratar da questão foi constituída por ordem datada de vinte de dezembro de 2000, a fim de averiguar se a Comunidade Europeia estaria cumprindo sua obrigação de conservação dos recursos vivos – no caso, o peixe-espada -, imposta pela Convenção das Nações Unidas sobre o Direito do Mar[45]. Ambos os procedimentos foram encerrados por acordo entre as partes. Diz-se do caso que este é um exemplo de aproveitamento, pelos litigantes, de incoerências sistêmicas presentes no direito internacional[46].

1.1.2 A dimensão sociológico-jurídica da fragmentação.

O debate a respeito da fragmentação do direito internacional não assume uma perspectiva exclusivamente institucional, focada na competição jurisdicional entre órgãos voltados à solução de controvérsias, mas igualmente uma perspectiva lógico-normativa. A relação entre as diferentes áreas do direito internacional não pode ser discutida senão pela associação entre o aspecto procedimental e substantivo do problema, ou a dimensão jurisdicional e a dimensão jurídica[47]. Porém, o tema invoca igualmente

---

autores advertem que múltiplos órgãos são melhores do que nenhum.

[43] Idem. p. 83.

[44] Solicitação de Celebração de Consultas Apresentada pela Comunidade Europeia, WT/DS193/1. O artigo V proclama a liberdade de trânsito de mercadorias, ao passo que o artigo XI estabelece a obrigação de eliminação geral de restrições quantitativas.

[45] Tribunal Internacional para o Direito do Mar. "Chile vs. European Community – *Case on conversation of swordfish stocks between Chile and the European Community in the south-eastern pacific ocean*".

[46] VARELLA, Marcelo Dias. **A Crescente Complexidade do Sistema Jurídico Internacional – Alguns Problemas de Coerência Sistêmica.** Vol. 42; n. 167. pp. 135-170. Brasília: Revista de Informação Legislativa/ 2005. p. 158.

[47] MARCEAU, Gabrielle. **Conflicts of Norms and Conflicts of Jurisdiction – The**

questões acerca da realidade social na esfera internacional, de modo que a percepção da fragmentação do direito internacional toma tais questões como pressuposto.

Em interessante formulação, centrada na perspectiva sociológico--jurídica a respeito da possível fragmentação do direito internacional, retoma-se a predição de Niklas Luhmann sobre a radical fragmentação que o direito global experimentaria, não somente em termos territoriais, mas sua divisão em linhas setoriais; os conflitos normativos deixariam de acontecer entre as diferentes nações, mas entre distintos setores sociais globais[48].

Três pressupostos são estabelecidos para análise da fragmentação segundo a teoria social: (1) a fragmentação do direito global reflete a profunda fragmentação da sociedade global, de modo que a questão é mais radical do que os reducionismos a partir de certos vieses – como o econômico, cultural, jurídico ou político – podem compreender; (2) por isso, qualquer aspiração pela unidade jurídica está condenada desde o princípio; (3) somente uma fraca compatibilidade entre os fragmentos poderia ser alcançada, já que a fragmentação jurídica não pode ser combatida por ela mesma[49].

Para conceber a teoria social a respeito da fragmentação, seus expoentes associam múltiplos aspectos da sociedade global. A começar pelos conflitos de racionalidade em uma sociedade cuja globalização é policêntrica, marcada pela diferenciação funcional e pela criação de esferas com confinamento operacional que, em seus campos, são livres para intensificar suas racionalidades próprias; considera-se, também, como consequência da diferenciação funcional, a heterogeneidade de ordens jurídicas, a partir da qual a unidade do direito internacional ocorre a partir de operações de interjuridicidade[50].

Nesse passo, o primeiro efeito desta diferenciação funcional - a qual constitui um dos pressupostos dos quais parte, inclusive, o relatório da Comissão de Direito Internacional -, é a formação de regimes jurídicos que não viabilizam a integração, a harmonização ou ao menos a convergência entre ordens jurídicas; e, em termos de jurisdição, está se delimita em função de linhas temáticas e não em função de critérios territoriais. Para esta

---

Relationship between the WTO Agreement and MEAs and other Treaties. Vol. 30. In Journal of World Trade/2001. p. 1082.

[48] FISHER-LESCANO, Andreas; TEUBNER, Gunther. **Regime Collisions: The Vain Search for Legal Unity in The Fragmentation of Global Law; Michigan Journal of International Law**. Vol. 25; nº 4. Michigan Journal of International Law/ 2004 2004. pp. 999 e 1000.

[49] Idem. p. 1004.

[50] Ibidem. pp. 1004 – 1008.

corrente, há uma erosão da perspectiva centrada na política, ou na economia, para a formação de regimes que representam diferentes esferas técnicas as quais se apresentam como autojustificáveis[51].

Sobre a especialização no direito, entende-se que esta não foi uma preocupação aos direitos internos dos estados, pois estes estavam preparados para colher seus efeitos positivos e neutralizar seus efeitos negativos a partir da interpretação sistêmica[52].

Já os articuladores da teoria social defendem que a diferenciação funcional e a formação de regimes jurídicos especializados representam a ruptura do padrão clássico de hierarquização, tal qual concebida pela metodologia de Kelsen e Merkel. Esta hierarquização seria substituída por uma relação entre centro e periferia, segundo a qual as cortes internacionais ocupam o centro do direito, e os regimes jurídicos são povoados por atores políticos, econômicos ou culturais, individuais ou coletivos[53].

O não atendimento aos padrões de hierarquização que inspiraram as ordens jurídicas domésticas faria do direito internacional uma ordem jurídica com características peculiares, de modo que este não poderia ser entendido a partir destas lógicas.

Portanto, precisamente por ser a sociedade internacional fragmentada, e não somente o direito, seus teóricos entendem que a busca pela unidade do direito internacional seria vã, inútil. Associações interjurídicas são, por outro lado, viáveis.

1.2 Oposição à ideia de fragmentação do direito internacional.

Como dito, o aumento de órgãos com atribuição de solucionar controvérsias na década de 1990 desencadeou um movimento de estudiosos preocupados com o risco da fragmentação do direito internacional.

Oposições às questões básicas das quais se infere o problema da fragmentação se manifestaram, igualmente, desde o início do debate: já em 1998, sustentou-se que a proliferação de órgãos judicantes não produz efeitos deletérios à uniformidade do direito internacional, não mina os avanços conquistados pelo direito internacional e não desprestigia a Corte Internacional de Justiça. Ao contrário, os órgãos emergentes podem ajudar a

---

[51] FISHER-LESCANO, Andreas; TEUBNER, Gunther. Op. Cit. pp. 1009 – 1012.

[52] KOSKENNIEMI, Martii. **The Fate of Public International Law: Between Technique and Politics.** Op. Cit. p. 7.

[53] FISHER-LESCANO, Andreas; TEUBNER, Gunther. Op. Cit. p. 1012.

24 Direito Internacional e o Debate sobre sua Unidade

expandir a aplicação do direito internacional. Objetou-se que embora não haja *stare decisis* (coisa julgada) no direito internacional, de tal modo que as decisões de um órgão não são vinculantes a outro, isso não significa que cada órgão desenvolva sua jurisprudência isoladamente, já que, embora não vinculantes, os precedentes são invocados e se apresentam como extremamente persuasivos[54].

A fim de demonstrar seu ponto de vista, Jonathan Charney elege sete áreas a serem examinadas, a partir da comparação da jurisprudência de diferentes órgãos: direito dos tratados; direito relativo às outras fontes do direito internacional; responsabilidade internacional do estado; padrões de compensação; exaurimento das medidas internas; nacionalidade; e fronteiras marítimas. Ele alerta para o fato de que muitos tribunais foram criados por um regime específico e, por isso, têm a obrigação de aplicar primariamente as normas pertencentes ao regime que os criou, e secundariamente o direito internacional geral, caso se constate violação a uma norma imperativa (*jus cogens*). Ainda que vinculados a regimes jurídicos especiais, o autor constata que a jurisprudência é harmônica[55].

No caso do direito dos tratados, embora os órgãos de direitos humanos não façam referência expressa às decisões da Corte Internacional de Justiça, seguem seu entendimento esposado no '*Parecer Consultivo a Respeito de Reservas à Convenção sobre Prevenção e Repressão ao Crime de Genocídio*'. O Parecer em questão fora requerido pela Assembleia Geral das Nações Unidas, em 17 de novembro de 1950, a partir de Resolução adotada em Reunião Plenária. Questionara-se se um estado é considerado parte em um tratado ao qual tenha apresentado reserva, ainda que alguns estados, não todos, tenham-na objetado; se afirmativa a resposta, qual seria seu efeito em relação aos que aceitaram a reserva e em relação aos que a objetaram. Ainda questionara quais seriam os efeitos de reservas feitas por estados que não ratificaram a Convenção ou que não a assinaram. A Corte aproveitou o questionamento para afirmar a impossibilidade de frustração, por ato unilateral, dos objeto e propósito de convenção multilateral, a qual deva ser considerada em sua integralidade. Enfatizou-se o caráter especial da Convenção sobre Prevenção e Repressão ao Crime de Genocídio, a qual não obedece a lógica de interesses privados – assemelhando-se aos acordos

---

[54] CHARNEY, Jonathan I. **Is International Law threatened by Multiple International Tribunals?**. (271) Recueil des Cours de l'Academie de Droit International de la Haye/1998. pp. 115 - 131. Charney sustenta que há a possibilidade de incoerências normativas surgirem com a multiplicidade de órgãos judicantes e que só o tempo dirá se isso, de fato, ocorrerá. Em sua visão, o futuro revelará o resultado oposto.

[55] Idem; pp. 135 – 138.

inter se- mas incorpora genuíno senso de moralidade jurídica ao procurar proteger grupos humanos inteiros. A ênfase à substância axiológica da Convenção leva a Corte a concluir que a reserva só poderá ser admitida caso não venha a desnaturar o objeto e propósito da Convenção. Entende que o estado será considerado parte da Convenção caso sua reserva não seja incompatível com o objeto e propósito da Convenção. Caso o estado que fizera a objeção à reserva entenda que esta tenha desnaturado tais objeto e propósito, pode considerar o estado que fez a reserva como não sendo parte da Convenção; o que se aplica também ao estado que não vislumbra tal incompatibilidade, aceitando a reserva e considerando o estado como parte. E sobre a terceira questão, que os efeitos jurídicos mesmo das reservas se dão a partir da ratificação; nesse caso, a objeção à reserva tampouco produz efeitos jurídicos, antes da ratificação.

Quando, por outro lado, segundo Charney, entre órgãos de direitos humanos aparenta haver alguma divergência, isso se explica pelo fato de os órgãos de direitos humanos estarem vinculados a um regime jurídico específico o qual o criou e o qual eles têm a atribuição de aplicar. A aparente divergência jurisprudencial, portanto, não ocorre por pontos de vistas diversos da Corte Internacional de Justiça sobre o direito internacional geral, mas por conta da especialidade das normas sob as quais os órgãos de direitos humanos operam[56].

Charney conclui que, se existem posições divergentes entre órgãos judicantes no direito internacional, estas não constituem um risco à sua unidade. Ao contrário, oportuniza o debate saudável, o que representa um "nível de experimentação em um esforço coletivo de encontrar a melhor norma a servir a comunidade internacional como um todo"[57].

Os negadores da existência da fragmentação consideram que o alegado problema a respeito da "proliferação dos tribunais" é um erro, o qual desconsidera os avanços do ideal de justiça internacional, sendo a própria expressão depreciativa. O aumento de órgãos judicantes fortalece o sentido de comunidade internacional; atende a substituição da força pelo direito. Enriquece – e não corrói, como acreditam alguns – o direito internacional, ao gradativamente colaborar para extrair do sistema jurídico internacional o seu caráter estatocêntrico.

Toma-se, como exemplo, a "fertilização cruzada" jurisprudencial entre a Corte Interamericana de Direitos Humanos e a Corte Europeia de Direitos Humanos, consolidando entendimento comum nos seguintes pontos: a

---

[56] Ibi. p. 142.
[57] Ibid. p. 354.

natureza especial dos tratados que versam sobre direitos humanos; o conteúdo dos direitos humanos como correspondendo a questões de ordem pública; que seus termos exigem interpretação autônoma; que os direitos humanos são inspirados pelo princípio da proteção efetiva; que os direitos humanos expressam conteúdos objetivos no direito internacional e que devem, por isso, ser vinculantes aos estados; e que a interpretação acerca de eventuais limitações ou derrogações aos direitos humanos devem ser restritivas[58].

Assim, a interação interpretativa entre os dois órgãos demonstra que suas existências lançam as bases jurídicas da efetiva proteção aos direitos humanos e representam o esforço de construção de um sentido compartilhado pela comunidade internacional.

Observe-se, por conseguinte, que o primeiro impulso de críticos à ideia de fragmentação se dá pela ênfase dada ao fortalecimento do direito internacional pela criação de órgãos especializados, bem como a autoridade que emana de suas decisões, ao ponto de ser considerada em decisões futuras de outros órgãos em razão de sua força persuasiva. Aponta-se também a ocorrência de interação entre órgãos, de modo a caracterizar seus diálogos ou "fertilização cruzada", dos quais se resulta a gradativa sedimentação dos institutos jurídicos constantes do direito internacional.

Se a expressão "proliferação dos tribunais internacionais" é alvo de crítica – como se o direito internacional tivesse sido acometido por uma pandemia jurisdicional -, também há críticas tecidas ao termo "fragmentação": este poderia indicar tanto um processo, a partir do qual o direito internacional estaria se desintegrando, como também pode significar o caráter primitivo desta dimensão do direito. Os dois termos seriam excludentes, posto que o primeiro indicaria que o direito internacional estaria em vias de se tornar fragmentado, ao passo que o segundo tomaria o direito internacional como já fragmentado e permitiria o questionamento sobre se ele ainda ostenta tal atributo[59].

Nesse passo, referida linha crítica à ideia de fragmentação a qualifica como um poderoso recurso retórico – que aparece na cena acadêmica desde o século XIX -, articulada por aqueles que estão insatisfeitos com os

---

[58] CANÇADO TRINDADE, Antônio Augusto. **The Merits of Coordination of International Courts on Human Rights**. Vol. 2; issue 2. pp. 309 – 312. Journal of International Criminal Justice/2004.

[59] Seriam, portanto, sentidos inversos. Distinguiria os que acreditam que a fragmentação seria uma situação posta e que está em processo de uniformização, e os que acreditam que a fragmentação constitui uma ameaça ao grau de uniformidade que já fora conquistada.

projetos políticos alheios, por apoiarem um projeto distinto. Oscila a preocupação acerca da fragmentação do direito internacional entre períodos de
confiança e desconfiança no direito internacional: em períodos de confiança
o fenômeno será chamado de "diversificação" e em períodos de desconfiança será chamado de "fragmentação". Portanto, já o termo deduz uma crítica
a ser articulada entre aqueles que não estão satisfeitos com a realidade do
direito internacional. Sustenta-se, enfaticamente, que a variação entre as
opiniões sobre se a diversificação do direito internacional constitui um saudável pluralismo ou uma fragmentação que conduz à anarquia dependerá
do ideal de direito internacional do observador. Necessariamente, o modo
como o fenômeno será enxergado variará entre idealizações cosmopolitas
ou pluralistas, já que, para alguns, seria precisamente na diversidade que o
direito internacional encontraria sua unidade. Nesse prumo, no interlúdio
da segunda metade do século XIX e a eclosão da Primeira Guerra Mundial,
o estudo do direito internacional foi tomado por uma atmosfera de confiança e inovação, no qual o desenvolvimento de normas especiais foi visto
como um avanço o qual conduziria à universalidade do direito – o fato de
sistemas normativos serem formados por grupos específicos de estados foi,
assim, visto como um passo para o processo da consolidação de um direito
global. No entanto, com a eclosão da guerra, essa atmosfera de otimismo foi
esmorecida, ao que se passou a acreditar que o direito internacional teria
falhado em seu objetivo de assegurar a paz; dentro deste novo contexto,
acadêmicos teriam atribuído à formação de sistemas jurídicos específicos a
causa para a falha, visto que as normas jurídicas então formuladas teriam
sido excessivamente detalhadas ao ponto de serem, com frequência, objeto
de denúncias. Entre 1925 e 1939, houve um período de reação, a partir do
qual se buscou neutralizar a noção de fragmentação por meio de formulações sistêmicas: o estudo do direito internacional foi inspirado por um
ímpeto de analisar as normas em relação às outras, seguindo-se fórmulas
kelsenianas; a formação de regimes especiais, ou regionais, não seria um
problema, tendo em vista que, a partir dos critérios de solução de conflito
normativo, a norma especial sempre apresentaria primazia sobre a norma
de caráter geral. Mesmo neste período, com o advento de regimes jurídicos
locais, muitos estudiosos se opuseram à formação de regimes específicos[60].

Após a Segunda Guerra Mundial, as objeções aos sistemas jurídicos
autônomos se converteram em objeção aos regimes que incorporam políticas. Ao que havia aspirações de a Carta das Nações Unidas representar o
pilar fundante da ordem jurídica internacional, também se dirigiam críticas

---

[60] Idem. pp. 4 -17.

à separação da ordem internacional em dois blocos políticos e ao poder de veto no Conselho de Segurança. Manifestavam-se opiniões sobre a limitação do direito internacional frente à divisão política da Guerra Fria, suspeitando-se de sua capacidade de solucionar conflitos por ser ainda incompleto e fragmentado, ao ponto de autores estadunidenses e russos questionarem a existência de uma única ordem jurídica internacional. Autores marxistas passaram, inclusive, a argumentar a existência de três ordens jurídicas distintas no plano internacional: uma que regulava a relação entre estados capitalistas, outra que regulava a relação entre estados socialistas e uma terceira que regularia a relação entre ambos os blocos. Enxerga-se neste período – de 1939 a 1960 – o fenômeno da fragmentação como um espelho da divisão do mundo. De 1960 a 1989, por sua vez, inicia-se um novo período de confiança no direito internacional e na consolidação de um direito comum da humanidade, já que neste período os estudiosos do direito internacional o apresentaram como uma forma de construir uma ponte entre os diferentes sistemas políticos, sustentada pelos direitos humanos e a perspectiva de cooperação – a fragmentação do direito internacional passou, então, a ser vista como diversificação; ou seja, flexibilidade e adaptabilidade às diferenças. A multiplicação de órgãos judicantes foi vista, então, como algo positivo, na medida em que permitiriam o avanço da dimensão de cooperação do direito internacional[61].

No entanto, tal atmosfera otimista teria sido substituída por uma desconfiança a respeito da coerência sistêmica do direito internacional, iniciada pelos discursos dos presidentes da Corte Internacional de Justiça, expressando o receio de se estabelecer um sistema de competição judicial, com consequente enfraquecimento desta instituição. Qualifica-se este lapso como sendo o período de desencanto[62].

Portanto, esta vertente não nega a realidade sobre a qual se enxerga fragmentação ou diversificação. Objeta, no entanto, que dependendo da perspectiva do observador, de seu ideal de direito internacional, este descreverá diferentemente o fenômeno. E sendo a articulação do termo "fragmentação" resultado de uma frustração ao ideal de direito internacional do observador, acredita-se tratar de um recurso retórico.

Por outro lado, há quem negue a existência do fenômeno recorrendo a elementos do estudo das teorias das relações internacionais. Argumenta-se que haveria risco à unidade do direito internacional caso as organizações internacionais (OI's) em multiplicação detivessem genuíno e independente

---

[61] Ibidem; pp. 17 – 24.
[62] Ibidem; pp. 25 – 28.

poder no processo de formação de normas internacionais. Em verdade, para eles, grande parte deste poder ainda se concentra em mãos dos estados; as organizações internacionais são, antes de mais nada, relevantes espaços de coordenação de interesses coletivos e de sistematização das normas que os próprios estados criam. Por isso, seria descabido dizer que a multiplicação de organizações internacionais produz um risco substantivo real à coerência sistêmica do direito internacional[63].

1.2.1 A percepção de constitucionalismo no direito internacional como eventual contraponto à ideia de fragmentação.

Além daqueles que procuram confrontar a existência do fenômeno da fragmentação, há aqueles que identificam e descrevem o desenvolvimento e sedimentação institucional do direito internacional atual sob uma perspectiva contrária: a identificação das características da comunidade internacional e a possibilidade de haver constitucionalização da ordem jurídica internacional. Diz-se, aqui, que tal posição corresponde a eventual oposição à ideia de fragmentação, visto que há posições que enxergam ambos os processos como não excludentes, a sobreviver antagonicamente no sistema jurídico internacional, além de haver descrições do direito internacional sob este ângulo sem a preocupação manifesta de denunciar a inexistência da fragmentação.

À luz desta linha de pensamento, o direito internacional, em vez de ter assistido ao distanciamento de seus múltiplos subsistemas normativos, convive com elementos cada vez mais sólidos de estruturação normativa, o que é acompanhado por uma gradual evolução do exercício da jurisdição na esfera internacional.

Portanto, há uma a compreensão segundo a qual os seguintes elementos são representativos da sistematização do direito internacional: a evolução da matéria da responsabilidade no direito internacional, os critérios e procedimentos de produção do direito e a solução de controvérsias, a regulação do uso da força, a tutela dos espaços internacionais e, por fim, a proteção ao ser humano[64].

---

[63] PROST, Mario; CLARK, Paul Kingsley. **Unity, Diversity and the Fragmentation of International Law: How Much Does the Multiplication of International Organizations Really Matter?.** Vol. 5; nº 2. pp. 341 – 370. Chinese Journal of International Law/2006.

[64] DALLARI, Pedro B. de Abreu. **Atualidade dos Tribunais Administrativos de Organizações Internacionais**. Tese apresentada na Faculdade de Direito da Universidade de São Paulo, para obtenção do título de Livre Docente. São Paulo: Universidade de São

30 Direito Internacional e o Debate sobre sua Unidade

A responsabilidade que é de vital importância para a caracterização do sistema jurídico, pois impõe aos sujeitos de direito o dever de reparação sobre a prática de eventual ato ilícito, desenvolveu-se a partir de princípios e preceitos firmados documentalmente, mas deve sua consolidação em grande parte à institucionalização de mecanismos jurisdicionais. Quanto ao adensamento de normas relativas ao processo de produção do direito, houve, no século passado, importantes marcos na consolidação de normas relativas aos direitos dos tratados – exemplificadas com a Convenção de Havana de 1928 e a Convenção de Viena sobre Direito dos Tratados de 1969 -, bem como normas as quais referida linha de raciocínio qualifica como definidoras do *processo legislativo internacional*, quais sejam, normas de diplomacia bilateral e multilateral. Associado às questões de produção normativa, houve relevante avanço nas questões concernentes às soluções de disputas no direito internacional, verificadas na expansão de mecanismos como a arbitragem internacional, bem como na extensão de órgãos jurisdicionais. Relativamente à regulação do uso da força na sociedade internacional, salienta-se a limitação à guerra engendrada pelo Tratado de Versalhes, em 1919, e sua proscrição definitiva pelo Pacto Briand-Kellog em 1928. Apesar da ruptura representada pela eclosão da Segunda Guerra Mundial, em 1945 a Carta das Nações Unidas logrou circunscrever o campo de validade jurídica do uso da força no direito internacional, a ser exercido nas hipóteses de legítima defesa ou por deliberação e ação do Conselho de Segurança. O século XX apresentou evolução significativa, também, no trato dos espaços não submetidos à soberania dos estados, cuja disciplina substituiu a noção de *res nullius* para a de *res communis omnium*. A natureza dos espaços como o alto mar, o continente antártico e o espaço cósmico foram afirmadas como patrimônio comum da humanidade, opondo-se à lógica de apropriação. E, por fim, a emergência do direito internacional dos direitos humanos - direitos estes que, possivelmente, consolidam-se "na condição não apenas de especialidade temática, mas de fator estruturante da ordem jurídica internacional" - organiza o contexto internacional, forjando o sentido de comunidade internacional[65].

Os referidos elementos de transformação da ordem jurídica internacional suscitam, como se demonstra, uma narrativa distinta daquela que enfatiza eventuais colisões entre regimes normativos do direito internacional. Aliás, a atual especialização do direito internacional e, consequentemente,

---

Paulo/2009.

[65] Idem; p. 152 – 156.

os crescentes pontos de contato que os regimes especializados podem ser vistos como maior integração da ordem jurídica internacional.

Relativamente à evolução da comunidade internacional, argumenta--se que uma de suas características atuais é o aumento de corpos jurídicos especiais. No entanto, apesar de sua inicial compartimentação, uns tendem a influenciar os outros e, desta forma, há uma interpenetração e fertiliza-ção cruzada os quais representam maior integração e que, dentro de certas proporções, demonstram que os direitos humanos têm permeado gradati-vamente vários setores do direito internacional[66]. Deste modo, o fato de o direito internacional ter se encorpado em diferentes sistemas normativos não leva esta narrativa a concluir que há distanciamento e fragmentação no direito internacional, mas um maior grau de inter-relacionamento e mútua influência entre sistemas, os quais denotam uma comunidade internacional juridicamente mais integrada.

Dentro desta base teórica, assim, perscruta-se o sentido do constitu-cionalismo no direito internacional, associando-o a normas que regulam a estruturação da comunidade internacional em subdivisões e distribuição de esferas de jurisdição. Outra característica é acrescentada, consistente nas normas que regulam o processo de formação de normas jurídicas, o que corresponde a uma clara influência da noção de "normas primárias" e "normas secundárias", de Herbert Hart[67].

Ademais, questionando-se os valores específicos da ordem jurídica internacional, emerge[68] a terceira característica do constitucionalismo: o caráter não consensual das normas constitucionais. São normas básicas, formais ou substantivas, as quais independem do consentimento do esta-do, ou seja, normas cogentes (*jus cogens*). Essas normas exprimem valores aquinhoados de maior importância na comunidade internacional, sendo, por isso, imperativas[69].

Assim, seria o constitucionalismo no direito internacional um movi-mento progressivo, constituindo-se no curso da história[70].

---

[66] CASSESE, Antonio. **International Law.** 2ª Edição. Oxford University Press/2005.

[67] FASSBENDER, Bardo. **The Meaning of International Constitutional Law**. In **Transnational Constitutionalism – International and European Perspectives.** Cambridge University Press/2007. pp. 842 e 843.

[68] Trata-se de uma analogia aos códigos civis alemães, os quais contém uma "parte geral", cujas normas estabelecem uma arquitetura jurídica geral, dentro da qual as demais normas operam.

[69] FASSBENDER, Bardo; Op. Cit. pp. 844 e 845.

[70] Idem; p. 846.

32 Direito Internacional e o Debate sobre sua Unidade

Nota-se que dentro de uma perspectiva histórica e teórica a respeito da transformação do direito internacional, enxerga-se maior grau de complexidade sistêmica, à medida que a ordem jurídica internacional passou a contar com critérios de afirmação de autoridades – descentralizadas -, cultivando atribuições administrativas e jurisdicionais, assim como passou a contar com critérios de validação normativa, no aspecto formal e material. Descrevendo o direito internacional a partir destes elementos, pode-se concluir por maior integração e, inclusive, a identificação de um conteúdo estruturante o qual corresponde ao fenômeno do constitucionalismo.

No entanto, esta narrativa não é necessariamente oposição à ideia de fragmentação do direito internacional. Há quem enxergue o constitucionalismo da ordem jurídica internacional como a solução ao problema, em vez de sua negação[71].

1.3 Fragmentação como tendo aspectos positivos e negativos e fragmentação e constitucionalismo como fenômenos coexistentes.

Há neste debate, ainda, os que acreditam que a fragmentação do direito internacional tem elementos positivos e negativos. Como efeito negativo, a fragmentação do direito internacional arriscaria sua credibilidade e sua autoridade[72]. O aspecto positivo residiria nos benefícios do desenvolvimento de normas especiais, as quais acomodam necessidades e interesses de um estado, encontrando em regimes especiais mais respeito à sua condição

---

[71] Johannes Gerald Van Mulligen diferencia correntes de constitucionalismo, tendo umas aspirações universalistas, segundo as quais a comunidade internacional é organizada sobre valores globalmente arraigados; outras pluralistas, segundo as quais a ordem global é organizada em torno da coexistência harmoniosa; e constitucionalismo como mentalidade, segundo a qual o constitucionalismo não está incorporado na arquitetura do direito internacional, mas na mentalidade de seus operadores. Ele diferencia igualmente o constitucionalismo direto, o qual pretende deduzir o constitucionalismo da arquitetura jurídica internacional já estabelecida; e o indireto, o qual formula proposições deontológicas acerca do direito internacional. Se o constitucionalismo direto procura enfatizar elementos como o aumento de tratados e seus respectivos mecanismos de solução de controvérsias, a emergência de normas imperativas, entre outras evidências; o constitucionalismo normativo o sugere como proposta viável, inclusive, para coibir os riscos decorrentes da fragmentação do direito internacional (VAN MULLIGEN, Johannes Gerald. **Global Constitucionalism and the Objective Purport of the International Legal Order**. Vol. 24. Leiden Journal of International Law – Universidade de Cambridge/2011).

[72] HAFNER, Gerhard. **Pros and Cons Ensuing from Fragmentation of International Law**. Vol. 25. (849) Michigan Journal of International Law/2003 – 2004.

individual do que no sistema jurídico geral. Desta forma, poderia a estrutura do direito internacional oferecer condições de solução de controvérsias que melhor se adaptam às condições peculiares de cada caso.

Inclusive, exemplifica-se tais benefícios com as questões envolvendo reservas aos tratados que versam sobre direitos humanos, ou mesmo com o combate ao terrorismo – cujo tratamento alcançaria melhores resultados regionalmente do que no plano universal[73].

Em sentido semelhante, é instrutiva a advertência feita por Bruno Simma no sentido de que o grupo de estudos responsável pelo relatório (2006) concordou, logo de início, em retirar o termo "riscos" de seu título, por expressar uma visão preconcebidamente negativa do fenômeno da fragmentação do direito internacional, substituindo-o por "dificuldades" e associando tais dificuldades a dois termos positivos, quais sejam, a expansão e a diversificação do direito internacional[74].

Primeiramente, porque haveria razão naqueles que acreditam viver o direito internacional sua fragmentação quanto nos que entendem haver um processo de constitucionalização. Os dois processos conviveriam paradoxalmente no direito internacional, e isso faz com que o ramo seja tão fascinante. Os múltiplos órgãos judiciais teriam despendido extremo cuidado a fim de evitar contradições a outros órgãos[75]. Salienta-se, ainda, que houve, desde as primeiras discussões acerca da fragmentação do direito internacional, uma mudança de ênfase: não há mais automática referência aos aspectos negativos do fenômeno – certa e atualmente existentes -, mas este tem sido visto sob um viés positivo.

Por outro lado, levantam-se importantes questões a respeito dos possíveis benefícios da fragmentação do direito internacional. Em primeiro lugar, objetando que o tema vem sendo tratado como se o direito internacional fosse uniforme e como se algo o tivesse dividido em diversos fragmentos. Contrapõe-se, no entanto, que a unidade do direito internacional jamais existira. Ademais, relembra-se que tribunais especializados existiram ao longo da história, fazendo-se referência à Lex Mercatoria nos séculos XII, XIII e XIV. Por isso, entende-se que o debate sobre a fragmentação do direito internacional não deve ser realizado exclusivamente sob a ênfase de

---

[73] Idem; p. 859.

[74] SIMMA, Bruno. **Fragmentation in a Positive Light**. Vol. 25. (845) Michigan Journal of International Law/ 2003 – 2004.

[75] SIMMA, Bruno. Op. Cit. p. 846.

seus aspectos negativos, mas também se deve considerar que a especialização é capaz de promover aprimoramento técnico de um modo coerente[76].

Neste passo, o fenômeno da fragmentação indicaria transformação do sistema jurídico internacional, sob o argumento de, não pretendendo negá--la, adverte-se que fragmentação existe em qualquer sistema jurídico dinâmico. Se desde os debates – que se arrastam por vinte anos – a respeito da fragmentação do direito internacional houve intenso esforço em concebê--la como ameaça à unidade do direito internacional, pouco se teriam considerado os passos em direção à convergência. Segundo esta perspectiva, a convergência e unidade teriam se tornado mais dominantes nos discursos jurídicos do que propriamente a autonomia dos subsistemas jurídicos. Há, portanto, uma necessidade de reafirmar o direito internacional, sobretudo tendo a CIJ como centro do sistema jurídico internacional. A reasserção do direito internacional estaria sendo realizada pelos seus diversos tribunais, a contar também com órgãos de suma importância para seu desenvolvimento, como a CDI[77].

Acredita-se que unidade e fragmentação podem coexistir paradoxalmente no direito internacional, oferecendo-se, como o faz o Professor George Rodrigo Bandeira Galindo, instrutiva e retumbante lição acerca do dinamismo desta dimensão jurídica: "(...) melhor que buscar entender se o direito internacional será, no futuro, mais fragmentado ou unitário, é reconhecer que ele mesmo é vida"[78].

Acrescenta-se, porém, que a análise sobre fragmentação, unidade e coerência oferece exercício fecundo para saber que vida o direito internacional é; viabiliza estimativas do *vir-a-ser* da vida do direito internacional; assim como abre horizontes para a defesa do *dever ser* do direito internacional, enquanto vida.

---

[76] Sociedade Americana de Direito Internacional (ASIL Annual Meeting Proceedings). **The Role of International Tribunals in Managing Coherence and Diversity in International Law**: 24 de março de 2011.

[77] ANDENAS, Mads. **Reassertion and Transformation: From Fragmentation to Convergence in International Law.** Vol. 46. Georgetown Journal of International Law/2015. pp. 691 – 693.

[78] GALINDO, George Rodrigo Bandeira. Op. Cit. p. 2.

A DISCUSSÃO SOBRE *LEX SPECIALIS* E A FORMAÇÃO DE REGIMES AUTÔNOMOS NO DIREITO INTERNACIONAL

Uma vez delineados os termos gerais do debate acerca da unidade, ou sua ausência, do direito internacional, passa-se à análise da discussão acerca da relação entre normas especiais e gerais no direito internacional. Como dito, referido debate ganhou importância ao tema da unidade ou fragmentação do direito internacional, porquanto sua aplicação poderia superar as condições sob as quais o suposto distanciamento de conteúdos jurídicos ocorre. Este meio de solução de conflitos normativos – antinomias – ganhou atenção sobretudo no relatório produzido pela CDI.

Relacionar o uso da *lex specialis* ao tema significa pressupor que um dos pilares de alcance da unidade – ou, ao menos, a coerência - do direito internacional é o afastamento da incidência da norma de caráter mais genérico para a aplicação daquela norma cujo alcance é mais especificamente dirigido à situação posta. O direito internacional teria, assim, condições de evitar a fragmentação do direito internacional por meio da aplicação de um dos consagrados fundamentos lógicos da aplicação das normas: caso duas se apresentem como de possível incidência em certo caso, entende-se que a norma cujo objeto é mais estrito corresponde a exceção feita à norma cujo objeto é mais amplo. Desta forma, o conflito normativo seria apenas aparente, já que solucionável por um critério lógico de aplicação de normas, uma em relação a outras.

A CDI levantou três tipos de conflitos entre normas, de interesse para o critério da especialidade: (1) conflitos entre uma norma geral e uma particular, da qual resulta uma interpretação não ortodoxa da norma geral; (2) conflitos entre norma geral e uma norma especial que se apresenta como uma exceção à norma geral; (3) conflitos entre dois tipos de normas especiais. Os dois últimos casos são vistos como tipos genuínos nos quais a relação entre as normas dependerá de qual embasamento se utilize[79].

Assim, observa-se que a CDI produziu uma visão moderada acerca do critério da especialidade como ferramenta de evitamento da fragmentação, reconhecendo tanto sua condição de aliviar os conflitos normativos como também a possibilidade de existirem normas, ambas aplicáveis a uma determinada situação, as quais possuem igual grau de especialidade, de modo que o critério tenha condições limitadas de superar o problema.

Se a norma *lex specialis* é entendida geralmente como um critério de solução de conflitos normativos – um critério lógico-linguístico – a CDI estudou conflitos envolvendo normas especiais e gerais ou entre normas que, por estarem ambas incluídas em específicas categorizações temáticas as quais reivindicam, ambas, excepcionalidade, como uma demonstração da fragmentação substantiva do direito internacional. Coube, então, à Comissão estudar tanto a permissibilidade da formulação de normas especiais como sua capacidade de substituição ao padrão normativo geral por serem esses dois aspectos importantes para o tema da unidade.

Isto significa que o estudo da CDI não se bastou a analisar a norma especial como critério para solução de antinomias, mas as próprias condições de formação de normas especiais.

Este capítulo discutirá a função da *lex specialis* no direito internacional, igualmente discutindo em que circunstâncias pode a sociedade internacional formular normas que se desviem de obrigações gerais contidas no direito internacional, bem como a circunstância de haver duas normas aplicáveis a uma determinada situação a ser superada pelo critério da especialidade.

2.1 Conflitos e norma especial.

Após esclarecer os três tipos de conflitos possíveis no direito internacional, a CDI analisou-os individualmente. Como dito, o primeiro tipo de conflito se expressa nas divergências jurisprudenciais entre órgãos judicantes no direito internacional. Este tipo de conflito é exemplificado com as decisões diferentes sobre a responsabilidade internacional do estado entre o Tribunal Penal Internacional para a antiga Iugoslávia e a Corte Internacional de Justiça. Trata-se de ocasião própria a qualquer sistema jurídico, mas, no caso do direito internacional, não havendo hierarquização institucional, estes conflitos se apresentam como particularmente problemáticos. Nos

---

[79] Comissão de Direito Internacional das Nações Unidas. Op. Cit. p. 31.

sistemas domésticos, as distintas visões proferidas por juízes são solucionadas por meio de um recurso a uma autoridade superior, da qual emana um juízo uniformizador. No caso do direito internacional, haveria incertezas e insegurança jurídica porque esta autoridade inexiste. Ademais, os sujeitos de direito seriam colocados em condições desiguais, já que a solução jurídica que recairá sobre eles depende de qual órgão judicante será invocado para solução do litígio[80].

Assim, a CDI repisou o problema das possíveis sobreposições jurisprudenciais e possíveis conflitos entre decisões, sem, contudo, vincular o aspecto institucional da questão ao aspecto substantivo. Basicamente, a discussão se manteve tal qual apresentada no primeiro capítulo deste trabalho, opondo aqueles que consideram que a multiplicação de órgãos judicantes e sua extrema especialização ocasionam um risco à unidade do direito internacional e aqueles que entendem que referida multiplicação é salutar e natural ao adensamento normativo do direito internacional e que a crítica articulada pelos primeiros desconsidera o esforço de diálogo entre tribunais e desmerece as conquistas institucionais recentes do sistema jurídica internacional.

Conquanto o relatório da CDI tenha separado o aspecto substantivo da chamada fragmentação de seu aspecto institucional, houve quem o tenha criticado sob o argumento de que o estudo da coerência do direito internacional deve-se dar a partir da adaptabilidade factual da linguagem jurídica e de seu sentido social, razão pela qual se critica o recorte da CDI acerca da divergência jurisprudencial por não o identificar como forma genuína de conflito normativo. Entende-se, desta forma, que a norma não pode ser completamente separada de sua aplicabilidade institucionalizada. Seria necessário compreender qual foi a imagem factual que os tribunais construíram, mesmo para identificar se, de fato, os tribunais com visões conflitantes estariam diante de casos verdadeiramente análogos. Para tanto, entender os termos de comparação – ou a plataforma factual narrada por cada tribunal - seria imprescindível[81].

A CDI tratou do problema das diferenças jurisprudenciais como "dificuldade" ao tema, sem trata-las como um conflito genuíno expressivo da suposta fragmentação do direito internacional, como é imperioso esclarecer. Para os dissidentes da visão da CDI, a interpretação da norma, realizada pelos órgãos judicantes, integrá-la-ia, de modo que seria necessário tratar

---

[80] Idem. pp. 31 – 33.
[81] DEL MAR, Maksymilian. **System Values and Understanding Legal Language**. Vol. 21. Leiden Journal of International Law/2008. pp. 51 e 52.

os conflitos interpretativos como evidência da ausência de unidade sistêmica no direito internacional.

Seguindo-se esta noção, somente seria possível compreender a dinâmica dos conflitos normativos no direito internacional caso se estudasse a norma materializada por meio de sua interpretação e aplicação, jamais a partir de seus potenciais abstratos de interpretação. A elaboração dos tribunais e seus respectivos processos de identificação das normas aplicáveis seriam de suma importância para compreensão da dinâmica da relação entre as normas.

No caso da CDI, optou-se por elaborar sistematizações doutrinárias associadas a casos jurídicos, transitando-se, aparentemente, entre a intenção de entender o fenômeno da fragmentação e a necessidade de produzir doutrina que oferecesse ferramental para solução de conflitos normativos. Por essa razão, seu relatório foi criticado por se afastar da base teórica a respeito da discussão, já que despreocupado com a realidade dos órgãos judicantes do direito internacional e com a alegada realidade social marcada pela diferenciação funcional e por contrastes de racionalidade técnica.

Inobstante dita reflexão, sobre este primeiro tipo de conflito, nota-se uma maior preocupação pela possibilidade de diálogo entre órgãos judicantes em debates acadêmicos. Tal preocupação está bem representada no debate realizado pela Sociedade Americana de Direito Internacional, ocorrido em 2011[82]. Nesta oportunidade, afirmou-se que a especialização de tribunais já ocorreu na história do direito e que esta pode promover sua coerência; igualmente, considerou-se haver um risco de fragmentação caso um tribunal ignore o trabalho de outro e que há um grande desafio em manter a unidade do direito internacional.

Neste prumo, no referido debate considerou-se haver um "chat" informal de interação entre escrivães da Corte Internacional de Justiça, bem como a defesa de que juízes não operam no vácuo, já que muitos juízes da Corte Internacional de Justiça possuem experiência anterior em órgãos de arbitragem, e mesmo aqueles que não atuaram nestes órgãos possuem interesse e estudo no direito internacional, e por isso mantêm-se atualizados[83].

Veja-se que, embora questionavelmente se considere que as diferentes interpretações dadas a uma determinada relação normativa, entre norma geral e específica, realizada por diferentes órgãos judicantes, há uma perspectiva acadêmica a proclamar que referidos conflitos estão sendo amenizados pelo gradativo grau de interação entre órgãos.

---

[82] ASIL. Op. Cit.

[83] Idem. pp. 168 e 171.

Segundo importante perspectiva, variada daquela que enfatiza o crescente diálogo entre pessoal dos órgãos judicantes, defende-se que seu estudo não pode conduzir internacionalistas a uma verdadeira reificação de tribunais, como se estes existissem independentemente de suas histórias e realidades, como se tribunais se perdessem e misturassem na realidade, sem passado ou futuro, sem origens ou novas orientações, preocupando-se de como a interação entre órgãos deve acontecer. Postula-se que a multiplicação de órgãos internacionais deve colocar muitos problemas, alguns sem solução próxima e que a complexidade do quadro institucional atual do direito internacional torna turvo o sentido da ordenação pacífica. Os juízes e tribunais internacionais possuiriam agenda e interesses tão diversificados ao ponto de nem eles próprios serem capazes de precisar qual seu sentido[84].

Ainda nesta perspectiva, lembrando a multiplicação de órgãos judicantes nos anos 1990 e toda a discussão que a acompanhou a respeito da unidade e da segurança jurídica nas relações internacionais, procura-se apontar o rumo que o diálogo entre cortes toma e deve tomar. Vez que se propugna a existência de uma comunidade de cortes – da qual participam cortes internacionais e domésticas -, invoca-se a necessidade de haver estudos empíricos acerca deste diálogo, os quais possibilitem, inclusive, saber se ele promove a "ordenação pacífica da sociedade", ou se concretiza uma estagnação jurisprudencial da qual acarreta a permanência do estado de coisas. Conclui-se ser necessário conhecer a realidade social da qual emerge o direito internacional para que se possa formular soluções legítimas[85]. Verifica-se que esta vertente não considera o diálogo entre as cortes como um fim em si mesmo, devendo-se saber se o direito internacional contém mecanismos dinâmicos que sejam capazes de se adaptar a novos contextos, removendo-se injustiças e promovendo o sentido de "ordenação pacífica da comunidade internacional".

Pode-se notar, assim, que para além das discussões sobre se a multiplicação de órgãos judicantes no direito internacional ameaça a unidade ou representa um avanço, a partir do estudo da Comissão de Direito Internacional das Nações Unidas houve notória preocupação com a possibilidade de diálogo entre órgãos, a perspectiva da "fertilização cruzada", e mecanismos que possivelmente possam ser implementados com o fito de assegurar que os trabalhos de órgãos judicantes ocorram de forma coordenada. Entretanto, não há, pelo que se abstrai dos mencionados estudos, mecanismos

---

[84] GALINDO, George Rodrigo Bandeira. **Dialogando na Multiplicação: uma Aproximação**. Vol. 9. Revista de Direito Internacional - Brazilian Journal of International Law/ 2012. p. 2.

[85] Idem. pp. 4 – 8.

formalmente estabelecidos para realização desta tarefa, nem mesmo parece haver consenso sobre quais e como implementá-los.

Apesar de a perspectiva do diálogo horizontal entre tribunais ter sido abordada durante esses anos, o ideal de estabelecimento de uma hierarquia entre tribunais internacionais não foi completamente abandonado[86]. Sustenta-se que, uma vez que a fragmentação do direito internacional arrisque sua credibilidade e corra o risco de se tornar descontrolada, sem o estabelecimento de uma hierarquia entre tribunais internacionais a fragmentação avançará, devendo a Corte Internacional de Justiça assumir a supremacia sobre os demais órgãos. Sua supremacia se apoiaria já pelo fato de a Carta das Nações Unidas possuir força normativa de caráter superior. Nesta proposta, porém, não há a ideia de que um tribunal deva estar estritamente vinculado à jurisprudência da Corte: os órgãos judicantes internacionais devem estar cientes do caráter instrutivo e persuasivo das decisões da Corte, ao reconhecer sua importância central ao sistema internacional[87]. Trata-se de uma proposta de diálogo entre órgãos judicante não pautada em mecanismos processuais para hierarquização entre órgãos, mas na convicção dos próprios órgãos de que a hierarquia existe e que a CIJ está em seu topo.

Há críticas dirigidas, portanto, à exclusão do viés institucional da CDI, mais precisamente por não se dedicar à questão da autoridade para decidir quais normas indicam a norma a ser aplicada. A fragmentação envolveria, seguindo este raciocínio, uma perspectiva normativa e uma perspectiva de legitimidade para decidir; caso houvesse integração de autoridade seria mais fácil resolver problemas substantivos. Reconhece-se, contudo, que o tema da afirmação de autoridades na sociedade internacional perpassa por interesses políticos, sendo mais difícil de ser tratado[88].

Já o segundo tipo de conflito possui caráter substantivo. Trata-se de situação em que a norma especial reivindica ser aplicada como exceção ao direito geral. Nos termos da CDI, tal circunstância é ilustrada pelo tratamento dispensado às reservas pelos órgãos de proteção aos direitos humanos. Como paradigma, empregou-se o caso "*Belilos*", em 1988, apreciado pela Corte Europeia de Direitos Humanos, no qual se considerou a Suíça vinculada à Convenção Europeia de Direitos Humanos independentemente

---

[86] LEATHLEY, Christian. **An Institutional Herarchy to Combat the Fragmentation of International Law: Has the ILC Missed an Opportunity?**. Vol 40:259. New York University Journal of International Law and Politics/2007. pp. 260 e 261.

[87] Idem; pp. 261 – 284.

[88] MATZ-LÜCK, Nele. **Structural Question of Fragmentation; in Fragmentation of International Legal Orders and International Law: Ways Forward?**. American Society of International Law/2011; p. 126.

de sua declaração de reserva[89]; e o caso *"Loizidou"*, no qual a Corte enfatizou o caráter especial da Convenção e a necessária compatibilidade entre a reserva e o objeto e propósito da Convenção.

A autora, no primeiro caso, teria tomado parte de uma manifestação em Laussane a qual não teria permissão prévia, por ser estrangeira. Foi multada pela polícia e, frente a autoridades judiciais suíças, alegou que a imposição de sanções criminais, por força do disposto no artigo 6º da Convenção Europeia de Direitos Humanos, deveria ser realizada por autoridade judicial competente. No entanto, esta não teve seu direito reconhecido, porquanto a Suíça formulara reserva ao artigo 6º da Convenção. Em 1983, a autora formulou reclamação junto à Comissão Europeia de Direitos Humanos. A Corte Europeia de Direitos Humanos entendeu, quando o caso lhe foi finalmente submetido, que a declaração feita pela Suíça não poderia ser entendida como reserva. Seria uma declaração interpretativa, entendendo o direito de acesso judicial como sendo um controle último e não primário, mas não poderia ser lida como reserva, mesmo porque no instrumento de ratificação a Suíça formulara reserva e declaração, sendo, portanto, dois atos distintos. Ademais, a Convenção proíbe a formulação de reserva de caráter genérico.

Já o segundo caso trata de impedimento de acesso de uma cidadã cipriota às suas propriedades em Kyrenia, por ocasião da invasão turca no Chipre, ocorrida em 1974. Ela chegara a participar de uma marcha de mulheres para reivindicar a possibilidade de os refugiados greco-cipriotas retornarem às suas casas e, por esta razão, foi detida pela polícia turco-cipriota. Uma vez que a República da Turquia formulara uma declaração de reserva, condicionando a aplicação da Convenção para a Proteção de Direitos Humanos e Liberdades Fundamentais aos termos de sua Constituição e aos seus limites territoriais, sobre a qual emergiram reações das demais partes, e, posteriormente, ao tratar da jurisdição da Corte Europeia de Direitos Humanos, condicionou a aplicação da Convenção à reciprocidade, esta suscitara objeções preliminares à jurisdição da Corte. Ao decidir as objeções preliminares, a Corte afirmou a responsabilidade extensiva a regiões autônomas e protetorados. Afirmou, também, que o objeto e propósito da Convenção devam ser considerados[90].

Nos termos da CDI, haveria particularidade no Direito Internacional dos Direitos Humanos a restringir a permissão ao emprego de reservas aos seus tratados, não se lhes aplicando a norma geral do direito internacional

---

[89] Corte Europeia de Direitos Humano. Marlène Belilos v. Switzerland. 29 de abril de 1988.
[90] Corte Europeia de Direitos Humanos. Loizidou v. Turkey. 18 de dezembro de 1996.

público de ampla permissão, a critério do estado que celebrará o tratado. Trata-se de conteúdo jurídico especial a constituir exceção ao direito geral, portanto. O conflito se estabelece, desta forma, a partir da constatação de propriedades especiais as quais possuem determinados tipos de normas, de modo que suas excepcionalidades obstam a aplicação de padrões normativos gerais, o que seria o caso das reservas[91].

Sobre este tipo de conflito, cabe indicar que para muitos autores há conveniência na especialidade de normas e instituições, sobretudo por favorecer o aprimoramento de institutos e procedimentos, com especial importância aos direitos humanos, conforme será analisado.

Por fim, o terceiro tipo de conflito se dá caso dois conteúdos normativos se apresentem como especiais. Afigura-se tal hipótese pelo fato de os conteúdos do direito internacional serem organizados em corpos jurídicos tematicamente delimitados. A CDI o exemplifica com o caso "Hormônios", de 1998, no qual a Organização Mundial do Comércio esteve diante de um confronto entre as normas de comércio internacionais as quais possui a atribuição de aplicar e um conteúdo pertencente ao direito internacional ambiental, especialmente a respeito do "princípio da precaução".

No caso em questão, a Comunidade Europeia baniu a produção e importação de carne com introdução de hormônios, o que motivou os Estados Unidos da América a requererem consultas, em 1996, acerca da proibição. A Comunidade Europeia, entre outros argumentos, sustentou que a medida estaria amparada no princípio da precaução, sob alegação de que a exposição a longo prazo às substâncias poderia representar um risco à saúde e que referido princípio seria "chave" na política da Comunidade Europeia. Embora no Acordo sobre a Aplicação de Medidas Sanitárias e Fitossanitárias da OMC haja previsão da possibilidade de restrição de importações para fins de proteger o ambiente e a saúde humana, esta exige que a medida seja embasada em evidências científicas, lidando com o tema de forma diferente, por exemplo, da Convenção sobre Diversidade Biológica, cujo preâmbulo diz, entre outras coisas: "observando também que quando exista ameaça de sensível redução ou perda da diversidade biológica, a falta de plena certeza científica não deve ser usada como razão para postergar medidas para evitar ou minimizar esta ameaça, ...". A falta de evidência científica, para a OMC, permitiria o empreendimento; ao que, para o direito ambiental, impediria-lo. O desfecho do caso foi pela adoção das normas e regras contidas nos acordos abrangidos da OMC, visto que, conforme decidiu o Órgão de Apelação, o princípio da precaução não se tornou vinculante ao seu sistema

---

[91] Comissão de Direito Internacional das Nações Unidas. Op. Cit. p. 33.

e, caso o tenha, seria sob seu próprio regramento, já que haveria uma versão de referido princípio expresso no Acordo citado.

Esta decisão sugeriu à CDI – seguindo a base teórica a respeito da chamada fragmentação do direito internacional - que ambas as esferas normativas existem separadamente e são instruídas por diferentes princípios jurídicos, de sorte que as fronteiras entre os "ramos" de direito especializados não se demonstrem com clareza, mesmo que grande parte das questões jurídicas contenham implicações comerciais e ambientais[92]. Dada situação é tomada como uma evidência da chamada fragmentação aos olhos da CDI, correspondendo essa a dificuldades próprias dos processos de expansão e diversificação do direito internacional.

Assim, chega-se ao que intimamente se entende pelo fenômeno da fragmentação e passamos a entender melhor a discussão. Suspeita-se que os complexos normativos, adstritos tematicamente, estão de tal modo distantes que seus pontos de contrastes não expressam meramente um conflito normativo, mas um choque de mentalidade. Por isso, situações como a do caso "hormônios" tornar-se-iam corriqueiras e deixariam turvo qualquer sentido de qual seria a norma especial e a norma geral de uma determinada circunstância, porque ambas teriam o mesmo grau de especialidade ao tratar de assuntos distintos e com racionalidades próprias.

Ditas categorizações representariam regimes jurídicos especiais os quais pretenderiam exaurir certa temática e reivindicariam aplicação exclusiva em relação a outros regimes. Por isso, haveria dificuldades adicionais em aplicar a máxima da derrogação normativa em função da especialidade, bem como diferentes visões sobre a capacidade de o critério da especialidade poder resolver os problemas oriundos das opostas demandas corporificadas nos conjuntos normativos em questão.

2.2 *Lex specialis* no direito internacional público.

2.2.1 *Lex specialis* como critério de solução de antinomia.

A máxima '*lex specialis derogat generali*' possui ampla aceitação em textos doutrinários enquanto técnica de solução de conflitos normativos. Esta se aplica caso entre duas normas em conflito não haja uma relação hierárquica, de modo que obrigue o intérprete a escolher aquela que se dirige mais especificamente ao caso. Entretanto, nos termos da CDI, há

---

[92] Idem. p. 34. Ver o caso "European Communities – Measures Concerning Meat and Meat Products (Hormones)". 13 de fevereiro de 1998 (WT/DS26/AB/R, WT/DS48/AB/R).

dificuldades em distinguir o que é "geral" e o que é "particular" no direito internacional, seja do ponto de vista de seu conteúdo ou sobre o número de participantes de um ou de outro tratado; como também há neste critério uma relação pouco clara com o critério cronológico, por meio do qual a norma posterior derroga a anterior[93].

Imagine-se que em determinado tratado exista norma atribuindo ao estado hospedeiro de certo investimento a responsabilidade internacional por promover imediata e integral reparação a um investidor estrangeiro por ocasião de uma desapropriação. Imagine-se, porém, que entre as normas do próprio tratado esteja contida uma norma a qual preveja condição mais flexível, podendo-se parcelar a reparação ou minorá-la em caso de catástrofe ambiental. Neste caso, a ocorrência de circunstância especial – a catástrofe – ensejaria a aplicação da norma que a disciplina especificamente, afastando a incidência da norma geral de reparação imediata e integral. Assim funcionaria o critério da especialidade a resolver conflitos entre duas normas que, a princípio, aplicar-se-iam ao caso de desapropriação.

No direito internacional, o critério não encontrou expressão na Convenção de Viena sobre Direito dos Tratados de 1969 (CVDT), o qual corresponde hodiernamente ao principal instrumento jurídico a respeito do tema. Há previsão expressa de *lex specialis* no artigo 55 do "Projeto da Comissão de Direito Internacional das Nações Unidas sobre Responsabilidade Internacional dos Estados", sob esta nomenclatura, com o seguinte comando: "estes artigos não se aplicam se e na medida em que as condições de existência de um ato internacionalmente ilícito, o conteúdo ou a implementação da responsabilidade internacional de um Estado são regidas por normas especiais de Direito Internacional". O Projeto, no entanto, não obteve adesões dos estados para tornar-se um tratado internacional de modo a tornar-se vinculante pela via escrita e consensual, sendo, porém, a principal referência textual da matéria.

A omissão a respeito do critério remete, novamente, à dificuldade da aplicação e do estudo dos critérios de solução de conflito normativo no direito internacional. No entanto, não se pode dizer que o fato de não o haver expressamente mencionado em um texto faz o critério não existir no direito internacional, posto que ele pode ter-se cristalizado por outras fontes.

Apurou a CDI que, embora não haja previsão expressa do critério – ou princípio – da especialidade, na Convenção de Viena sobre Direito dos Tratados de 1969 (CVDT), geralmente este é tido como meio de interpretação de tratados, ou é associado ao critério cronológico, previsto no artigo 30 da

---

[93] Comissão de Direito Internacional das Nações Unidas. Op. Cit. pp. 34 – 36.

referida Convenção. Há quem advogue, porém, que sua aplicação não está necessariamente relacionada ao direito dos tratados, visto constituir-se como senso comum e implicações do próprio uso linguístico[94].

Acerca das hipóteses de operação da norma 'lex specialis', disse a CDI, esta pode ocorrer: (a) dentro de um único instrumento escrito; (b) entre dois instrumentos escritos; (c) entre um tratado e um padrão normativo decorrente de outra fonte, como costume ou princípios gerais; (d) entre padrões normativos firmados por fontes diversas do tratado[95].

A CDI cuidou, para fins de esclarecer essas hipóteses, de resgatar uma série de decisões, emanadas de diferentes órgãos judicantes ao longo da história, nas quais o critério da especialidade fora aplicado. Muitas das decisões da Corte Europeia de Direitos Humanos foram criticadas pela CDI, em função da aplicação do critério da especialidade sem que haja entre os dispositivos um conflito normativo propriamente dito, de modo que a aplicação das normas poderia dar-se de maneira cumulada.

Isto é, a Corte Europeia de Direitos Humanos aplicou, por exemplo, os dispositivos que cuidam do direito à liberdade, assegurando a quem sofre detenção análise imediata por entidade judiciária, e o direito a um julgamento justo como sendo normas especiais em relação à norma que estabelece que qualquer privação à liberdade deve disponibilizar a quem a sofre um remédio efetivo. Em verdade, todos esses dispositivos parecem confluir, de modo que sua relação não poderia ser havida como conflituosa, ao ponto de demandar um critério que exclua a incidência de qualquer das normas. Curiosamente, a determinação da norma geral e especial, bem como se a

---

[94] Comissão de Direito Internacional das Nações Unidas. Op. Cit. Nota 9. pp. 38 e 39. Francisco Resek, analisando o critério da posterioridade, diz que "há lugar, também, no mesmo caso, para a regra *lex specialis derogat generali*, quando se apure que, independentemente da ordem cronológica, quiseram as partes abrir exceção a certo dispositivo de alcance geral em situações determinadas, para as quais previram disciplina diferente" (RESEK, Francisco. **Direito Internacional Público – Curso Elementar**. 14ª Edição. São Paulo: Editora Saraiva/2013. p. 124). Hildebrando Accioly, G. E. Nascimento e Paulo Borba Casella mencionam o critério da especialidade também tratando de tratados sucessivos, ao apontar a opinião de Grócio sobre o tema: "Várias soluções têm sido apontadas, a começar com a tese da *lex prior*, defendida por H. GRÓCIO, no século XVII, e que contou com a aceitação da CDI em 1953, tomada por base o projeto de H. LAUTERPACHT. A tese contrária, da lex posterior, pode ser acolhida em alguns casos restritos, conforme ocorre no parágrafo 3 do artigo 30. Apesar de favorável à *lex prior*, GRÓCIO era de opinião que, no caso de existir tratado específico – a *lex specialis* -, ele deve ser preferido: *lex specialis derogat generali*" (ACCIOLY, Hildebrando; NASCIMENTO, G.E.; CASELLA, P. B. **Manual de Direito Internacional Público**. 19ª Edição. São Paulo: Editora Saraiva/2011. p. 170).

[95] Comissão de Direito Internacional das Nações Unidas. Op. Cit. p. 40.

48 Direito Internacional e o Debate sobre sua Unidade

relação entre elas deva ser de confluência ou conflitiva, tem sido razão para dificuldades em outros órgãos, igualmente.

No sistema de solução de controvérsias da OMC, por exemplo, há situações em que se deixou de analisar determinada norma por uma outra já bastar à solução do caso e por razões de "economia judicial". Exsurge, deste entendimento, o risco de inutilização de normas consagradas no direito internacional, o que tem obrigado os órgãos judicantes, não para pretender penalizar excessivamente qualquer das partes, a esclarecer e precisar qual a relação entre as normas possivelmente envolvidas, ante a possibilidade de leitura conjunta de ambas as normas para identificação do conteúdo jurídico dado pela associação de normas.

Os tratados de caráter geral não necessariamente expressariam *jus cogens*- normas imperativas de direito internacional -, ou qualquer outra substância jurídica de maior importância, de modo que os tratados contendo normas específicas tem primazia sobre as gerais, assim como o costume local sobreporia o geral[96].

Porém, é comum haver consideração a respeito da especialidade normativa apenas em casos difíceis, de modo que nos casos fáceis a norma especial é considerada como exauriente da questão jurídica e, como consequência, sequer é relacionada ao contexto normativo geral[97]. Esta circunstância indica quão intrincados são conflitos normativos no direito internacional público, ao ponto de ser evitada grande parte das vezes, o que explica, em parte, a ausência de tratamento aprofundado da matéria em literaturas sistematizadoras.

A norma especial pode corresponder à aplicação do direito geral ou pode ser considerada como sua modificação. No primeiro caso haverá, ao menos idealmente, aplicação simultânea, já que não há propriamente um conflito; a aplicação da '*lex specialis*' ocorre genuinamente no segundo caso. De acordo com a CDI – embasando-se no caso "*Turkey – Restrictions on Imports of Textile and Clothing Products* (WT/DS34/R) -, o Órgão de Solução de Controvérsias da OMC tem aplicado o critério da especialidade apenas caso seja impossível uma interpretação harmoniosa[98].

No caso, o procedimento foi iniciado pela Índia a partir de restrições feitas pela Turquia à importação de produtos têxteis e roupas. O Informe do Grupo Especial invocou as regras de interpretação contidas na Convenção de Viena sobre Direito dos Tratados de 1969, a fim de estabelecer que as

---

[96] Comissão de Direito Internacional das Nações Unidas. Op. Cit. pp. 40- 47.
[97] Idem. p. 48.
[98] Comissão de Direito Internacional das Nações Unidas. Op. Cit. pp. 49 e 50.

obrigações decorrentes dos acordos abrangidos ao sistema da OMC devem ser cumpridas cumulativamente, a menos que se identifique um conflito normativo, de modo que não há conflito caso uma obrigação seja mais estrita que outra. O órgão invocou, ademais, o princípio da interpretação efetiva, segundo o qual todas as disposições de um tratado devam ser lidas como constituindo um conjunto. Assim, avaliou-se a compatibilidade do artigo XXIV (Aplicação Territorial – Tráfico Fronteiriço – Uniões Aduaneiras e Zonas de Livre Troca) com os artigos XI (Eliminação Geral das Restrições Quantitativas) e XIII (Aplicação Não Discriminatória das Restrições Quantitativas) e o parágrafo 4º do artigo 2º do ATV (Acordo da OMC sobre produtos têxteis e vestuário), uma vez que o caso envolvia a relação entre o sistema da OMC com uniões aduaneiras, propriamente a união estabelecida entre a Turquia e a Comunidade Europeia por meio do Acordo de Ancara. O Informe esclarece ser necessário evitar interpretações que conduzam ao conflito de normas[99].

Esta mesma orientação foi incluída nos comentários da Comissão de Direito Internacional das Nações Unidas acerca do artigo 55 do 'Projeto da Comissão de Direito Internacional das Nações Unidas sobre Responsabilidade Internacional dos Estados', segundo o qual a aplicação da '*lex specialis*' exige que haja inconsistência entre a norma geral e a norma especial.

Para alguns, aos quais o critério da especialidade possuiria boas condições de dar sentido geral ao direito internacional – já que por ser pouco e opaco, o *jus cogens* não teria condições de oferecer um guia para a fragmentação do direito internacional –, este se aplicaria tão somente sobre a responsabilidade internacional do estado. O sistema geral de responsabilidade deve ser aplicado subsidiariamente caso exista normas especiais sobre a matéria. Reconhecendo que há inúmeras dificuldades à aplicação do critério, inclui-se mecanismos adicionais à análise da relação normativa, como a defesa de que é preciso primeiramente recorrer ao artigo 31 da CVDT com o fito de saber se a substituição normativa foi integralmente intencionada pelos estados, e, em um segundo momento, deve-se recorrer ao "direito internacional geral" para se saber se a referida derrogação é por este permitida[100].

Há quem inclua, por seu turno, a boa-fé como meio de aliviar tensões advindas de conflitos normativos: "por meio de interpretação judiciosa e

---

[99] Organização Mundial do Comércio. **Turkey – Restrictions on Imports of Textile and Clothing Products** (WT/DS34/R).

[100] SIMMA, Bruno; PULKOWSKI, Dirk. **Of Planets and the Universe: Self-contained Regimes in International Law**. Vol. 17; nº 3. The European Journal of International Law/2006; pp. 499 – 501.

de boa-fé é possível na maioria demonstrar que os dois textos podem ser mantidos"[101].

O que se demonstra é que há certo consenso de que o critério de derrogabilidade normativa a partir da especialidade de uma norma só deve ser aplicado quando da impossibilidade em ter as obrigações em conflito potencial como harmoniosas, embora, conforme apontou a CDI, a Corte Europeia de Direitos Humanos tenha, em determinados casos, aplicado mesmo em situações em que não havia propriamente um conflito normativo. Como estágios iniciais antes de ter a relação entre normas como conflitiva, deve-se submeter a aplicação do critério à análise sobre se a exceção à regra geral fora intencionada pelos estados[102].

Aponta-se duas razões pelas quais é útil a análise da norma especial como aplicação ou modificação do direito geral. Primeiramente, no caso de se constatar que se trata de aplicação, deve-se considerar a norma geral como contida na norma especial; em segundo lugar, a relação entre as normas raramente se apresenta com nitidez, sendo importante seu esclarecimento[103].

Ademais, o critério da especialidade deve ser aplicado conjuntamente ao critério topológico, caso a norma em conflito seja expressão do 'jus cogens' ou tenha qualquer outra condição de maior importância jurídica. Isto significa que a previsão mais específica só poderá prevalecer caso goze de mesmo status normativo que a norma derrogada ou modificada[104].

Por oportuno, a CDI fez indagações teóricas sobre possíveis conteúdos nos quais uma norma pode ser considerada especial. Apontou-se as condições do exercício de legítima defesa estabelecidas no artigo 51 da Carta das Nações Unidas como possível norma especial em relação à proibição da ameaça ou uso da força contida artigo 2 (4) do diploma. A existência de um ataque armado autorizaria a aplicação do artigo 51, legitimando a defesa, e afastaria a proibição geral do uso da força. Neste caso, diz o relatório, ambas as normas salvaguardam o mesmo propósito de assegurar a integridade territorial e a independência política de um estado, razão pela qual o artigo 51 não se apresentaria claramente como exceção ao artigo 2 (4). Faz menção, também, ao *Parecer Consultivo sobre a Licitude da Ameaça ou Uso de Armas Nucleares*, no qual a Corte Internacional de Justiça estabeleceu uma associação entre os direitos humanos e o direito humanitário, mas quando

---

[101] ACCIOLY, Hildebrando; NASCIMENTO, G.E.; CASELLA, P. B.; Op Cit. p. 170.
[102] SIMMA, Bruno. PULKOWSKI, Dirk. Op. Cit. p. 501.
[103] Comissão de Direito Internacional das Nações Unidas. Op. Cit. p. 51.
[104] Idem. p. 52.

buscou o sentido de "privação arbitrária à vida", considerou que o direito humanitário se aplicava enquanto '*lex specialis*'. Disso conclui que a consideração de uma norma como aplicação ou afastamento de outra depende do contexto no qual a norma é aplicada, inclusive levando em consideração seu objeto e finalidade[105].

O Parecer foi solicitado pela Assembleia Geral das Nações Unidas a qual decidira consultar a Corte. Questionara-se se o uso ou a ameaça do uso de armas nucleares são permitidas pelo direito internacional. Na ausência de norma direta proibindo o uso ou a ameaça ao uso de armas nucleares, a Corte passou a analisar uma série de normas as quais poderiam ser violadas pela natureza e extensão de danos causados por ditas armas. Sobre considerações acerca do direito à vida, e diante do argumento de que os direitos humanos são desenhados para os tempos de paz, a Corte observa que os direitos humanos não deixam de existir em tempos de guerra. A norma aplicável em tempos de guerra é, porém, em relação aos direitos humanos, norma especial (*lex specialis*). Por isso, uma privação arbitrária à vida só pode ser assim qualificada pelo direito humanitário, em tempos de guerra. Considerou-se, ademais, a propensão ao genocídio, tendo em vista que as armas nucleares provocam destruições em massa, embora isso só possa ser constatado diante de situações concretas, além de tais armas também possuírem enorme potencial em violar normas de proteção ao ambiente natural; como também há uma grande probabilidade de violação ao princípio da precaução e potencial violação à proibição de ataques a não-combatentes.

Assim, nota-se que, no referido parecer, o sentido de "privação arbitrária à vida" só poderia ser determinado pelo direito humanitário, o qual é o direito correspondente aos tempos de guerra, aplicando-se como '*lex specialis*'. Observa-se, contudo, as dificuldades contidas no direito internacional: no caso, um corpo inteiro normativo – geralmente o que chamamos de ramo do direito – fora tomado como 'lex specialis', muito embora o critério pareça mais apropriado para relações entre duas normas individualmente consideradas. Na relação entre direitos humanos e direito humanitário, seria o caso, talvez, de considerar a possibilidade de os primeiros oferecerem a inteligibilidade e os objetivos os quais o segundo pretende concretizar em tempos de guerra, inclusive oferecendo orientações interpretativas, tomando um como sendo as razões perseguidas por outro.

A CDI também delineou situações em que uma norma pode corresponder à aplicação, atualização ou desenvolvimento de uma outra norma. Um instrumento regional, como exemplificou, pode corresponder à

---

[105] Ibidem. Op. Cit. p. 53.

implementação técnica de uma instrução proveniente do quadro normativo geral. É o caso do Protocolo de Montreal sobre Substâncias que Destroem a Camada de Ozônio, o qual pode ser considerado '*lex specialis*' em relação à Convenção de Viena para a Proteção da Camada de Ozônio. O primeiro instrumento confere concretude aos princípios gerais da Convenção. Há, portanto, aplicação conjunta, tornando-se o Protocolo a norma de aplicação imediata e um mecanismo autorizado a dizer o que as normas contidas na Convenção significam[106]. Rigorosamente, nestes casos, é incomum considerar, nos direitos domésticos, um ato regulamentando um preceito geral como sendo '*lex specialis*'.

No caso de conflito, a aplicação do direito geral remanesce em caráter residual, condicionando a interpretação da norma especial, em consonância com o entendimento firmado no *Parecer Consultivo sobre a Licitude da Ameaça ou Uso de Armas Nucleares*. Neste ponto, a relação entre o direito humanitário e os direitos humanos é enfatizada a partir da jurisprudência da Corte Internacional de Justiça, como demonstração de que a aplicação da norma especial não faz a norma geral ser abolida. A circunstância da guerra, como afirma a CDI, não faz os direitos humanos serem abolidos. Na medida em que se faz diferenciação entre casos fáceis e difíceis e entende o Parecer como exemplificativo do segundo, por meio do qual a Corte teve de tomar decisões que envolvem diferentes conjuntos normativos, entende--se que a aplicação dos direitos humanos, ignorando-se a circunstância do conflito armado, seria muito idealista; de modo que a Corte logrou realizar uma associação entre ambos a partir de uma visão sistêmica[107].

Embora tenha a CDI considerado pertinente a solução oferecida pela CIJ, ainda que considere complexos normativos inteiros como sendo '*lex specialis*', há quem a critique. Os opositores da ideia de complementariedade entre o direito internacional dos direitos humanos e o direito humanitário consideram que há um erro nas decisões da Corte Internacional de Justiça – em particular, no *Parecer Consultivo Sobre a Licitude da Ameaça ou Uso de Armas Nucleares* (1996); no *Parecer Consultivo Sobre as Consequências Jurídicas da Construção de Um Muro no Território Palestino Ocupado* (2004); e no *Caso de Atividades Armadas no Território do Congo* (2005) -, as quais consideram não haver cessação dos direitos humanos no contexto de um conflito armado e que o direito humanitário deve ser aplicado enquanto '*lex specialis*'. Diz esta corrente não se opor à não cessação dos direitos humanos, e sim à consideração de ambos como ramos do direito

---

[106] Ibidem. pp. 54 e 55.
[107] Ibidem. pp. 56 e 57.

internacional comensuráveis. Também não se considera que a relação deles simbolize fragmentação, já que jamais houve entre os ramos unidade a ser fragmentada[108].

Nesse passo, sustenta-se que as semelhanças entre os direitos humanos e o direito humanitário encerram-se nos fatos de serem ratificados e vinculantes aos estados, além de serem comumente organizados em tratados multilaterais. Os dois "ramos" do direito internacional possuem vastas diferenças, a começar por seus distintos marcos históricos, de sorte que o direito humanitário é muito mais antigo do que os direitos humanos. O direito humanitário tem os conflitos armados como um fato dado e, assim, envolve sua aplicação entre estados. Diferentemente, os direitos humanos é fruto de um revolucionário esforço coletivo que habilita o indivíduo a se opor à ordem baseada em estados. Levando em consideração tais diferenças, o autor opõe-se àqueles que procuram estabelecer uma ligação entre direitos humanos e direito humanitário, entendendo-os como interdependentes ou conclamando que o direito humanitário seja lido à luz dos direitos humanos; e manifesta concordância ao trabalho da Corte Europeia de Direitos Humanos no *Caso dos Chechenos contra a Rússia*, nos quais a Corte aplicou os direitos humanos e se absteve de mencionar institutos de direito humanitário. Argumenta-se, aliás, que se a Corte tivesse considerado o direito humanitário, sua conclusão seria certamente diferente[109].

Portanto, há convicções contrárias a grande parte de estudiosos do direito humanitário, os quais têm procurado encontrar e enfatizar a sua intersecção com os direitos humanos. Recusa-se, inclusive, a ideia de que o direito humanitário existe enquanto '*lex specialis*' do direito geral, representado pelos direitos humanos, e assinala-se inexistir nisso elementos de fragmentação, visto que entre os "ramos" não há unidade a ser fragmentada.

---

[108] BOWRING, Bill. **Fragmentation, lex specialis and the tensions in the jurisprudence of the European Court of Human Rights**. Vol. 14; Issue 3. pp. 485-498. Journal of Conflict & Security Law – Oxford University Press/2010. pp. 485 – 489. Sobre interseções temáticas, propriamente sobre os Tratados Bilaterais de Investimento e sua relação com os direitos humanos, ver SHEFFER, Megan Wells. **Bilateral Investment Treaties: A Friend or Foe to Human Rights?**. (483) Denver Journal of International Law and Policy/2011. A autora destaca a forma descentralizada, frustradas as tentativas de estabelecimento de um sistema multilateral de investimento, a qual tornou este ramo firmado essencialmente por vias bilaterais. Na medida em que disputas são geralmente solucionadas por meio de arbitragem, uma vez que conflitos emergem, declara-se geralmente a falta de jurisdição sobre questões envolvendo direitos humanos. A apropriada interseção entre os ramos deve acontecer com harmonização, segundo argumenta.

[109] BOWRING, Bill. Op. Cit. pp. 489 – 497.

54 Direito Internacional e o Debate sobre sua Unidade

Deste modo, parece haver dificuldades em categorizar um "ramo" do direito internacional como sendo '*lex specialis*' em relação a outro, sobretudo quando se proclama a não cessação de um frente às circunstâncias que invocam a aplicação de outro. Embora a não cessação pareça indicar complementariedade, a qualificação como *lex specialis*, contraditoriamente, parece apontar para exclusão. Talvez a relação entre direitos humanos e direito humanitário possa ser compreendida sob pressupostos diferentes como, por exemplo, a compreensão de que os direitos humanos constituem o alicerce axiológico do direito humanitário. Isso significaria reputar como correta a proposição segundo a qual se entende que os direitos humanos são mais do que especialidade temática no direito internacional, mas autêntico fator estruturante de seu sistema normativo. Neste caso, caberia à sociedade internacional indicar se os direitos humanos são "ramo" ou "tronco" do direito internacional.

Ademais, há outras abordagens céticas sobre a capacidade de o critério resolver inequivocamente antinomias, ao ponto de superar problemas de coerência sistêmica no direito internacional. Tratando-se de caracterização de tratados como meio de solucionar conflitos normativos, em que, analisando os três tipos de conflito tratados no item anterior, sustenta esta corrente que, em relação ao primeiro tipo – divergência jurisprudencial -, o próprio direito geral pode estar sujeito a variações interpretativas as quais dependam da política adotada pelo órgão julgador. Esses conflitos seriam sistêmicos ou institucionais, em oposição aos conflitos de racionalidade. Os conflitos de racionalidade apareceriam, de acordo com essa linha, quando uma instituição é instada a se manifestar sobre normas que não estão contidas em sua perspectiva; neste caso, não seria possível solucionar o conflito. Por isso, nem o primeiro nem o segundo tipos de conflito poderiam ser solucionados: o segundo tipo de conflito, no qual uma norma se apresenta como exceção ao direito geral, a resolver-se pela identificação daquela que tenha escopo mais delimitado, em um contexto no qual as normas jurídicas seriam organizadas em corpos especializados (regimes), torna-se insolúvel pela dificuldade em encontrar a norma especial[110]. Por esta razão, dito posicionamento não enxerga no critério da especialidade a fórmula adequada para a solução de conflitos normativos.

A discussão sobre a unidade ou fragmentação do direito internacional é, portanto, revivida no debate sobre a aplicação de '*lex specialis*' como critério de solução de antinomias. Há quem enxergue no referido critério o fio

---

[110] GHOURI, Ahmad Ali. **Is Characterization of Treaties a Solution to Treaty Conflicts?**. Vol. 11. Chinese Journal of International Law/2012. pp. 252 – 254.

condutor da identificação da norma aplicável, ao que os céticos reafirmam a condição de o direito internacional ser organizado em conjuntos temáticos os quais oferecem pouco ou nenhuma noção de interatividade entre sistemas distintos, situação na qual o critério teria pouco a oferecer porque a questão básica que reflete a chamada fragmentação do direito internacional é a distinção de corpos de operação normativas desenvolvidos de maneira apartada do contexto geral, sob inteligilidades diversas ao ponto de não se poder precisar o que é norma geral e o que é norma especial dentro de determinado contexto, como exemplificativamente se falou dos direitos humanos e do direito humanitário.

De todo modo, analisando-se tanto a defesa da aplicação do critério da especialidade como suas respectivas críticas, bem como sua capacidade de promover a coerência do direito internacional, nota-se que os órgãos judicantes o têm usado para categorizar a relação entre corpos jurídicos inteiros, o que talvez acarrete dificuldades, já que o critério parece ser mais apropriado quando diante de duas normas individualmente consideradas. Apesar disso, o critério da especialidade existe no direito internacional e foi afirmado, ao longo da discussão acerca da unidade do direito internacional, como um meio eficaz de evitar que sua coerência se perca.

Para que se empregue o critério da especialidade, é necessário que as normas geral e específica tratem do mesmo assunto. No entanto, como uma previsão normativa pode ter implicações sobre diferentes "ramos" do direito internacional, esta ideia de que as normas geral e específica devem tratar do mesmo assunto se torna obscura. A CDI conclama, neste ponto, que haja articulação justificada da relação sistêmica entre "ramos" do direito, ao exemplo do *Parecer Consultivo sobre a Licitude da Ameaça ou Uso de Armas Nucleares*, no qual, segundo diz, tanto o direito humanitário como os direitos humanos apresentavam certo aspecto de '*lex specialis*'[111].

Este ponto parece ser frequentemente apontado como a principal dificuldade de se ver o critério da especialidade como meio de solucionar conflitos normativos e como forma de corrigir o alegado problema da fragmentação do direito internacional: os conteúdos jurídicos no direito internacional são organizados em "esferas operacionais", diria Jenks, que causam impactos uns sobre os outros, mas que, por tratarem de "assuntos" diferentes, reclamam todos ser lidos como específicos. Trata-se do problema subjacente aos chamados "regimes autônomos". Como já assinalado, inclusive, a organização do direito internacional em "regimes autônomos" faz

---

[111] Ibidem. p. 63.

com que certos estudiosos não acreditem que o critério da especialidade seja apropriado para resolver conflitos normativos.

Retoma-se, aqui, o caso "hormônios", com o fito de explicar o porquê, para além da doutrina lançada pela CDI, há ceticismo a respeito do critério da especialidade: na ocasião, lidou o sistema de solução de controvérsias com uma norma que trata da proibição à restrição do volume de importação confrontada por uma norma que obriga os estados a proteger os recursos vivos. Rigorosamente, ambas as normas seriam especiais, uma em relação a outra, porque disciplinam assuntos diferentes, mas que, no caso concreto, apresentam uma colisão de mentalidades.

Nesse sentido, há opiniões nas quais se desafia a ideia de que todo o direito internacional possa corresponder a um sistema jurídico. Para esta linha de raciocínio, é impossível aplicar os critérios de derrogabilidade em caso de conflito normativo porque as normas em conflito não pertencem ao mesmo sistema. Essencialmente, no direito internacional, os conflitos se estabelecem entre sistemas jurídicos e não somente entre normas[112].

Por sua vez, há suspeitas sobre os demais critérios e aposte no critério da especialidade como sendo o único no direito internacional com condições mínimas de resolver ditos conflitos[113]. O que se demonstra é que, uma vez que todos os critérios de derrogabilidade ou preferência normativa apresentam dificuldades, há apoiadores de uns e outros, como melhor meio para se definir a norma a ser aplicada. De um modo geral, as maiores expectativas têm recaído sobre o critério da especialidade, o que não elimina vieses céticos sobre esta.

A aplicação do critério da especialidade seria difícil, portanto, porque: 1) há dificuldades em identificar o geral e o particular no direito internacional, o geral e o específico; 2) os órgãos judicantes têm encontrado dificuldades em relacionar as normas em termos de especialidade, de decidir o que é harmonia e o que é conflito normativo; 3) os órgãos judicantes têm encontrado dificuldade no uso da 'lex specialis', aplicando para corpos jurídicos inteiros; 4) é difícil saber se as normas pertencentes a diferentes corpos jurídicos satisfazem o requisito de tratarem do mesmo assunto, em função de sua organização descentralizada.

---

[112] MICHAELS, Ralf; PAUWELYN, Joost. **Conflict of Norms or Conflict of Laws? Different Techiniques in the Fragmentation of Public International Law**. Duke Journal of Comparative & International Law. Vol. 22; Issue 3. pp. 349 – 376.

[113] "Fortunately, many apparent conflicts can be resolved merely by interpretation of the treaties, and particularly by applying the principle that a specific rule prevails over a general rule" (AUST, August. **Modern Treaty Law and Practice**. Second Edition. New York: Cambridge University Press/2007).

Embora tenha a CDI apresentado posição relativamente confiante em relação ao critério da especialidade, reconhecendo dificuldades, porém; outros escritos, conforme demonstrado, apresentaram críticas ao relatório produzido pela Comissão, colocando dúvidas sobre sua capacidade de promover a harmonização do direito internacional ou mesmo sobre se esta abordagem seria relevante para a questão da unidade ou fragmentação do direito internacional.

2.2.2 *Lex specialis*: permissibilidade pelo direito internacional "geral"

Analisada a '*lex specialis*' como critério de solução de conflito normativo, passa-se, a seguir, a analisar as situações de permissibilidade da formulação de norma especial, tal qual tratadas pela CDI. Essa perspectiva importa ao tema não mais por se tratar de uma investigação a respeito de se o direito internacional contém mecanismos que calibrem a relação entre as normas, mas por perquirir se o direito internacional possui elementos de estabilidade normativa e conservação dos padrões normativos já consagrados.

Portanto, aqui a hipótese se dá caso a norma especial seja proibida pelo direito geral. A CDI e outros autores fazem frequente referência ao fato de que a maior parte do direito geral é dispositivo, de modo que autoriza disposição em contrário. A CDI obtempera, porém, que no caso da usina de MOX – o caso frequentemente apontado como evidência da fragmentação do direito internacional - o Tribunal Arbitral esclareceu que sua decisão se basearia no corpo jurídico sobre o qual a disputa se funda – a OSPAR -, levando em consideração, entretanto, o costume, os princípios gerais do direito e eventuais normas imperativas do direito internacional, as quais os estados envolvidos não estão autorizados a derrogar por meio da formulação de '*lex specialis*'[114].

Consignou a CDI que a permissibilidade da elaboração de norma especial dependerá se a norma do direito geral é expressão do *jus cogens*, mas inclusive de quem são os beneficiários da norma, visto que uma obrigação assumida por dois estados não pode afetar terceiros, incluindo indivíduos e entidades não-estatais; dependerá também dos termos do direito geral, como sua natureza "integral" ou "interdependente", se constitui uma obrigação *erga omnes* ou se a norma expressa uma prática sobre a qual há uma expectativa de não derrogação. Deve-se, para tanto, avaliar o objeto e propósito do direito geral[115].

---

[114] Comissão de Direito Internacional das Nações Unidas. Op. Cit. p. 59.
[115] Idem. p. 60.

58 Direito Internacional e o Debate sobre sua Unidade

Neste ponto, formulou-se relevante doutrina acerca da permissão de se elaborar normas especiais no direito internacional: nem sempre estarão os estados autorizados a criar nova norma, de caráter especial em relação ao direito geral. Dita norma não seria permitida caso contraponha uma norma imperativa, já que esta última só poderia ser derrogada por outra norma com o mesmo status. No entanto, a autorização não dependeria apenas da imperatividade da norma derrogada. Há normas com atributo difuso, instituindo as chamadas obrigações integrais ou interdependentes, as quais envolvem muitos ou todos os membros da comunidade internacional. Sobre estas, não seria possível derrogação por vias de nova norma, ainda que especial. A norma especial igualmente não poderia afetar terceiros e também não seria possível caso haja fundada expectativa de não derrogação.

Ademais, aplicam-se tais parâmetros entre diferentes obrigações que sejam válidas para as mesmas partes. Caso uma obrigação assumida entre dois estados inviabilize o cumprimento de uma obrigação com terceiros, essa questão será discutida em termos de tratados sucessivos. Segundo a CDI, contudo, a operação da '*lex specialis*' é confusa neste caso, e não encontra um critério claro no artigo 30 da Convenção de Viena sobre Direito dos Tratados[116].

Observa-se que, aqui, a discussão avançou para importante questão relativa à estabilidade do sistema jurídico internacional. Como o raciocínio mostrado diz respeito à discussão sobre hierarquia normativa, este será oportunamente desenvolvido em capítulo próprio. É importante esclarecer, entretanto, que à discussão sobre unidade e fragmentação do direito internacional importou a análise da '*lex specialis*' tanto como critério de solução de antinomia como de critérios de estabilidade normativa, a partir do que se indagou quais seriam as possíveis restrições à formação de uma nova norma, de caráter especial, no direito internacional.

2.3. *Lex specialis* e regimes autônomos (self-contained regimes).

2.3.1. O problema de definição de "regimes autônomos".

Há variados sentidos para a expressão "regimes autônomos". Ora estudiosos a articulam para designar subsistemas os quais, por contarem com previsão acerca das consequências a uma violação, derrogam o direito geral de responsabilidade internacional do estado, ora a empregam para designar um corpo de especialidade funcional. O problema da definição dos

---

[116] Ibid. p. 62.

regimes autônomos pode ser resumido da seguinte maneira: 1) a expressão foi empregada de maneira aleatória ao designar uma norma especial particular 2) a seguir, entendeu-se tratar um regime de normas secundárias – ou de responsabilidade, sanções – especiais; 3) há um possível sentido não exclusivo a normas secundárias, mas que trata os regimes como sendo um complexo de normas primárias – que estabelecem obrigações, direitos e deveres -, e secundárias – que estabelecem consequências para as normas primárias -, inter-relacionados, na regulação de um determinado assunto; 4) pode-se dizer, em um novo possível sentido, que os referidos regimes são corpos inteiros de operação jurídica e administrativa, contendo, além de ditas normas; instituições, procedimentos, normas de interpretação e de administração, a constituir uma "racionalidade social" própria.

Nos comentários da Comissão de Direito Internacional das Nações Unidas acerca do artigo 55 do 'Projeto da Comissão de Direito Internacional das Nações Unidas sobre Responsabilidade Internacional dos Estados', como esta destacou em seus estudos sobre a unidade do direito internacional, faz-se distinção entre "formas fracas" e "formas fortes" de 'lex specialis'. Ao exemplificar as formas fortes, os comentários fazem alusão aos casos "S.S. Wimbledon", apreciado pela Corte Permanente de Justiça Internacional em 1923, e ao Caso Reféns (Caso Relativo ao Corpo Diplomático e Consular em Teerã), julgado pela Corte Internacional de Justiça em 1980. Os comentários tratam os regimes autônomos como uma subcategoria de 'lex specialis' na qual um corpo jurídico de normas secundárias reclama prioridade sobre o direito geral da responsabilidade do estado[117].

No primeiro caso, confrontaram-se os governos da Majestade Britânica, da República Francesa, da Majestade do Rei da Itália e do Imperador do Japão contra o governo da Alemanha, por ter este impedido a navegação do navio a vapor britânico, Winbledon, sobre o Canal de Kiel, em março de 1921, muito embora o artigo 380 do Tratado de Versalhes previa a livre navegação de navios comerciais e de guerra oriundos de nações amigas da Alemanha. Em sua defesa, o governo da Alemanha alegou que o artigo 380 não poderia impedir uma regulação de neutralidade alemã sobre a guerra polaco-soviética. A Corte reconheceu o direito da Alemanha de se defender de seus inimigos a partir do impedimento da entrada de navios no canal. No entanto, decidiu que a força das palavras do artigo 380 do Tratado de Versalhes difere de suas outras previsões, constituindo um regime autônomo de livre navegação[118]. Já no Caso Relativo ao Corpo Diplomático e Consular

---

[117] Ibid. Op. Cit. p. 66.
[118] Corte Permanente de Justiça Internacional. Caso do "S.S. Winbledon". Julgado em 17 de

em Teerã, envolveram-se os governos dos Estados Unidos e do Irã em um litígio a respeito do corpo diplomático e consular feito de refém em Teerã. O Irã se defendeu ao sustentar ser necessária a consideração de mais de 25 anos de contínua interferência dos Estados Unidos em seus assuntos internos. A Corte decidiu que o direito diplomático constitui um regime autônomo, de modo que seu respeito independeria das circunstâncias levantadas pelo Irã[119].

No caso "*S.S. Winbledon*", houve uma noção ampla de regimes autônomos, tendo em vista que tanto o direito geral sobre navegação de águas internas quanto as normas especiais fixadas no Tratado de Versalhes (1919) eram aplicáveis ao caso. A Corte Permanente de Justiça Internacional entendeu que há no Tratado uma parte (Parte XII) designada à regulação da matéria, mas há uma norma especificamente dirigida ao Canal de Kiel. Esta norma, segundo a decisão da Corte, seria autônoma ("self-contained"), autoexplicativa ou autossuficiente, para encerrar a questão, de modo que seria descabida a analogia à navegação de outros canais. A CDI argumenta que esta é uma ampla noção de regimes autônomos, porque não se trata de um corpo jurídico de normas secundárias, mas de norma primária a qual se apresenta como suficiente para a decisão[120].

A partir dos comentários da Comissão de Direito Internacional das Nações Unidas acerca do artigo 55 do 'Projeto da Comissão de Direito Internacional das Nações Unidas sobre Responsabilidade Internacional dos Estados', o caso "*S.S. Winbledon*" e o *Caso Relativo ao Corpo Diplomático e Consular em Teerã*, a CDI diz ser possível distinguir dois sentidos para regimes autônomos: um sentido estrito, segundo o qual o termo denota um conjunto de normas secundárias sobre a responsabilidade do estado que reclama primazia sobre as normas gerais acerca das consequências de uma violação; e um sentido amplo, no qual o termo corresponderia a normas primárias e secundárias inter-relacionadas, referidas como um sistema ou um subsistema de normas destinadas a um problema particular. O uso do termo no caso "*S.S. Winbledon*" pareceu ser ocasional[121].

Para professores brasileiros, a principal contribuição do *Caso Relativo ao Corpo Diplomático e Consular em Teerã* foi a articulação do termo "regimes autônomos", ou "autossuficientes", no sentido em que é atualmente

---

agosto de 1923.

[119] Corte Internacional de Justiça. Caso Relativo ao Corpo Diplomático e Consular em Teerã. Parágrafo 86.

[120] Comissão de Direito Internacional das Nações Unidas. Op. Cit. p. 67.

[121] Idem. p. 68.

A Discussão Sobre *Lex Specialis* e a Formação de Regimes Autônomos no Direito Internacional **61**

empregado, e que este ofereceu fomento ao debate sobre o fenômeno da fragmentação. Há a afirmação do direito diplomático enquanto regime autônomo ou autossuficiente, à medida em que não se atende à reivindicação iraniana de se considerar o contexto histórico e a contínua intervenção estadunidense no país. Para tanto, a Corte entende que o direito diplomático é autossuficiente para esclarecer que o Irã dispunha de ferramentas jurídicas eficazes dentro da própria inteligência do direito diplomático. O sentido próprio a ser empregado ao termo "*self-contained regime*" repousa sobre a responsabilidade internacional do estado, vez que a resposta a um ilícito, quando estabelecidas especificamente por um corpo jurídico especial, deve ser encontrada dentro dele. A decisão da Corte influenciou o debate já em curso da CDI acerca da responsabilidade internacional do estado, segundo pontuaram[122].

No entanto, aponta-se que muitas vezes corpos jurídicos inteiros de especialização funcional, constituídos por especialistas diplomáticos e acadêmicos, são descritos como regimes autônomos. Esses regimes reivindicam técnicas especiais de interpretação e administração, estabelecendo-se como "ramos" do direito, tais quais o "direito do comércio internacional", o "direito internacional dos direitos humanos", o "direito dos espaços", e assim por diante[123]. Exemplifica-se com o princípio da interpretação teleológica, o qual é muito mais enraizado nos direitos humanos[124].

Deste modo, defende-se a existência de um terceiro sentido para a expressão "regimes autônomos", o qual, segundo diz, possui efeitos muito incertos: "um sentido o qual tem efeito predominantemente no oferecimento de um guia interpretativo e uma direção os quais de alguma forma se desviam das normas de direito geral"[125].Verifica-se, neste ponto, que a discussão acerca da '*lex specialis*' reencontra intimamente a base teórica sob a qual se funda a alegação de existência da fragmentação do direito internacional, fortemente cunhada a partir da desconfiança de que este é organizado em conjuntos temáticos, povoado por especialistas os quais são instados a conhecer, aplicar e intensificar tão exclusivamente a inteligibilidade

---

[122] GALINDO, George Rodrigo Bandeira; FELIX, Loussia Penha Musse. **Pessoal Diplomático e Consular dos Estados Unidos em Teerã (Estados Unidos vs. Irã) (24 de Maio de 1980)**. In O Direito Internacional em Movimento: Jurisprudência Internacional Comentada – Corte Internacional de Justiça e Supremo Tribunal Federal. João Henrique Ribeiro Roriz e Alberto do Amaral Júnior (Orgs.). Brasília: Instituto Brasiliense de Direito Civil/Grupo de Pesquisa Crítica e Direito Internacional/2016. pp. 77 – 90.

[123] Comissão de Direito Internacional das Nações Unidas. Op. Cit. pp. 68 e 69.

[124] Idem. p. 72.

[125] Ibid. p. 70.

daquele microssistema que integram, de modo que isto constitua um óbice ao funcionamento integrado do sistema jurídico internacional.

Diante da incerteza conceitual a respeito de referidos regimes, há argumento de que é necessária a realização de estudo empírico acerca da realidade dos tribunais internacionais a fim de se entender seu significado[126]. Além da necessidade de situar o tema em relação à realidade dos órgãos internacionais, produzindo uma concepção empírica de regime, alerta-se também para a necessidade de que este seja compreendido em termos interdisciplinares. Critica-se o suporte do debate sobre a fragmentação na ideia de "regime", visto que "a literatura sobre a fragmentação do direito internacional se utiliza – de maneira frouxa, ressalte-se – de um termo amplamente difundido na teoria das relações internacionais: regime". E embora este seja um ponto de possível interação entre ramos do conhecimento, segundo continua a crítica, "uma análise multidisciplinar, envolvendo direito internacional e relações internacionais, é raramente vista"[127].

Esta discussão demonstra como o debate a respeito da coerência sistêmica do direito internacional – unidade, harmonização, fragmentação – importa variados vieses, entre os quais, claramente, o epistemológico, questionando-se paradigmas para do assunto conhecer bem como suas metodologias.

Com efeito, há quem tenha criticado o estudo da CDI, *inter alia*, por definirem "regimes autônomos" como uma forma forte de norma especial, na qual se pretende excluir integralmente o regime geral de responsabilidade. A forma fraca seria uma previsão singular que substitua apenas um padrão específico do regime geral. Um regime autônomo prevê seus próprios mecanismos de sanção ao descumprimento de suas obrigações, não necessitando recorrer ao regime geral de responsabilidade internacional do estado. Argumenta-se que, embora o termo tenha sido inicialmente empregado para descrever uma norma primária, pela Corte Permanente de Justiça Internacional no caso "*S.S. Winbledon*" desde o *Caso Relativo ao Corpo Diplomático e Consular dos Estados Unidos em Teerã*, perante a Corte Internacional de Justiça, "regimes autônomos" são entendidos como um subsistema de normas secundárias[128]. Esta vertente não assente com a definição de regimes autônomos como uma linha de especialização temática,

---

[126] SINGH, Sahib. **Two Potential Paths Forward from Fragmentation Discourse: Sociology and Ethics; in Fragmentation of International Legal Orders and International Law: Ways Forward?**. American Society of International Law. ASIL Proceedings/2011. p. 132.

[127] GALINDO, George Rodrigo Bandeira. Op. Cit. p. 3.

[128] SIMMA, Bruno; PULKOWSKI, Dirk. Op. Cit. pp. 491 - 493.

mas mantém que referida definição deve ser aquela esposada no caso em questão.

Contudo, pelo que se mostra, a CDI procurou alinhar a expressão para esclarecer um de seus pressupostos centrais: de que o direito internacional é constituído por uma série de subsistemas específicos os quais contam com especialização funcional e metodologia própria de interpretação jurídica e os quais, embora possível estabelecer relações entre si, dificultam a visão integrada do sistema jurídico internacional. Como se demonstrará, este pressuposto impactará toda a análise do relatório.

Para demonstrar quão importante a ideia de 'regimes autônomos' tornou-se ao tema da unidade do direito internacional, observa-se que, para alguns autores, a ideia de que há diferentes regimes os quais reivindicam autonomia frente aos demais é a forma substantiva da fragmentação, entre três. A segunda forma seria institucional, marcada pela proliferação de órgãos judicantes; e a terceira metodológica, tendo em vista variados métodos interpretativos desenvolvidos pelos diversos campos do direito internacional[129]. Demonstra-se, assim, que preocupação da CDI sobre os 'regimes autônomos' alberga a primeira e a terceira formas de fragmentação: ocupa-se de, além da autonomia reivindicada pelos regimes, contrastes metodológicos a edificar suas racionalidades.

Ademais, há autores que tenham apontado que a visão produzida pela CDI a respeito dos regimes autônomos seja sociológica, absorvendo a ideia de especialização funcional[130]. Há quem tenha, igualmente, defendido que o mérito do estudo da CDI foi o de enxergar o impacto da noção de "regimes autossuficientes" no direito internacional a partir da diferenciação funcional, fenômeno este que se verifica a partir de 1970, afastando-se da definição limitada, a qual se centra nas normas secundárias. Salientam, ainda, que a ideia de diferenciação funcional e os três sentidos para "regimes autossuficientes" permitem aos estudiosos do direito internacional saber que lidam com interesses contrapostos[131].

---

[129] ANDENAS, Mads. Op. Cit. p. 694.

[130] YOUNG, Margaret A. **Introduction: The Productive Friction between Regimes; in Regime Interaction in International Law: Facing Fragmentation**. Editado por Margaret A. Young. Cambridge University Press/ 2012. p. 7.

[131] GALINDO, George Rodrigo Bandeira; FELIX, Loussia Penha Musse. Op. Cit. pp. 91 e 92.

2.3.2 Regimes autônomos: o debate sobre sistema e subsistemas de responsabilidade internacional do estado.

Dentro dos chamados regimes, há racionalidades distintas. Conforme se exemplifica, há o entendimento de que o sistema da OMC não pode atender à inteligibilidade do direito internacional geral, visto que este é fundamentado na soberania do estado, ao passo que o sistema de comércio internacional se fundamenta na teoria das vantagens comparativas; de sorte que os princípios que orientam um contrastam os princípios que orientam outro. Apesar dos operadores do sistema de comércio internacional utilizarem amplamente as noções desenvolvidas por meio do costume e dos princípios gerais do direito a fim de interpretar os instrumentos abrangidos pelo sistema da OMC, fundamentalmente os princípios gerais do comércio internacional farão maior sentido do que aqueles firmados sob o pressuposto da soberania estatal[132]. Este é o motivo, inclusive, pelo qual certos estudiosos não acreditam que os critérios de derrogabilidade normativa possam resolver conflitos no direito internacional. Estes pressupõem processo legislativo unitário, segundo entendem, o qual não é verificável no contexto internacional, marcado, cada vez mais, pelo alto grau de especialização e funcionalização de regimes. E disto decorreria o problema de não haver análise neutra entre "ramos" do direito internacional: cada "ramo", a depender de sua perspectiva, tenderia a enxergar as normas que compõem seu sistema como mais específicas ou superior[133].

Sob este pressuposto, a CDI passou a analisar seus trabalhos anteriores sobre a responsabilidade internacional do estado, o qual pesou a necessidade de estabelecer um regime geral de responsabilidade com a presença de variáveis subsistemas jurídicos. Debatera-se a necessidade de graduar a responsabilidade de acordo com a fonte e o conteúdo da norma violada, preferindo-se, ao final, o abandono desta ideia e a elaboração somente de normas secundárias[134].

De acordo com a CDI, questionou-se a orientação do 'Projeto da Comissão de Direito Internacional das Nações Unidas sobre Responsabilidade Internacional dos Estados', entendendo que a elaboração de normas

---

[132] Comissão de Direito Internacional das Nações Unidas. Op. Cit. pp. 71 e 72.

[133] MICHAELS, Ralf; PAUWELYN, Joost. Op. Cit. pp. 367 e 368.

[134] Nos debates da CDI há consenso, hoje, que a distinção entre normas primárias e secundárias não corresponde exatamente aos termos de H. L. A. Hart. A CDI empregou o termo "normas primárias" para designar normas que estabelecem obrigações substantivas, e "normas secundárias" para designar normas que estabelecem a consequência para o não atendimento de obrigações internacionais, ou mesmo as condições sob as quais um estado deve ser considerado responsável.

primárias e normas secundárias seriam inseparáveis e automáticas, visto que geralmente um subsistema insculpe normas a respeito de eventual violação de seus dispositivos, fazendo com que a gradação da responsabilidade de acordo com a norma violada fosse viável e mesmo oportuna. O regime geral de responsabilidade, o qual corresponde o Projeto, aplicaria se caso um subsistema não contivesse norma que esclareça a consequência jurídica de uma violação. Porém, a Comissão não se convenceu da necessidade de graduar a responsabilidade de acordo com a fonte ou conteúdo da norma, mas confirmou o caráter residual do Projeto ao incluir o artigo 55, o qual permite que os estados pactuem normas especiais sobre responsabilidade[135].

Essa proposta de graduar responsabilidade de acordo com a gravidade do ato ilícito vislumbraria um sistema de hierarquização, já que deveria levar em conta a violação do *jus cogens* e das disposições da Carta das Nações Unidas sobre a manutenção da paz e segurança internacional[136].

A seguir, tratou-se da questão dos regimes autônomos, procurando saber se tais regimes são completamente isolados do direito geral. Favoravelmente à criação de tais regimes, rejeitou-se a ideia de que constituam "circuitos fechados", sob o argumento de que recorrer aos remédios disponibilizados ao estado pelo direito geral seria uma possibilidade, sempre que tais regimes "falhem" a oferecer justa reparação ou caso o ato ilícito perdure. Nisso se enfatiza o caráter residual do direito geral[137]. Conforme destacado por alguns autores, opinou-se, na ocasião, que as limitações presentes no costume internacional acerca da responsabilidade do estado, exemplificando com o princípio da proporcionalidade, seriam suficientes para dar conta das peculiaridades dos regimes especiais[138].

Com efeito, a CDI concluiu que em seus trabalhos sobre a responsabilidade do estado houve recorrente uso da expressão 'regimes autônomos' pelos relatores especiais, em suas diferentes acepções: um conjunto especial de normas secundárias por meio das quais se estabelece consequências a violações de normas primárias, ou um subsistema jurídico adstrito

---

[135] Comissão de Direito Internacional das Nações Unidas. Op. Cit. pp. 74 e 75. SIMMA e PULKOWSKI consideram a posição de RIPHAGEN ambígua, pois ao mesmo tempo que acreditava que a ideia de um denominador comum em termos de responsabilidade deveria ser descartada, também acreditava que caso houvesse falha de um regime em aplicar normas de responsabilidade, outro deveria ser aplicado (SIMMA, Bruno; PULKOWSKI, Dirk. Op. Cit. p. 493).

[136] Comissão de Direito Internacional das Nações Unidas. Op. Cit. Nota 9; pp. 76 – 78.

[137] Idem. p. 78.

[138] SIMMA, Bruno; PULKOWSKI, Dirk. Op. Cit. p. 494.

a resolver determinado problema e acompanhado de normas de criação, aplicação, interpretação e extinção dos direitos[139].

Entendera-se que os estados estavam autorizados a constituir regimes autônomos, nos quais se derrogue o direito geral da responsabilidade do estado; porém, sobre os quais se impõem as mesmas limitações às normas especiais, o que significa observância às normas peremptórias do direito internacional. Os regimes autônomos não são circuitos fechados: sua interpretação deve considerar sua excepcionalidade e as normas de direito geral devem possuir caráter suplementar, de modo que serão aplicadas caso o regime "falhe". No entanto, não houve esclarecimento do que significa "falha" do regime autônomo. Ademais, considerando que nenhum dos relatores especiais entendem regimes autônomos como um conjunto normativo completamente isolado do direito geral, a expressão é errônea. Em nenhuma situação se pode dizer que o direito geral seja completamente excluído, segundo a CDI, a partir do que recomendou que a expressão seja substituída por "regimes especiais"[140].

Por seu turno, há uma observação importante à relação entre sistema geral de responsabilidade e subsistemas específicos, realizada por debatedores da ideia de regimes autônomos. Pode-se ler a relação entre ambos a partir de um viés universalista ou particularista: do geral ao específico; do específico ao geral. No primeiro caso, haveria uma tendência em entender que o estado deve dispor expressamente de forma contrária ao sistema geral de responsabilidade para não estar, naquele campo, vinculado a ele. O viés particularista tenciona ao lado oposto: nenhuma outra norma que não esteja incluída no sistema especial deve ser aplicada, não exigindo, portanto, disposição expressa. Dizem ainda que uma aplicação automática e mecânica do critério da especialidade, a partir de uma presunção em favor da previsão especial, não serve à solução da relação entre normas geral e especial de responsabilidade[141]. Desta forma, a interpretação sobre a viabilidade do regime autônomo dependeria do viés do observador, o que faria do critério da especialidade, sobretudo nos casos dos referidos regimes, seja empregado com cautela.

Feitos esses esclarecimentos, resume-se a discussão da seguinte forma: 1) reconhece-se a dificuldade no emprego do critério da especialidade, sobretudo em função da organização descentralizada do direito

---

[139] Comissão de Direito Internacional das Nações Unidas. Op. Cit. p. 81.

[140] Idem. pp. 81 e 82. Desde que o relatório fez a ressalva da falta de propriedade da expressão 'regimes autônomos', ora este utiliza 'regime autônomo' ora 'regime especial'.

[141] SIMMA, Bruno; PULKOWSKI, Dirk. Op. Cit. p. 507.

internacional; 2) alguns autores são completamente céticos, ao que outros enxergam no critério boas condições de calibrar as relações normativas; 3) grande parte da objeção em relação ao emprego do critério diz respeito aos chamados regimes autônomos; 4) há dúvidas quanto a definição de referidos regimes; 5) a CDI reforça seu histórico entendimento segundo o qual estes regimes não constituem "circuitos fechados" e que o direito internacional geral se aplicará caso o regime "falhe", apresente alguma lacuna que careça ser suprida pelo direito geral; 6) também é o entendimento da CDI que as restrições à formação de regimes autônomos são as mesmas da norma especial, primária e isoladamente considerada.

2.3.3 Condições para a formação de regimes e sua relação com o direito geral.

Aduziu a CDI que a discussão a respeito da formação dos assim chamados 'regimes autônomos' importa à questão da fragmentação do direito internacional, caso eles sejam relacionados ao direito geral. Para tanto, estudam-se as condições para seus estabelecimentos, o escopo de aplicação dos regimes, sua relação com as normas de direito geral e as condições de aplicação residual do direito geral no caso de "falha" do regime. Sobre o estabelecimento dos regimes, afirma-se que a maior parte do direito internacional é dispositivo – razão pela qual os regimes são amplamente autorizados -, mas, além do já mencionado dever de observar normas imperativas, suas disposições não poderão: (1) desviar das obrigações que beneficiem terceiros, o que inclui indivíduos e entidades não-estatais; (2) desviar de obrigações oriundas do direito geral, as quais o relatório trata por "integrais" ou "interdependentes", de caráter 'erga omnes' ou sobre as quais há uma expectativa de não derrogação; (3) desviar de obrigações de caráter público ou que constituam organizações internacionais. Também, caso o regime contenha normas de responsabilidade, é necessário associar as normas secundárias às normas primárias, bem como indicar a instituição responsável por aplica-las[142].

Argumenta-se não ser inconcebível a formação de regimes autônomos tacitamente ou por meio do costume internacional, o que se confirmaria pela possibilidade de um regime autônomo de contramedidas ser estabelecido sob a inteligência do artigo 56 do 'Projeto da Comissão de Direito Internacional das Nações Unidas sobre Responsabilidade Internacional dos

---

[142] Comissão de Direito Internacional das Nações Unidas. Op. Cit. pp. 83 e 84.

Estados'[143] e pelo fato de que grande parte do entendimento do direito europeu como sendo regime autônomo se desenvolveu por atividades interpretativas do Tribunal de Justiça Europeu. Diz-se, a este respeito, que muito da noção de autonomia dos regimes se deve à prática de operadores do direito internacional, diplomatas e grupos organizados. Entretanto, a consolidação do regime pelas vias de um costume é tratada, pela CDI, como exceção[144].

Neste diapasão, sobre a relação entre o direito geral e os regimes autônomos, afirma-se que esta dependerá de um exercício interpretativo, o qual permita saber se o direito geral preenche lacunas do regime ou se o assiste na interpretação de seus dispositivos. No caso dos regimes de direitos humanos, a CDI entende ser comum a referência ao direito geral para a interpretação de tratados, especialmente sobre questões concernentes ao estado, jurisdição, imunidades e elementos de caráter procedimental, tomando o exemplo da Corte Interamericana de Direitos Humanos na "Consulta sobre Outros Tratados"[145], apreciado em setembro de 1982, no qual a Corte analisou temas tratados na Convenção de Viena sobre Relações Consulares de 1963.

Nesta consulta, o governo do Peru, em abril de 1982, solicitou à Corte Interamericana de Direitos Humanos parecer sobre como a expressão "outros tratados sobre a proteção de direitos humanos nos Estados americanos" deve ser interpretada: se a expressão compreende tratados adotados no sistema interamericano ou se são os tratados concluídos entre estados americanos, excluídos aqueles que contém membros de outros continentes; ou ainda se abarca tratados concluídos mesmo fora do contexto regional. De acordo com a Corte, esta deveria analisar se sua jurisdição consultiva se estende a tratados concluídos com estados não pertencentes ao seu sistema, como também se compreende tratados cujo propósito não seja propriamente estabelecer proteção aos direitos humanos, embora contenha algum conteúdo sobre eles. A Corte enfatizou a singularidade de seu mecanismo de consulta em contejo com o de outros tribunais e esclareceu sua jurisdição *ratione materiae*, a qual abarca outros tratados que não a Convenção que lhe deu origem, como sua jurisdição *rationae personae*, a qual contempla

---

[143] Artigo 56 (Questões de responsabilidade do Estado não reguladas por estes artigos): "As normas aplicáveis de Direito Internacional continuam a reger as questões concernentes à responsabilidade de um Estado por ato internacionalmente ilícito na medida em que tais questões não são reguladas por estes artigos".

[144] Comissão de Direito Internacional das Nações Unidas. Op. Cit. pp. 83 e 84.

[145] Corte Interamericana de Direitos Humanos. Parecer Consultivo Sobre Outros Tratados Sujeitos à Jurisdição Consultiva da Corte (Parecer Consultivo nº OC-1/82); 24 de setembro de 1982.

os estados membros, além de órgãos mencionados no capítulo XX da Carta da Organização dos Estados Americanos (OEA), de sua atividade consultiva. Esclareceu que a Corte possui jurisdição sobre tratados diretamente relacionados à proteção dos direitos humanos nos membros do sistema interamericano, possuindo a Corte ampla discricionariedade ao decidir se deve ou não prolatar um parecer consultivo, respeitando-se apenas a pertinência temática com os direitos humanos. Acrescentou haver um dever de complementariedade entre sistema regional e universal de proteção aos direitos humanos. Para tanto, a Corte empregou os dispositivos da Convenção de Viena sobre Direito dos Tratados de 1969, a fim de interpretar o artigo 64 da Convenção.

Portanto, o caso tem importância para a discussão porque um órgão judicante internacional foi diretamente provocado a esclarecer como deverá tratar instrumentos não pertencentes a seu sistema, embora tenha ficado consignado que a especialidade temática de respeito e proteção aos direitos humanos é referencial para a afirmação da jurisdição consultiva, pouco se abordando a respeito de condições de intertematicidade e afirmando a discricionariedade do órgão para assim o tratar.

Levantou-se, ademais, o caso "Velázquez Rodríguez"[146], julgado em 1988, no qual a Corte aplicou o princípio da continuidade. A vítima, neste caso, foi, segundo apontou a Comissão Interamericana de Direitos Humanos, violentamente detida e presa, sem garantias, pela Direção Nacional de Investigadores e pelas Forças Armadas de Honduras, o que teria violado os artigos 5º, relativo à integridade pessoal, e artigo 7º, sobre a liberdade pessoal, da Convenção Americana de Direitos Humanos; bem como o artigo 4º relativo ao direito à vida, uma vez que a Comissão constatou seu desaparecimento. A Corte recusou a objeção preliminar de não exaurimento dos procedimentos internos, vez que havia demonstração de que houve uma série de desaparecimentos no período histórico e seus remédios judiciais se mostraram ineficazes. Sobre o princípio da continuidade, a Corte se posicionou no sentido de que a responsabilidade internacional subsiste independentemente da mudança de governo, com a observação de que no caso de violação aos direitos humanos o novo governo deve ser ainda mais respeitoso do que o governo no qual as violações foram praticadas.

No caso "Bankovic", por seu turno, de 2009, a Corte Europeia de Direitos Humanos também aplicou direitos humanos relacionando-os às

---

[146] Corte Interamericana de Direitos Humanos. Caso "Velázquez Rodríguez v. Honduras". parágrafo 184.

questões de jurisdição e responsabilidade internacional do estado[147]. Neste caso, são demandantes nacionais da República Federal da Iugoslávia contra países integrantes da Organização do Tratado do Atlântico Norte (OTAN). Reclamam direitos seus ou de familiares falecidos, cujas violações decorrem do conflito no Kosovo (sérvios-kosovares contra albano-kosovares). Houve ataques aéreos por parte da OTAN, os quais ocasionaram a morte de familiares dos demandantes. A Corte recorreu aos meios de interpretação de tratados previstos na CVDT, a fim de saber se o campo de aplicação da Convenção Europeia de Direitos Humanos cobriria dita situação, visto que em seu artigo 1º esta diz ser aplicável a qualquer pessoa dependente da jurisdição dos membros. Os governos envolvidos, membros da OTAN, defenderam-se sustentando que a demanda fugia do sentido ordinário que o direito internacional público confere à expressão "jurisdição". Argumentaram que se a Corte entendesse pela responsabilidade de estados que tomam parte em ações militares coletivas, haveria grave prejuízo a tais ações. A Corte entendeu que o sentido ordinário de "jurisdição" é essencialmente territorial, de modo que a aplicação extraterritorial seja excepcional. Concluiu não encontrar ligação jurídica entre a pretensão dos demandantes e a ação dos demandados[148].

Com isso, a CDI pretendeu demonstrar que não há isolamento dos regimes de direitos humanos no direito internacional, visto que, pare além do reforço à substância especial que estes contêm, há corriqueiro recurso a institutos presentes no direito internacional geral com vistas a viabilizar a adequada proteção.

Neste prumo, há estudiosos, concordantes com a CDI neste aspecto, os quais entendem que a análise a respeito do direito internacional geral para fins de afirmar a jurisdição é prova de que os regimes especiais não são autônomos e que tecem considerações a respeito deste último caso ("Bankovic"). Argumenta-se que a Corte recorreu a dois expedientes interpretativos: o significado ordinário da palavra "jurisdição" e a intenção das partes captadas tanto pelas suas práticas subsequentes quanto a partir dos trabalhos preparatórios (*travaux préparatoires*). O emprego ao artigo 31 (3) (c) da CVDT, cujo estudo se fará mais adiante, deu-se no sentido de habilitar a análise dos ensinamentos dos mais importantes publicistas de variadas nações. A partir disso, a Corte se absteve de exercer jurisdição sobre um

---

[147] Comissão de Direito Internacional das Nações Unidas. Op. Cit. pp. 85 e 86.
[148] Corte Europeia de Direitos Humanos. **Bankovic and others v. Belgium and others** (application nº 55207/99). apreciado em 12 de dezembro de 2001.

caso com implicações altamente técnicas e políticas, segundo defendem[149]. A recusa da Corte de passar julgamento, sob a ótica dos direitos humanos, das ações coletivas de defesa internacional, tomadas pela OTAN, da qual alguns integrantes estariam sujeitos à jurisdição da Corte Europeia, simbolizaria coerência sistêmica do direito internacional.

Para autores dissidentes, por outro lado, este caso é indicativo de visões dualísticas acerca do direito internacional, de modo que o direito europeu seja visto como tendo existência separada e não alcançando ações que, embora contenham estados membros da Convenção Europeia de Direitos Humanos, não estão abrangidas pelo sistema jurídico europeu[150]. Onde uns enxergam integração, outros veem o direito internacional sendo fraturado frente à delicadeza política das situações. Por isso, é um dos casos expressivos da alta complexidade da dicotomia entre fragmentação e coerência sistêmica no direito internacional: os que enxergam integração, anotam que a Corte recorreu a mecanismos interpretativos previstos no direito internacional geral; os que veem fratura, pontuam que as disposições de proteção aos direitos humanos europeu se perdem por ausência de legitimação passiva possível às vítimas de direitos humanos, ainda que membros do sistema europeu façam parte da Organização cuja ação resultou na violação.

Já no caso do direito do comércio internacional, a relação com o direito geral mais controversa, embora haja muitos casos em que a relação normativa foi tratada. No caso "Gasolina", de 1996, o Órgão de Apelação da OMC afirmou que os tratados abrangidos pelo seu sistema não poderiam ser lidos em 'isolamento clínico' em relação ao direito internacional público geral. A consulta se estabelecera por iniciativa da Venezuela, a qual o Brasil aderiu, em relação à implementação de legislação doméstica para proteção do ar contra a poluição causada pela gasolina manufaturada ou importada pelos Estados Unidos da América. Os demandantes argumentaram que as restrições recaíam sobre apenas certos tipos de gasolina e que esta não poderia ser considerada como recurso natural esgotável a dar ensejo à aplicação do artigo XX(g) do GATT, além de a medida fazer diferenciação entre refinadoras nacionais e estrangeiras. O "Panel" entendeu que, uma vez que discriminatória, a medida não seria primariamente destinada a conservar recursos naturais esgotáveis. O Órgão de Apelação, por sua vez, recorreu ao

---

[149] TZEVELEKOS, Vassilis P. **The Use of Article 31 (3) (c) Of the VCLT In the Case Law Of the ECtHR: An Effective Anti-Fragmentation Tool Or A Selective Loophole For The Reinforcement Of Human Rights Teleology?**Vol. 31. Michigan Journal of International Law/2010; pp. 670 – 674.

[150] KOSKENNIEMI, Martii. Op. Cit.

artigo 31 da CVDT, e neste contexto sustentou que o GATT não poderia ser lido em 'isolamento clínico' ao direito internacional público geral, a fim de esclarecer que o "Panel" não estabelecera corretamente o sentido ordinário das palavras contidas no GATT, propriamente sobre o artigo XX. A interpretação do artigo XX, inclusive, não poderia minar o objeto e propósito do GATT. O critério utilizado pelo "Panel", sobre se a medida seria ou não primariamente destinada a proteger os recursos esgotáveis, não estaria contido nas normas comerciais da OMC. Portanto, o "Panel" errou ao decidir que a medida não estaria abrangida pelo artigo XX(g); como também errou ao não apontar que a medida não corresponderia a uma "discriminação injustificada" ou a uma "restrição disfarçada ao comércio internacional, enquadrando-se nos termos do "caput" do artigo XX[151].

A CDI enxergou neste caso um marco na interpretação dos instrumentos da OMC, visto que a Organização, deste então, tem procurado guias interpretativos adicionais e decorrentes dos princípios do direito internacional geral.

Adicionalmente, este marco se confirmaria pelo caso "Camarões", de 1998, no qual Índia, Malásia, Paquistão e Tailândia solicitaram o estabelecimento de um grupo especial no Órgão de Solução de Controvérsias da OMC a fim de avaliar a juridicidade de restrições impostas a certos tipos de camarões e produtos deles derivados pelos Estados Unidos da América. A restrição teria como alvo a proteção de tartarugas marinhas, visto que a pesca de camarões implicava aumento de índices de mortalidade das tartarugas. O "Panel" entendera que a restrição correspondia a discriminação injustificada e que, como tal, não seria permitida à luz das normas da OMC, não se aplicando o artigo XX do GATT. O Órgão de Apelação, contrariamente, entendeu ser um erro ter as preocupações comerciais do GATT como prevalecentes a quaisquer outras preocupações as quais estejam igualmente incluídas no instrumento. Com o fito de considerar as tartarugas marinhas como recurso esgotável, o Órgão faz menção à Convenção das Nações Unidas Sobre o Direito do Mar, à Convenção sobre a Diversidade Biológica, à Convenção Sobre a Proteção de Espécies Migratórias e Animais Silvestres, entre outras, entendendo que "recursos esgotáveis" não seriam a mesma coisa que "recursos finitos" ou "não renováveis", abrangendo o primeiro conceito como os "recursos vivos", pelo risco de extinção. Criticou o "Panel" por não ter percorrido todas as etapas para interpretação de normas internacionais, a começar pelo texto do artigo XX do GATT. Porém, considerando que à permissão da importação implicava emissão de certificado

---

[151] "United States – Standards of Reformulated and Conventional" (WT/DS2/AB/R).

por funcionários estadunidenses, com regramento único, sem atenção às condições específicas de cada membro e que tais medidas, sem atenção às condições desiguais dos membros, são consideradas discriminatórias; bem como considerando que havia meios alternativos, inclusive de alcance multilateral, para dar concretude à proteção às tartarugas marinhas; como igualmente tal maneira unilateral de prescrever condições para importação deve ser considerada como arbitrária; o Órgão entendeu que a medida restritiva não estaria amparada pelo artigo XX[152].

Neste prumo, destaque-se que o entendimento do caso não foi propriamente que outros instrumentos deveriam ser aplicados pela OMC, mas que dentro de seu sistema normativo há preocupações variadas da proteção comercial, e que esta última não deveria ser tida como prevalente a qualquer outra. O caso demonstra um efeito expansivo pelas vias interpretativas: embora a norma aplicável seja aquela constante do sistema da OMC, o sentido jurídico de suas normas deve ser encontrado a partir da influência de normas desenvolvidas no seio de outros sistemas, os quais tratam mais especificamente da questão.

Coloca-se, igualmente, em relevo o caso "Coreia"[153], apreciado em 2000, no qual se decidiu pela aplicabilidade do costume internacional sobre as relações econômicas envolvendo os membros da OMC. Os Estados Unidos da América solicitaram consulta à Coreia do Sul com o objetivo de obter informações acerca da contratação de entidades para construção do Aeroporto Internacional de Inchon. Indagou-se se a contratação teria violado o Acordo de Contratação Pública, o qual vincula certas entidades e, por isso, o objeto da demanda envolvia uma discussão sobre qual órgão estaria encarregado a realizar a contratação. Houve discussão a respeito da interpretação de tratados à luz da CVDT, por meio da qual se pontuou a aplicação do costume internacional caso não haja disposição contrária nos acordos da OMC. Ao final, o Órgão de Solução de Controvérsias entendeu que a entidade responsável pela contratação não estava contemplada no Acordo[154].

Em virtude deste quadro, há posições, as quais estudam a relação entre o sistema da OMC e o regime geral de responsabilidade internacional do estado pela prática de ato ilícito, segundo as quais qualificar o sistema da OMC como "regime autônomo" seria uma falácia. Embora o sistema em questão contenha seus próprios mecanismos de responsabilização e, por

---

[152] "United States – Import Prohibition of Certain Shrimp and Shrimp Products" (WT/DS58/AB/R).

[153] Comissão de Direito Internacional das Nações Unidas. pp. 87 e 88.

[154] "Korea – Measures Affecting Government Procurement" (WT/DS163/R).

isso, seria possível dizer que este derrogou parte do sistema geral de responsabilidade por vias de disposição específica – *lex specialis* -; o sistema da OMC seria parte do direito internacional público e, conquanto não haja disposição expressa dizendo que o 'Projeto da Comissão de Direito Internacional das Nações Unidas sobre Responsabilidade Internacional dos Estados' não se aplique para preencher lacunas do sistema da OMC, tal recurso seria plenamente possível[155].

Ao levantar esses casos, a CDI pretendeu demonstrar, como se nota, que há no direito internacional público conceitos historicamente estabelecidos aos quais ditos regimes especiais recorrem para aplicação de suas normas específicas, de modo que subsista, para além do desenvolvimento de conteúdos especializados, um sentido jurídico geral.

Ocorre que, como destacou a CDI, há questionamentos acadêmicos sobre a relação do direito da OMC com outros regimes, dando-se especial ênfase sobre a relação com o direito ambiental. Os artigos 3 (2)[156] e 19 (2)[157] do Entendimento Relativo à Solução de Controvérsias são, por vezes, interpretados como proibições à aplicação de conteúdos que não estejam contidos nos 'acordos abrangidos'. Mas à luz do artigo 3 (2), por meio do qual questões interpretativas poderiam levar em conta normas de interpretação fixadas pela Convenção de Viena sobre Direito dos Tratados de 1969,

---

[155] SIMO, Regis Yann. **The Law of International Responsability: the Case of WTO As a "Lex Specialis" Or the Fallacy Of a 'Self-Contained' Regime.** Vol. 22; nº 2. African Journal of International and Comparative Law/2014; pp. 206 e 207.

[156] Artigo 3 (2): "O sistema de solução de controvérsia da OMC é elemento essencial para trazer segurança e previsibilidade ao sistema multilateral de comércio. Os Membros reconhecem que esse sistema é útil para preservar direitos e obrigações dos Membros dentro dos parâmetros dos acordos abrangidos e para esclarecer as disposições vigentes dos referidos acordos em conformidade com as normas correntes de interpretação do direito internacional público. As recomendações e decisões do OSC não poderão promover o aumento ou a diminuição dos direitos e obrigações definidos nos acordos abrangidos".

[157] Artigo 19 (2): "De acordo com o parágrafo 2 do Artigo 3, as conclusões e recomendações do grupo especial e do órgão de Apelação não poderão ampliar ou diminuir os direitos e obrigações derivados dos acordos abrangidos".

cujos artigos 31[158] e 32[159] autorizam que se considerem quaisquer normas relevantes entre as partes, oferece-se um contraponto à opinião de adstrição interpretativa. O que a CDI sugeriu, pelo que se mostra, é que o artigo 3 (2) do Entendimento Relativo à Solução de Controvérsias autorizaria a aplicação dos artigos 31 e 32 da CVDT e estes, por sua vez, autorizariam a consideração de quaisquer normas jurídicas do direito internacional[160].

Isso faz emergir duas correntes no direito que compõe o sistema da OMC: uma que busca sua relação com o sistema geral e outra que proclama o prestígio aos 'acordos abrangidos'. Algo semelhante, argumenta-se, às posições monista e dualista sobre a relação entre direito interno e internacional. Porém, a CDI é da opinião de que esses avanços jurisprudenciais não excluem um 'ethos' da OMC, assim como outros regimes também possuem os seus, o qual se assenta em sua razão de ser e na especialidade de suas normas[161].

Interessantemente, por seu turno, há quem descreva a relação entre o sistema da OMC e o direito internacional geral como um "balanço de efetividade e legitimidade". Embora o sistema da OMC seja um "regime forte", este não contém normas procedimentais que auxiliem os seus órgãos na administração dos deveres substantivos que o regime dispõe, como, por exemplo, não há normas específicas de interpretação de tratados. Nos casos cuja solução dependa de tais parâmetros, recorre-se às normas pertencentes ao sistema geral, proclamando-se que o sistema da OMC não pode ser

---

[158] Artigo 31 (Interpretação de Tratados): "1- Um tratado deve ser interpretado de boa-fé segundo o sentido comum atribuível aos termos do tratado em seu contexto e à luz de seu objetivo e finalidade. 2 – Para fins de interpretação de um tratado, o contexto compreenderá, além do texto, seu preâmbulo e anexos: a) qualquer acordo relativo ao tratado e feito entre todas as partes em conexão com a conclusão do tratado; b) qualquer instrumento estabelecido por uma ou várias partes em conexão com a conclusão do tratado e aceito pelas outras partes como instrumento relativo ao tratado. 3 – Serão levados em consideração, juntamente com o contexto: a) qualquer acordo posterior entre as partes relativo à interpretação do tratado ou à aplicação de suas disposições; b) qualquer prática seguida posteriormente na aplicação do tratado, pela qual se estabeleça o acordo das partes relativo à sua interpretação; c) quaisquer regras pertinentes de Direito Internacional aplicáveis às relações entre as partes. 4 – Um termo será entendido em sentido especial se estiver estabelecido que essas era a intenção das partes".

[159] Artigo 32 (Meios Suplementares de Interpretação): "Pode-se recorrer a meios suplementares de interpretação, inclusive aos trabalhos preparatórios do tratado e às circunstâncias de sua conclusão, a fim de confirmar o sentido resultante da aplicação do artigo 31 ou de determinar o sentido quando a interpretação, de conformidade com o artigo 31: a) deixa o sentido ambíguo ou obscuro; b) conduz a um resultado que é manifestamente absurdo ou desarrazoado".

[160] Comissão de Direito Internacional das Nações Unidas. Op. Cit. pp. 88 e 89.

[161] Idem. Op. Cit. p. 90.

concebido sob 'isolamento clínico' ao direito geral. Já sobre suas obrigações substantivas, tendo em vista que o viés não comercial é geralmente visto como "suspeito" a dar vazão a protecionismos, o sistema da OMC tende a reforçar suas particularidades. No caso "Camarões", segundo este entendimento, apesar de o Órgão de Apelação ter adotado um viés universalista, entendeu que os Estados Unidos não tinham atendido os requisitos do artigo XX do GATT/1994[162].

Conclusivamente, a CDI pontuou que: (1) não há, nesses regimes, autonomia que exclua completamente a aplicação do direito geral. Pelo contrário, os regimes fazem uso constante dos conceitos desenvolvidos pelo direito geral no manejo de seus dispositivos; (2) os estados são autorizados a elaborar regimes autônomos e, com eles, derrogar o direito geral (3) a interpretação de seus diplomas será teleológica, ao levar em conta os objetivos do regime; (4) a intersecção entre regimes não oferece fronteiras claras nem força normativa estrita, mas há a necessidade de balancear os elementos dos regimes com outras considerações; (5) os regimes não constituem circuitos fechados, sendo necessária a aplicação dos artigos 31 e 32 da Convenção de Viena sobre Direito dos Tratados de 1969. Observou, no entanto, que grande parte das intersecções temáticas se realiza por acadêmicos.[163].

Há linha argumentativa que advoga que os estados podem acordar normas contrárias ao direito geral, mas não ao *sistema* de direito internacional, considerado como um todo, por razões políticas. Já a CDI acrescenta que há uma razão lógica ao lado da razão política: os estados não podem estabelecer acordos que escapem, por exemplo, à lógica da norma *pacta sunt servanda*[164]. Nesse passo, o relatório parece indicar que, formulando regimes autônomos, os estados não conseguem, por razões lógicas, desviarem-se do padrão de inteligibilidade jurídica – não podem reinventar completamente o direito -, o qual edificou, ao longo da história, pressupostos básicos de operação normativa.

A decorrência lógica da noção de que os regimes se alimentam dos padrões jurídicos forjados no curso de toda a história jurídica foi, para a CDI, que o primeiro ponto a se considerar sobre a relação entre regimes e

---

[162] SIMMA, Bruno; PULKOWSKI, Dirk. Op. Cit. pp. 510 e 511.

[163] Comissão de Direito Internacional das Nações Unidas. Op. Cit. pp. 91 e 92.

[164] Idem. p. 93. Disse PAUWELYN: "As further explained below, in their treaty relations states can 'contract out' o one, more or, in theory, all *rules* of international law (other than those of *jus cogens*), but they cannot contract out the *system* of international law (PAUWELYN, Joost. **Conflitc of Norms in Public International Law – How WTO Law Relates to Other Rules of International Law**. Cambridge Studies in International and Comparative Law/2003. p. 93)".

direito geral é que os primeiros extraem sua força vinculante do segundo. Também, a título de conclusão, a CDI argumentou que os regimes sempre estarão inseridos em um ambiente sistêmico; nenhum regime autônomo se estabeleceria ou se operaria no vácuo. Não haveria uma norma da OMC sobre estado, uma noção de direitos humanos sobre direito de passagem, normas especiais sobre imunidade do estado no direito aplicado pela Corte Europeia de Direitos Humanos ou mesmo normas da OMC sobre recursos escassos[165].

Sobre o recurso ao direito geral, apontou-se a dificuldade em se compreender o que seria uma "falha" do regime. A questão seria resolvida em atenção à natureza do regime, sua razão de ser, a fim de promover maior efetividade à proteção do valor jurídico o qual constitui seu objeto. Se, por exemplo, os mecanismos de solução de controvérsias são morosos ao ponto de tornar-se a proteção do bem jurídico inefetiva, ou caso os mecanismos não sejam suficientes para inibir a conduta ilícita, pode-se dizer que houve "falha" do regime, o que habilita o recurso ao direito geral. Esta "falha" poderia ser substantiva ou procedimental[166].

Reconheceu a CDI, entretanto, que, sendo os regimes autônomos *'lex specialis'*, estes acomodam e oferecem maior efetividade a interesses específicos. Obtemperou-se, entretanto, que a norma especial deve desfrutar do mesmo status normativo que o direito geral, evitando-se derrogações ao *jus cogens*. Ademais, indica-se a erroneidade da expressão 'regimes autônomos', visto que a autonomia não é absoluta.

Com efeito, a CDI alcançou as seguintes conclusões acerca da relação entre regimes e direito geral: (1) os regimes autônomos extraem validade dos princípios gerais do direito internacional; (2) a despeito da especialidade e melhor acomodação de interesses, a natureza sistêmica do direito faz com que o direito geral ofereça recursos aos regimes para implementação de seus propósitos, de modo que os suplementem em caso de lacuna ou orientem sua interpretação, ou por meio da aplicação da Convenção de Viena sobre Direito dos Tratados de 1969, em particular as disposições que conduzem à aplicação de normas corporificadas em outros instrumentos (artigos 31 e 32), ou mesmo de modo que controle materialmente a aplicação dos regimes, já que o direito geral contém princípios hierarquicamente superiores os quais, inclusive, diante de uma "falha", oferecem meios para

---

[165] Comissão de Direito Internacional das Nações Unidas. Op. Cit. pp. 94 – 96.
[166] Idem. pp. 97 e 98.

78 Direito Internacional e o Debate sobre sua Unidade

indicar qual regime deva prevalecer; e se não indicar, ao menos estabelecem consequências pela preferência de um ou outro regime[167].

Observa-se, aqui, como a CDI tomou posição que, à primeira vista, pode parecer ambivalente. Identificando que o direito internacional é em grande parte horizontal, dispositivo, e reconhecendo que a chamada fragmentação do direito internacional consiste em dificuldades oriundas de sua expansão e diversificação, a CDI apontou para elementos que são característicos destas dificuldades, assumindo haver um 'ethos' presente em cada perspectiva institucionalizada dos regimes autônomos. Conjuntamente, também se filiou ao entendimento de que exista uma linguagem comum a permear todo o desenvolvimento jurídico, de modo que os regimes especiais não tenham condições de abdicarem deste desenvolvimento. Foi, porém, além, para argumentar que os regimes especiais extraem força vinculante do direito geral e ainda chegou ao ponto de dizer que o direito geral controla referidos regimes e estabelecem consequências para a escolha de um ou de outro.

A discussão, entretanto, manteve-se basicamente nos mesmos termos daqueles já apresentados, agora no contexto das formas fracas e fortes (regimes) de normas especiais. Mesmo os casos concretos levantados dividem opiniões, pois eles são muitas vezes expressivos tanto de um posicionamento como de outro.

Neste ponto, a discussão alcançou e ultrapassou a perspectiva sobre se o critério da especialidade poderia aliviar as tensões normativas que desencadearam a discussão a respeito da unidade sistêmica do direito internacional. Afinal, afirmar uma norma, ou um conjunto delas, como sendo especial em relação a um ambiente normativo geral bastaria para superar os alegados conflitos de racionalidade corporificados em diplomas normativos e instituições responsáveis pelo gerenciamento de toda uma racionalidade operacionalizada? Basta à discussão reafirmar os consagrados critérios de derrogabilidade normativa, entre os quais o da especialidade?

2.4. Direito geral e especial? Normas primárias e secundárias?

Há, no horizonte da CDI, dificuldades na identificação do que é direito geral e o que é especial. Isto porque uma norma geral é também particular, no sentido de tratar de uma substância específica. Esta exemplificou com o Tratado de Ottawa de 1997 (ou Convenção sobre a Proibição do Uso, Armazenamento, Produção e Transferência de Minas Antipessoais e sobre

---

[167] Ibidem. Pp. 99 e 100.

sua Destruição): em certo sentido, trata-se de uma norma específica sobre o uso de minas terrestres dentro das normas gerais de direito humanitário; em outro sentido, é geral por aplicar-se genericamente a uma classe. A dificuldade na definição do geral e especial é que se trata de uma atividade necessariamente relacional: uma norma não pode ser vista como geral e especial por si só, esta sempre será geral ou especial em relação a outra norma. Disse a CDI, também, ao concluir o item relativo à operação da '*lex specialis*', que a relação entre geral e especial no direito é ubíqua: sempre se poderá indagar como uma norma especial se relaciona com todo o contexto normativo no qual se insere. Não é fácil identificar o direito geral e o especial, acordos pactuados entre estados podem parecer exaurir determinado assunto e, com isso, apresentar-se como norma geral. Assim, a questão da operação da norma especial recai em um problema recorrente no direito internacional, qual seja, como este lida com lacunas. Tendo em vista que o direito se constitui como um sistema, é impossível tratar uma norma sem que seja relacionada ao todo do direito internacional; não é possível selecionar uma parte do direito para ser aplicado[168].

Diante desta dificuldade, e mesmo para analisar a possibilidade de qualificar o direito internacional enquanto sistema jurídico, houve críticas ao trabalho da CDI, uma vez que este ora se refere ao "direito internacional geral" como sendo o costume e os princípios gerais do direito, ora para indicar certas categorias de normas, como direito ambiental e direitos humanos. Afirma-se que a própria CDI não procurou definir o que seja propriamente o "direito internacional geral" e deixou a discussão para um momento futuro; embora a definição seria central para a solução de problemas decorrentes da fragmentação do direito internacional[169]. Como poderia as questões referentes à unidade ou fragmentação solucionarem-se pela afirmação de um conceito não explorado, como é o caso do direito internacional geral?

Esta corrente, crítica ao trabalho da CDI, tem a opinião de que a diferenciação deve-se dar pelo escopo normativo, sustentando que as normas que são vinculantes a todos os membros da sociedade internacional devem ser tidas como constituindo o "direito internacional geral"[170].

Há críticas igualmente ao corte epistemológico do trabalho da CDI. Denuncia-se um contraste entre a proclamada necessidade de se estudar

---

[168] Ibidem. pp. 61 - 64.
[169] GOURGOURINIS, Anastasios. **General/Particular International Law and Primary/ Secondary Rules: Unitary Terminology of a Fragmented System**. Vol. 22; nº 4. The European Journal of International Law/2011. pp. 1008 - 1010.
[170] Idem. pp. 1016 - 1020.

a questão sob um ângulo pragmático, a partir do qual se produziria uma noção sobre a realidade de órgãos judicantes especializados do direito internacional, e o claro viés propositivo da CDI, o qual procura submeter o sistema internacional a certos objetivos. Pondera-se, assim, como conciliar a identificação de um "direito internacional geral", fora de um estudo pragmático acerca da realidade da prática jurídica internacional[171].

Nesse passo, segundo opinião de alguns estudiosos, o direito internacional não oferece qualquer critério para identificação do geral e do particular, sobretudo por conta de sua organização em regimes e, nisso, reside a dificuldade em aplicar o critério da especialidade[172].

Apesar de referidas críticas, a solução normativa de antinomias a partir da especialidade não parece exigir que conteúdos normativos inteiros sejam predefinidos como correspondendo ao geral ou particular. Parece haver razão na CDI ao pontuar que suas identificações dependem de raciocínio necessariamente relacional. Encontra-se o geral e o particular a partir da amplitude textual, entre normas que, rigorosamente, possuem o mesmo nível hierárquico. O objeto das normas em conflito deve satisfazer tanto o conceito de uma quanto de outra, verificando-se qual possui caráter mais genérico. É um critério útil para situações em que duas normas se dirigem especificamente a algo semelhante. Portanto, nem as críticas ao trabalho da CDI, as quais buscam encontrar um critério para que determinadas normas sejam tidas como gerais, para fins de estabelecer a relação entre o geral e o particular, tampouco a confiança excessiva nos critérios de derrogabilidade normativa para solucionar os problemas decorrentes de um fenômeno complexo como é a chamada fragmentação do direito internacional; parecem estar integralmente corretas.

Por oportuno, há análises sobre a diferenciação entre normas primárias e secundárias utilizada pela CDI desde os trabalhos para codificação de normas relativas à responsabilidade internacional do estado: normas primárias estabelecem obrigações substantivas aos estados, ao passo que normas secundárias fixam sanções para o não atendimento de tais obrigações. Trata-se de uma diferenciação funcional das normas, visto que são classificadas de acordo com a função que desempenham no sistema internacional. A distinção possuiria particular importância para a definição de "regimes autônomos", entendidos como regimes que contemplam um conjunto de

---

[171] DEL MAR, Maksymilian. Op. Cit. pp. 38 e 39.
[172] CALTI, Melissa Zekiye. **Methods of Norm Conflict Avoidance in International Law Applied to the Relationship Between Human Rights Law and Humanitarian Law: Fragmentation or Harmonisation? – The Applicability of Human Rights Treaties in The Context of Armed Conflicts**. Master thesis - University of Oslo/2014. pp. 8 e 9.

A Discussão Sobre *Lex Specialis* e a Formação de Regimes Autônomos no Direito Internacional   *81*

normas secundárias. Critica-se a CDI neste ponto, nesta linha bem especí-fica, por ter perdido o horizonte da distinção entre normas primárias e se-cundárias ao tratar de '*lex specialis*', sendo este o domínio no qual o critério se aplicaria. Consequentemente, quando da discussão da CDI sobre o que seja "o mesmo assunto", para fins de operação do critério da especialidade, esta distinção precisaria ser levada em consideração[173].

2.4.1 *Lex specialis* e regionalismo.

Outro ponto levantado pela CDI, no capítulo a respeito de '*lex specialis*', é o regionalismo. Primeiramente esclarecendo que a expressão "regionalis-mo" não tem um sentido propriamente normativo, pois raramente aparece em um tratado e, quando aparece, não se apresenta como uma norma ou princípio, bem como este não constitui propriamente um "ramo" especia-lizado do direito internacional, aduz que a expressão é levantada ao que se discute a universalidade do direito internacional. Geralmente, segundo diz, o debate contém viés político e econômico, centrado em benefícios comer-ciais ou em conveniência em segurança coletiva. Quando, porém, o termo assume um formato normativo, o regionalismo é referido como um tipo de '*lex specialis*' regional[174].

Para estudar o tema e associá-lo ao debate a respeito da fragmenta-ção, a CDI distingue três sentidos para 'regionalismo': (1) o primeiro como tradição jurídico-cultural, como doutrinas de direito internacional sovié-ticas ou do 'terceiro mundo'; (2) o segundo corresponde a um foro privile-giado de produção normativa, dada a homogeneidade de interesses locais; (3) o terceiro como perfazendo normas de exceção em relação ao direito internacional geral. À medida que o primeiro se refere à composição cul-tural do direito internacional e o segundo é estudado pela CDI a partir da genética dos interesses locais dentro das teorias das relações internacio-nais, o terceiro sentido se insere na discussão a respeito da fragmentação, por corresponder a uma visão de independência jurídica do direito regional frente ao direito geral[175].

Neste sentido, a CDI situa o regionalismo entre visões que o enxergam como exceção ao direito geral e outras que o assimilam como implementa-ção do direito geral. Para tanto, a CDI exemplifica com as ações regionais de segurança coletiva sob a leitura dos capítulos VII (ação relativa a ame-aça à paz, ruptura da paz e atos de agressão) e VIII (acordos regionais) da

---

[173] GOURGOURINIS, Anastasios. Op. Cit. p. 1020.
[174] Comissão de Direito Internacional das Nações Unidas. Op. Cit. p. 102.
[175] Idem. pp. 106 – 111.

Carta das Nações Unidas, sobretudo acerca da interpretação do artigo 52 que faz parecer evidente que a ação regional, antes do aviso ao Conselho de Segurança, não se trata de exceção senão uma maneira de promover maior efetividade às medidas de manutenção da paz[176].

Com efeito, observa-se que o tema do regionalismo é inserido em termos semelhantes aos demais regimes especiais, os quais permitem melhor acomodação de determinados interesses e efetividade de determinadas ações, com o risco, porém, de que estes tragam problemas de consistência do direito internacional, considerado em seu conjunto.

A respeito da integração europeia, a qual dá suporte ao direito europeu, esclarece-se seu desenvolvimento histórico inaugurado pelo Tratado de Roma de 1957 e a criação da Comunidade Econômica Europeia, o qual sofreu diversas emendas até que o Tratado da União Europeia, concluído em Maastricht em 1992, que fixou disposições as quais vão muito além da regulação econômica ao contemplar normas comunitárias supranacionais, atividades intergovernamentais de política comum e de política em segurança e cooperação judiciária e outros interesses internos. No seio do desenvolvimento jurídico europeu, salienta-se também o entendimento do Tribunal de Justiça Europeu, segundo o qual os tratados constitutivos da integração europeia são mais do que acordos, mas uma 'carta constitucional' da União Europeia. Sobre sua relação com a ideia de fragmentação do direito internacional, aponta-se que: (1) no tocante às normas comunitárias, a União Europeia é sujeito de direito internacional e, para propósitos práticos, deve ser tratada como organização intergovernamental; (2) há uma parte intrincada do direito europeu, referente à sua competência exclusiva e competência compartilhada[177].

Apenas ao concluir o capítulo sobre 'lex specialis', a CDI apontou sua relação com o direito geral, incluindo o regionalismo no mesmo entendimento a respeito dos regimes autônomos: diz-se que o fenômeno sociológico denominado regionalismo não pode ser compreendido como um sistema isolado[178]. Assim, procurou-se situar o fenômeno do regionalismo, associando-o aos termos do debate.

Em debate promovido pela *American Society of International Law* (ASIL), analisa-se a proliferação de acordos comerciais regionais e o paradoxal aumento da adesão de membros ao sistema geral da OMC. Lembra-se que a formação de núcleos regulatórios regionais é encorajada pelas normas

---

[176] Idem. pp. 111 e 112.
[177] Ibidem. pp. 112 e 113.
[178] Ibidem. p. 114.

da OMC, propriamente pelo artigo XXIV do GATT[179], partindo-se, inclusive, do pressuposto de que os acordos regionais têm o condão de assegurar de forma mais eficiente os objetivos do direito internacional geral à medida em que contém, entre seus membros, certa homogeneidade de interesses. Trata-se de uma estratégia paradoxal a qual, ao procurar fortalecer os laços entre os membros do sistema geral, estes embarcam em subsistemas regionais. Isso compõe uma certa estratégia, consistente na multilateralização do regionalismo a partir da flexibilidade[180].

O sentido de flexibilidade, segundo se defendeu neste debate, envolve técnicas as quais permitem variados níveis de participação em dado sistema, como a "cooperação reforçada", "círculos concêntricos"[181], "geometria variável" e "integração *à la carte*". As duas primeiras técnicas oportunizam diferentes ritmos e profundidades em termos de cooperação. "Geometria variável" oportuniza que a integração considere as diferenças regionais e "integração *à la carte*" se dá em atenção às diferenças substanciais ou funcionais de aplicação[182]. Haveria benefícios na promoção do pluralismo a partir da "geometria variável" como forma de reduzir pressões externas das quais emergem os acordos comerciais regionais; o sistema geral da OMC se depararia com dupla frustração, daqueles que desejam maior intensidade de integração e daqueles relutantes em aceitá-la[183].

---

[179] Artigo XXIV (Aplicação Territorial – Tráfico Fronteiriço – Uniões Aduaneiras e Zonas de Livre Troca): "1. As disposições do presente Acordo aplicar-se-ão ao território aduaneiro metropolitano das Partes Contratantes, assim como a qualquer outro território aduaneiro, a respeito do qual o presente Acordo tenha sido aceito nos termos do Artigo XXVI ou seja aplicado em virtude do Artigo XXXIII ou de acordo com o Protocolo de Aplicação Provisória. Cada um desses territórios aduaneiros será considerado como se fosse uma parte no Acordo, exclusivamente para fins de aplicação territorial desse Acordo, com a condição de que as estipulações do presente parágrafo não serão interpretadas como estabelecendo os direitos e obrigações entre dois ou vários territórios aduaneiros, a respeito dos quais o presente Acordo tenha sido aceito nos termos do Artigo XXVI ou seja aplicado em virtude do Artigo XXXIII ou na conformidade do Protocolo de Aplicação Provisória, por uma só parte contratante (...)".

[180] FABRICOTTI, Alberta. **The Paradox of Multilateralizing Regionalism Through Flexibility; in Multilateralizing Regionalism and The Future Arquitecture of International Trade Law As a System of Law**. Vol. 103. pp. 119-121. American Society of International Law/2009. pp. 119 e 120.

[181] Trata-se de instituir diferentes campos de cooperação, um central e outros auxiliares, a fim de oportunizar a adesão à cooperação aos setores que os estados-membros entenderem por bem.

[182] A autora não oferece rigorosa definições aos referidos termos.

[183] FABRICOTTI, Alberta. Op. Cit. p. 120.

Assim, o que apropriadamente solucionaria problemas decorrentes do vertiginoso aumento de subsistemas regionais de comércio – fragmentação - seria um sistema geral vocacionado à flexibilidade, à variação de níveis de participação segundo as realidades específicas de seus membros, de modo que o sistema geral importe, desta forma, a visão de pluralismo.

Em outra participação neste mesmo debate, discutiu-se a multilateralização do regionalismo a partir das cláusulas da nação mais favorecida, na medida em que o processo em questão implica a expansão do sistema de forma não discriminatória. No caso dos investimentos, e a conclusão de tratados bilaterais sobre investimento, a inclusão das referidas cláusulas ofereceria adequado sentido para a multilateralização do regionalismo, o que, por outro lado, desfavoreceria o estabelecimento de um sistema multilateral de investimento[184].

Porém, segundo o argumento, dentro de Acordos de Parcerias Econômicas esta relação é mais complexa, visto que se por um lado o estabelecimento de cláusula da nação mais favorecida seria, aos olhos do sistema da OMC, frutífero por implicar mais liberalização do comércio; por outro, a extensão automática de benefícios conferidos a um grupo a outros poderia inibir a negociação da referida cláusula[185].

Em uma última participação neste debate, esclareceu-se o impressionante aumento de Acordos Regionais de Comércio, o que, segundo afirma, não mina o sistema geral da OMC a não ser que haja benefícios não estendidos aos seus membros. O mecanismo da transparência, segundo o qual os membros da OMC que firmam um acordo regional devem notificá-la a seu respeito, tem desempenhado importante papel; o que se afirma sob constatação de que há um certo bloqueio de informações por parte de alguns membros[186].

Neste passo, postula-se que os acordos regionais, em virtude da aplicação da cláusula da nação mais favorecida, indicariam o rumo para a multilateralização do regionalismo, muito embora, como contrafeito, seu aumento desencoraje as negociações multilaterais. Relembrando o Caso das

---

[184] PAUWELYN, Joost. **Multilateralizing Regionalism: What About na MFN Clause In Preferential Trade Agreements?**. In Multilateralizing Regionalism and The Future Architecture Of International Trade Law As a Systema Of Law. Vol. 103. American Society of International Law/2009. pp. 122 e 123.

[185] Idem. pp. 123 e 124.

[186] MARCEAU, Gabrielle. **News From Geneva On RTAs And WTO-PLUS, WTO-MORE, And WTO-MINUS**. In Multilateralizing Regionalism and The Future Architecture Of International Trade Law As a Sustem of Law. American Society of International Law/2009. pp. 124 e 125.

Restrições às Bebidas Açucaradas entre o México e os Estados Unidos da América, na OMC, afirmou-se que das relações entre o sistema geral e os acordos regionais podem decorrer problemas de alocação da autoridade e que este problema é persistente e incerto. Outra questão abordada é a possibilidade de os acordos regionais preverem menores direitos entre seus membros, situação na qual deverá ser indagado se os estados, por meio de acordos regionais, podem restringir o conteúdo das normas do sistema geral da OMC. Todas essas questões expõem, para a autora, as dificuldades de coerência sistêmica sobre o comércio internacional[187].

Coloca-se, por conseguinte, que para além da associação do regionalismo como sendo um tipo de regime especial, houve debates elogiosos a respeito do sistema da OMC por conter certo grau de flexibilidade que reconheça os sistemas regionais sobre o comércio, os quais tendem a proliferar-se. Ademais, evidenciam-se mecanismos jurídicos, nestes debates, que oportunizem que a sonoridade do sistema geral se expanda, inclusive, com o apoio do regionalismo.

Por seu turno, há questionamentos sobre se a integração regional é boa notícia ao direito ambiental. Analisa-se, nesta ótica, a relação entre o direito ambiental e o direito da integração econômica como duas novas disciplinas a serem relacionadas; embora se afirme que a relação entre ambas seja mal explorada e se alerte para o fato de que esteja em curso uma hibridização do direito internacional e constitucional, a partir dos sistemas de soluções de controvérsias da União Europeia, a qual os coloca em posição de não familiaridade e peculiaridade em relação aos que estejam fora do processo de integração[188].

Dita abordagem elege o princípio da precaução como objeto a ser problematizado. O princípio, embora afirmado em instrumentos nacionais, regionais e globais, suscita controvérsias. Sua aplicabilidade flutua entre "hard law" e "soft law" dentro da hierarquia do direito internacional: caso o princípio seja compreendido como não vinculante comporá o "soft law". A Declaração do Rio de 1992 é geralmente vista, segundo esta perspectiva, como não vinculante; trata-se de um guia a ser seguido pelos estados a respeito da precaução. Apesar disto, o princípio da precaução pode ser tido como vinculante caso tenha-se positivado por meio do costume ou dos princípios gerais do direito. Neste ponto, argumenta-se que no âmbito da

---

[187] Idem. pp. 126 e 127.
[188] PUDER, Markus G. **The Rise of Regional Integration Law (RIL): Good News For International Environment Law (IEL)?**. Vol. 23. Georgetown International Environmental Law Review/2011. pp. 165 – 168.

integração europeia o princípio da precaução é vinculante, por meio da Comunicação da Comissão Europeia a qual constitui bons ofícios que o reconhece como princípio jurídico. Realiza-se cotejo entre a previsão na Declaração do Rio e na Comunicação em apreço, observando ser o primeiro uma forma mais básica e o segundo se coloca de forma mais agressiva em relação à incerteza científica[189].

Como não poderia deixar de ser, passa-se a analisar, então, eventuais fissuras e sobreposições jurisdicionais a partir do Caso da Usina de MOX, o qual conduz à conclusão de que que é preciso que haja, por parte da União Europeia, certeza de que esteja assegurando o direito ambiental[190].

---

[189] Idem. pp. 168 – 195.
[190] PUDER, Markus G. Op. Cit. pp. 198 – 209.

A DISCUSSÃO SOBRE FRAGMENTAÇÃO E NORMAS SUCESSIVAS NO DIREITO INTERNACIONAL

Superado o critério da especialidade, passe-se a discutir o da posterioridade, ou a relação entre normas sucessivas no direito internacional. Trata-se da dimensão cronológica de compreensão da relação entre normas, segundo a qual, a depender das circunstâncias, a norma posterior derroga a anterior (*lex posterior derogat lege priori*). Normas sucessivas não indicam propriamente o critério da posterioridade. No direito internacional público, a relação entre normas sucessivas dependerá das partes que ratificaram um ou outro acordo, ou ambos.

Nos termos da CDI, a máxima da prevalência da norma posterior provém do direito romano e já era objeto de análise de grandes internacionalistas como Grócio e Vattel. Atualmente, esta é ora indicada como princípio geral do direito, nos termos do artigo 38 (1) (c) do Estatuto da Corte Internacional de Justiça, ora como norma de interpretação fixada pelo costume internacional ou ainda como uma decorrência lógica da interpretação jurídica[191].

A CDI alertou, em seu trabalho, para – assim como acontece com o critério da norma especial – a cautela que se deve tomar ao tentar aplicar as noções do direito doméstico ao direito internacional, tendo em conta as peculiaridades deste. Seria inaceitável permitir, segundo disse, que tratados posteriores sobreponham tratados anteriores, sobretudo caso os participantes do primeiro e do segundo, ou mesmo seus beneficiários, sejam diferentes. Se o critério da especialidade melhor acomoda interesses específicos, o critério da posterioridade acomoda interesses inerentes à conjuntura presente[192].

---

[191] Comissão de Direito Internacional das Nações Unidas. Op. Cit. pp. 115 - 117.
[192] Idem. p. 117.

Revive-se, assim, o segundo elemento que Wilfred Jenks enxergou como indicativo de incoerências sistêmicas no direito internacional, qual seja, o fato de que nem todos os membros de um tratado participarem, necessariamente, de suas revisões[193]. Um estado pode fazer parte de um novo tratado e litigar com outro estado que só tenha ratificado o anterior, do que resultam variações de direito aplicável aos membros da sociedade internacional. Mas a questão não para por aí: há dificuldades oriundas do caráter horizontal das normas de direito internacional, possibilitando que acordos bilaterais sobreponham tratados, cuja natureza teria um 'ethos legislativo', segundo a CDI. Além disso, há dificuldades próprias da linguagem empregada pela CVDT, especialmente sobre a exigência de que as normas em conflito disponham sobre o "mesmo assunto" – o que, conquanto o direito internacional seja organizado em regimes especiais, inviabilizaria a capacidade de solução ao fenômeno da fragmentação pelo critério da posterioridade -, bem como há intrincadas relações com outros critérios de solução de conflito normativo. Por fim, o critério, tal qual disposto pela CVDT, não esclarece como as normas devem ser consideradas anteriores ou posteriores.

Por conta de tais dificuldades, as questões envolvendo a relação entre normas sucessivas no direito internacional são vistas pela CDI como obscuras[194]. Em outras literaturas, há igualmente o apontamento de dificuldades, inclusive perfazendo vieses ainda mais céticos do critério.

Este capítulo pretende analisar, portanto, o debate a respeito das normas sucessivas no direito internacional, bem como sua relação com a, talvez existente, fragmentação do direito internacional.

3.1. O debate sobre conflitos entre normas sucessivas.

Como expôs a CDI, a emergência de uma norma não implica automática derrogação da norma anterior, visto que logicamente esta ainda se aplicará entre estados que não ratificaram a norma derrogadora ou caso esta norma discipline o objeto apenas parcialmente. Acrescentou que o fato de um acordo se sobrepor à norma costumeira anterior não conduz à automática presunção em favor da norma posterior[195].

---

[193] JENKS, Wilfred. Op. Cit.
[194] Comissão de Direito Internacional das Nações Unidas. Op. Cit. p. 118.
[195] Idem. pp. 115 e 116.

Ademais, argumenta-se que os artigos 30[196] e 41[197] da Convenção de Viena sobre Direitos dos Tratados de 1969 deixa uma série de questões em aberto, impondo dificuldades ligadas ao fato de não haver certezas a respeito do termo inicial do tratado a ser considerado para fins da aplicação do critério, como também problemas decorrentes do fato de não haver identidade entre partes do primeiro e do segundo tratado.

Diz a CDI que a CVDT codificou conteúdos já existentes no direito internacional, os quais ainda oferecem a racionalidade e a perspectiva segundo as quais tais normas convencionais devem ser aplicadas, como é o caso das normas sucessivas. Duas condições, porém, devem ser analisadas de forma separada: normas anteriores e posteriores pactuadas entre partes idênticas; e a situação na qual não há identidade entre as partes que pactuaram as normas anteriores e posteriores. Caso haja identidade entre os membros do primeiro e do segundo tratado, primeiramente, há um esforço em ler ambos como não contraditórios, o que corresponde ao princípio da

---

[196] Artigo 30 (Aplicação de Tratados Sucessivos sobre o Mesmo Assunto): "1. Sem prejuízo das disposições do artigo 130 da Carta das Nações Unidas, os direitos e obrigações dos Estados partes em tratados sucessivos sobre o mesmo assunto serão determinados de conformidade com os parágrafos seguintes. 2. Quando um tratado estipular que está subordinado a um tratado anterior ou posterior ou que não deve ser considerado incompatível com esse outro tratado, as disposições deste último prevalecerão. 3. Quando todas as partes no tratado anterior são igualmente partes no tratado posterior, sem que o tratado anterior tenha cessado de vigorar ou sem que sua aplicação tenha sido suspensa nos termos do artigo 59, o tratado anterior só se aplica na medida em que as duas disposições sejam compatíveis com as do tratado posterior. 4. Quando as partes no tratado posterior incluem todas as partes no tratado anterior: a) nas relações entre os Estados partes nos dois tratados, aplica-se o disposto no parágrafo 3; b) nas relações entre os Estados partes nos dois tratados e um Estado parte apenas em um desses tratados, o tratado em que os dois Estados são partes rege os seus direitos e obrigações recíprocos. 5. O parágrafo 4 aplica-se sem prejuízo do artigo 41, ou de qualquer questão relativa à extinção ou suspensão da execução de um tratado nos termos do artigo 60 ou de qualquer questão de responsabilidade que possa surgir para um Estado da conclusão ou da aplicação de um tratado cujas disposições sejam incompatíveis com suas obrigações em relação a outro Estado nos termos de outro tratado.

[197] Artigo 41 (Acordos para Modificar Tratados Multilaterais somente entre Algumas Partes): "1. Duas ou mais partes num tratado multilateral podem concluir um acordo para modificar o tratado, somente entre si, desde que: a) a possibilidade de tal modificação seja prevista no tratado; ou b) a modificação em questão não seja proibida pelo tratado; e i) não prejudique o gozo pelas outras partes dos direitos provenientes do tratado nem o cumprimento de suas obrigações; ii) não diga respeito a uma disposição cuja derrogação seja incompatível com a execução efetiva do objeto e da finalidade do tratado em seu conjunto. 2. A não ser que, no caso previsto na alínea *a* do parágrafo 1, o tratado disponha de outra forma, as partes em questão notificarão às outras partes sua intenção de concluir o acordo e as modificações que este introduz no tratado.

harmonização. Se for impossível considerar os tratados à luz do princípio da harmonização, então o critério da posterioridade será aplicado. Ademais, a aplicação do critério da posterioridade não é automática, visto que está subordinada à análise da intenção das partes. Ou seja, antes de aplicar o critério da posterioridade, é preciso saber se a substituição do padrão normativo foi intencionada pelas partes[198].

Adicionalmente, coloca-se que, à luz do artigo 59[199] da CVDT, essa diretriz interpretativa se aplica igualmente aos tratados multilaterais[200].

Embora no caso de haver identidade entre as partes a questão pareça de simples solução, há dificuldades na identificação da norma anterior, sobretudo acerca do marco temporal a ser considerado, visto que para alguns o tratado deve ser considerado anterior a partir do momento de sua conclusão, ao que a corrente minoritária entende que este deve ser considerado anterior a contar de seu vigor. Esta complicação é acentuada caso um estado ratifique um determinado tratado anteriormente a outro, ao passo que outro estado os ratifique na ordem inversa[201].

Há dificuldades, ademais, na conciliação do critério da especialidade em relação ao critério da posterioridade. Dialogando relevante doutrina no direito internacional segundo a qual nenhum critério poderia ter validade absoluta, levanta-se o caso *"Mavrommatis Palestine Concessions"*, no qual ambos os critérios foram conjuntamente aplicados. A contenda se dá por iniciativa da República Grega pela recusa do Governo Palestino e, por consequência, da Majestade Britânica, em reconhecer os direitos do senhor Mavrommatis, o qual firmara contratos para determinados serviços públicos relativos a certas construções na Palestina com autoridades otomanas. Entendeu a Corte que o Protocolo XII do Tratado de Lausanne é certamente um instrumento internacional, o qual não contém qualquer cláusula aceitando a jurisdição da Corte. Além de tratar específica e explicitamente de concessões, diferentemente do Mandato sobre a Palestina o qual só o faz

---

[198] Comissão de Direito Internacional das Nações Unidas. Op. Cit. p. 118 e 119.

[199] Artigo 59 (Extinção ou Suspensão da Execução de um Tratado em Virtude da Conclusão de um Tratado Posterior): "1. Considerar-se-á extinto um tratado se todas as suas partes concluírem um tratado posterior sobre o mesmo assunto e: a) resultar do tratado posterior, ou ficar estabelecido por outra forma, que a intenção das partes foi regular o assunto por este tratado; ou b) as disposições do tratado posterior forem de tal modo incompatíveis com as do anterior, que os dois tratados não possam ser aplicados ao mesmo tempo. 2. Considera-se apenas suspensa a execução do tratado anterior se se depreender do tratado posterior, ou ficar estabelecido de outra forma, que essa era a intenção das partes.

[200] Comissão de Direito Internacional das Nações Unidas; Op. Cit. p. 119.

[201] Idem; p. 120.

de maneira implícita, o tratado é mais recente. A Corte entendeu não ter jurisdição sobre o caso.

Com efeito, deve haver a consideração entre especialidade e temporalidade, de modo que se identifique qual aspecto é mais decisivo para o caso. Defende-se, por oportuno, ser ainda possível que certo órgão judicante entenda por bem não aplicar qualquer dos dois[202].

Destas primeiras considerações doutrinárias, emergem os primeiros pontos a respeito dos desafios próprios das normas sucessivas. Há manifestações no sentido de que o critério da posterioridade não resolveria todos os tipos de conflitos entre tratados e a depender de situações particulares haverá preferência pela norma anterior ou posterior, lembrando o Parecer Consultivo sobre "*Reservas*" da CIJ e decisões da Corte Europeia de Direitos Humanos. Porém, nem a preferência pela norma posterior nem pela norma anterior, neste entendimento, têm condições de pôr fim às incertezas do direito internacional. Isso porque o aspecto temporal do direito não seria capaz de solucionar as dificuldades do direito internacional, já que os tratados multilaterais não pairam "congelados no tempo". Se, como demonstrado, há quem aposte no critério da especialidade para resolver conflitos normativos, há também quem opine que ambos não são capazes oferecer respostas precisas[203].

A conclusão de um tratado que não venha a ser ratificado pelas mesmas partes de um tratado anterior sobre um mesmo objeto provoca maior complicação para a identificação do direito aplicável e arriscaria a unidade do direito internacional. Segundo a CDI, a questão das normas sucessivas tem sido tratada em um contexto de relações complexas entre conjuntos de tratados, o que faz da aplicação da norma posterior uma prioridade apenas relativa. Neste ponto, fez-se a mesma ressalva que se fizera em relação à norma especial de que a norma derrogadora (posterior) deve gozar do mesmo status que a norma derrogada (anterior).

Nos casos em que não há identidade entre as partes, ao contrário de se proclamar a prevalência da norma posterior, prefere-se a anterior. A prevalência da norma anterior foi inauguralmente aplicada, segundo examinou a CDI, pela Corte de Justiça da América Central (CACJ), especialmente na contestação da Costa Rica e Salvador[204] ao tratado concluído entre a Nicarágua e os Estados Unidos da América sobre o Canal do Panamá, por este violar tratados anteriores firmados com os estados reclamantes sobre o mesmo

---

[202] Ibid. Op. Cit. pp. 120 e 121.
[203] GHOURI, Ahmad Ali. Op. Cit. p. 252.
[204] Certamente referem-se à República de El Salvador.

objeto. A Corte entendeu que havia violação, mas que o tratado não poderia ser considerado nulo pelo fato de os Estados Unidos não participarem do pleito, de modo que não poderia haver um pronunciamento da Corte sobre seus direitos[205].

Já na opinião consultiva *"Austro-German Customs Union"* (*"Customs Regime Between Germany and Austria"*), exarada pela Corte Permanente de Justiça Internacional em 1931, houve aparente preferência à norma anterior, visto que esta entendeu que o regime de união aduaneira entre a Áustria e a Alemanha violava o Tratado de Versalhes, o Tratado de Saint--Germain de 1919 e seu Protocolo de 1922. No caso, O Parecer foi solicitado pelo Conselho da Liga das Nações, sobre se o regime entre Alemanha e Áustria não violaria o Tratado de Saint-Germain-en-Laye e seu Protocolo nº I, relativos à reconstrução da Áustria. As normas em questão proclamam a independência da Áustria, de tal modo que anunciam o dever da própria em se abster de firmar acordos que ameacem tal independência, a não ser que haja o consentimento do Conselho da Liga das Nações. O Protocolo, inclusive, determina que não se estabeleça qualquer vantagem econômica que comprometa a referida independência. Ao estabelecer um tratado de união aduaneira com a Alemanha, sem o consentimento do Conselho, argumentou-se pela violação dos referidos instrumentos, o que colocou a Corte a analisar a juridicidade da união aduaneira frente a eles. A Corte, então, observa que uniões aduaneiras existem e de modo algum significaram alienação da independência econômica de um estado. Ao final, porém, a Corte conclui que, uma vez que há vantagens conferidas à Alemanha, não extensivas a outras nações, a união aduaneira violaria os instrumentos em questão, ao ameaçar sua independência econômica[206].

Paralelamente, no caso *"Oscar Chinn"* de 1934, tematicamente conexo ao primeiro, dois juízes com opiniões dissidentes entenderam que o Tratado de Saint-Germain e seu Protocolo deveriam ser considerados parcialmente nulos por violarem o Ato de Berlim de 1885[207]. Bélgica e Reino Unido submeteram a questão das perdas e danos sofridos pelo cidadão britânico, senhor Oscar Chinn, por medidas tomadas pelo governo e companhia belgas, *"Union Nationale des Transports Fluviaux"*, sobre o transporte fluvial no Congo Belga, à Corte Permanente de Justiça Internacional. A controvérsia se deu sobre eventual violação ao Tratado de Saint-Germain-en-Laye e ao

---

[205] Comissão de Direito Internacional das Nações Unidas. Op. Cit. p. 123.

[206] Corte Permanente de Justiça Internacional. **Parecer Consultivo sobre "Customs Regime between Germany and Austria**. Prolatado em 5 de setempro de 1931.

[207] Comissão de Direito Internacional das Nações Unidas. Op. Cit. p. 124.

direito internacional geral. Acusou-se que as medidas da Bélgica visavam criar um monopólio a seu favor a partir de benefícios tarifários. O senhor Chinn era um transportador fluvial no Congo Belga o qual não produzia seu próprio produto e, dada a depressão comercial de 1930 e 1931, a Bélgica decidiu abaixar preços dos produtos do Congo reduzindo os custos com transporte e ao adotando parâmetros de compensação diferenciados aos produtores/transportadores. Essa condição levou os demais transportadores a reclamar de uma eventual tentativa de criação de um monopólio em favor da *Union Nationale des Transports Fluviaux*, por reduções de tarifas concedidas à Companhia; como forçou o Sr. Chinn a suspender suas atividades.

O Ato de Berlim de 1885 previa equanimidade comercial entre membros da Liga das Nações e que tivessem aderido ao Ato. Seu Anexo desenhava norma especialmente destinada à Bacia do Congo, prevendo liberdade comercial. O Tratado de Saint-Germain-en-Laye (revisão do Ato Geral de Berlim e do Ato Geral de Bruxelas), por seu turno, foi considerado, pela Corte, como o sucessor do Ato de Berlim, de modo que este último passou a só vigorar sobre a definição dos limites territoriais. O artigo 13 do Tratado ab-rogou o Ato Geral de Berlim e o Ato Geral de Bruxelas, exceto no que diz respeito às questões concernentes ao artigo 1º. Com isso, o Tratado teria abandonado disposições específicas a respeito de arrecadação previstas no artigo 4º do Ato de Berlim.

A Corte reconheceu, nesse passo, que o Tratado de Saint-Germain-en--Laye teria abolido o regime de liberdade comercial tal qual estabelecido pelos Atos, embora considerou que o Tratado não se prestou a se apartar do princípio geral da liberdade. A Corte considerou, inclusive, que, nos termos do Tratado, liberdade comercial significaria livre compra e venda de bens. Não considerou que a Bélgica tenha intencionado a criação de um monopólio. Por isso, concluiu que esta não teria violado obrigações internacionais. Os juízes Eysinga e Schücking consideraram que o Tratado de Saint-Germain--en-Laye violaria o Ato de Berlim, em vez de ser seu sucessor. O primeiro, questionou se as partes do Tratado estariam autorizadas a concluí-lo, visto tratar-se de modificação *inter se*, por não haver correspondência absoluta entre as partes, a qual o Ato não autorizaria expressamente; como igualmente o Ato não continha qualquer previsão sobre sua denúncia. Schücking produziu sua opinião dissidente afirmando concordar com Eysinga[208].

Observa-se que na opinião dos juízes dissidentes, o novo tratado não teria modificado o anterior, mas o teria violado, porquanto o tratado

---

[208] Corte Permanente de Justiça Internacional. Caso *Oscar Chinn*. Julgado em 12 de dezembro de 1934.

anterior não teria expressamente previsto hipótese de alteração por algumas das partes. Isso demonstra a dificuldade em se entender o novo tratado à luz do anterior: o novo tratado corresponderá a um novo direito ou infração ao direito anterior?

A dificuldade de aplicação do critério da posterioridade é lembrada por estudiosos do direito dos tratados. Tratando de tratados bilaterais essencialmente, indica-se que não há nulidade ou anulabilidade decorrente da conclusão de novo tratado incompatível com um tratado anterior. Resta ao estado que conclui ambos os tratados cuidar da harmonização entre eles, seja por meio da terminação ou emenda de quaisquer deles ou dos dois. Caso o estado não promova dita solução, este será submetido ao custo da violação de um ou de ambos os tratados[209]. Ou seja, o direito dos tratados não estabeleceu a relação entre tratados sucessivos em termos de validade normativa, de modo que um seja considerado nulo ou anulável frente a outro. Tal afetação à validade normativa de um tratado não ocorre de maneira automática, de modo que esta circunstância, *pari passu* ao fato de o direito internacional ser majoritariamente horizontal e dispositivo, é lembrada como um dos fatores a impossibilitar que se veja o critério da sucessividade normativa como potencial aliviador das tensões de racionalidade a demarcar sua alegada fragmentação.

Nos anteriores trabalhos da CDI sobre o direito dos tratados, os quais culminaram na elaboração da CVDT, partiu-se do princípio do respeito à norma anterior, associando a questão ao direito doméstico dos contratos. Porém, argumentou que a prevalência absoluta poderia gerar efeitos catastróficos, sobretudo se a norma posterior pertencesse ao direito internacional público geral. A CDI afirma, sobre este ponto, que a prevalência da norma anterior está para o direito contratual, ao que a prevalência da norma posterior pertence ao domínio do direito público. A prevalência da norma anterior entre partes não idênticas seria típica de certos conteúdos como a "cláusula da nação mais favorecida": ao que se concede por um tratado posterior certos benefícios a uma nação, estes devem ser reconhecidos a outras por força da incidência da norma anterior fixando a referida cláusula. Por seu turno, há ocasiões de preferência à norma posterior mesmo entre partes não idênticas em tratados sucessivos, embora sejam raras, segundo diagnosticou a CDI. Este enxergou nesta hipótese uma violação ao

---

[209] "If the obligations in a treaty between State A and State B are incompatible with the obligation which State A has to State C under na earlier treaty, the obligations under the earlier treaty will remain unaffected. State A will have to try to amend or terminate one or other of the treaties, or risk being in breach o fone, or both, of them" (AUST, Anthony. Op. Cit. p. 216).

princípio de que terceiros estados não podem ser afetados por acordos os quais não tomaram parte[210].

A possibilidade de derrogação de tratados anteriores sem que todas as partes tenham participado do novo tratado retomaria o caráter especial de certos instrumentos multilaterais, como tem visões progressistas do direito internacional proclamado, perspectiva esta que foi expressada pela CDI.

Segundo diz, o caso "*Slivenko v. Latvia*", julgado pela Corte Europeia de direitos Humanos em 2003, é exemplificativo da ideia de que a Convenção Europeia de Direitos Humanos controla a aplicação do tratado bilateral que lhe seja anterior. O caso firma entendimento no sentido de que, ao ratificar a Convenção, pressupõe-se que todas as normas nacionais e tratados internacionais sejam a ela compatibilizados; ademais, o caso indicaria uma certa hierarquia jurídica em favor das chamadas obrigações integrais, como são os direitos humanos, sobre transações bilaterais. Porém, argumentou a CDI que há dificuldades em saber se este entendimento obedece ao critério da especialidade, posterioridade ou superioridade, mas a importância do caso residiria na não independência de tratados ao ambiente normativo geral. O que sugere a CDI é que, assim como o critério da especialidade, o critério da posterioridade é incerto e não pode ser aplicado de forma "mecânica"[211].

No caso, os autores ajuízam ação face à Letônia. Eles são de origem russa, e dois dos autores se casaram no estado reclamado; sendo a terceira filha do casal. Uma vez que o Senhor Kikolaj servira ao exército da URSS e, com a independência da Letônia, a partir da qual a Federação Russa reassumiu a jurisdição sobre o exército soviético, esta negou aos reclamantes o reconhecimento da nacionalidade, ou habitação, vez que o governo da Letônia emitiu ordens de deportação, e ainda sob argumento de que mentiram ao dizer que o Senhor Kikolaj trabalhava em uma fábrica. Houve um tratado entre Letónia e Rússia para listagem e remoção do pessoal militar. Em apuração à legislação doméstica da Letônia, a Corte constata que há dois tipos de residência permanente, de cidadãos e não-cidadãos. Há, inclusive, uma espécie de cidadania específica para a antiga União Soviética. Por seu turno, haveria na legislação a previsão de anulação da permissão de residir permanentemente caso o estrangeiro ou o apátrida ameaçasse a segurança ou a ordem pública. Adicionalmente, a Corte constatou a existência do tratado, datado de 1994, acerca da remoção de tropas russas instaladas na Letônia. O tratado estabelecia a remoção de pessoal militar listado, bem como familiares e propriedade móvel. Os reclamantes, por outro lado, confrontaram

---

[210] Comissão de Direito Internacional das Nações Unidas. Op. Cit. pp. 124 e 125.
[211] Idem. pp. 126 e 127.

98   Direito Internacional e o Debate sobre sua Unidade

a medida alegando violação à Convenção Europeia de Direitos Humanos, especificamente sobre seus direitos à vida privada e familiar, e seu direito ao lar. Cabe destacar que a Corte indicou que o protocolo nº7, artigo 1º da Convenção, a qual trata da condição do estrangeiro, seria *lex specialis* em relação ao artigo 13 da Convenção, o qual trata do direito ao apropriado acesso aos remédios judiciais, vez que houve alegação de violação a este último, embora o Protocolo não se aplicasse ao caso. À medida que houvera argumentação de que a Corte não poderia passar julgamento sobre questão que envolvia o tratado entre Letônia e Rússia de 1994, considerando que a Letônia ratificou a Convenção Europeia em 1997, e que o primeiro tratado seria uma "quase-reserva", a Corte pontuou que não houve reserva formal e que sua atribuição seria apreciar o cumprimento do estado membro das disposições contidas na Convenção. A Corte julgou admissível a reclamação das Senhoras Tatjana e Karina Slivenko[212].

Desta forma, nota-se que a Corte procurou estabelecer que normas anteriores devem ser compatibilizadas com aquela posterior e que, aos seus olhos, inclusive, possui substância de maior importância.

Sob a leitura do trabalho da CDI, portanto, o direito internacional público parece oscilar, diante de uma nova norma, entre o entendimento de que dita norma corresponde a um novo padrão normativo o qual deve substituir o anterior e o entendimento de que a norma posterior corresponde a uma violação à norma anterior, acarretando em responsabilidade[213]. Esta discussão parece ir além da noção de que os tratados sucessivos se relacionam com o tema da fragmentação pela possibilidade de nem todos os membros de um tratado anterior participarem da formulação de um novo tratado, de modo que subsistam diferentes direitos aplicáveis a depender das partes em litígio. A sucessividade normativa gera incertezas sobre a

---

[212] Corte Europeia de Direitos Humanos. ***Tatjana Slivenko and Others v. Latvia*** (application nº 48321/99). Julgado em 9 de outubro de 2003.

[213] Na análise de Paulo Borba Casella a respeito da importância do *jus cogens* para o direito dos tratados há uma impressão correlata: "o procedimento técnico convencional não é apto, como tal, nem a estabelecer tais regras, nem a modifica-las; na verdade, não existem tratados tendo tecnicamente valor superior ao de outros, pois a forma constituinte não existe em direito internacional público: o tratado que estiver em contradição com tratado estipulando regra absoluta deveria ser considerado como modificando esse tratado ou violando-o? Isso não quer dizer que norma imperativa não pode nascer em decorrência de convenção, mas ao contrário, o tratado pode estar na origem da norma costumeira, como previamente estabelecida, mas é pelo processo consuetudinário, comportando o elemento de opinio juris, quanto a conteúdo determinado, que a norma imperativa aparece como tal, e não em decorrência do mecanismo convencional que a precedeu ou acompanhou" (CASELLA, P. B. **Fundamentos do Direito Internacional Pós-Moderno**. São Paulo: Quartier Latin/2008; p. 746).

validade jurídica das normas anteriores e posteriores, ou mesmo sobre o peso a ser atribuído a um ou outro valor juridicamente consagrado a depender de sua natureza e seu propósito.

Nestas considerações, residem as dificuldades próprias à sucessividade normativa. Em grande medida, importa-se, aqui, as preocupações gerais acerca da estrutura do direito internacional público, adicionando-se, porém, a questão da existência de distintos direitos a depender das partes.

3.2. Sucessividade normativa na Convenção de Viena sobre o Direito dos Tratados de 1969.

Ao analisar o artigo 30 da Convenção de Viena sobre o Direito dos Tratados – e sob constatação de que o critério da posterioridade não oferece soluções definitivas caso não haja identidade entre as partes dos tratados sucessivos -, a CDI afirmou que grande parte do texto do artigo em questão é "relativamente incontroversa"[214]. Entretanto, há dificuldades para compreender o significado de tratados sobre o "mesmo assunto", referido no artigo 30 (1). Neste ponto, a divisão do estudo do direito internacional público em categorias temáticas – como "direitos humanos, "direito ambiental" - ganha novamente importância. Essas qualificações, segundo disse, são arbitrárias porque não há norma jurídica que as estabeleça; elas não miram na natureza de um dado instrumento, mas no interesse do observador sobre qual perspectiva este pretende descrever o problema jurídico. Por isso, o relatório argumenta que a referência feita pelo artigo 30 a tratados que versam sobre o "mesmo assunto" permitiria que os estados etiquetassem os tratados com qualificações temáticas novas, e com isso justificariam o desvio de obrigações contidas em outros instrumentos[215].

É por isso que há abordagens posicionando sobre a sucessividade normativa e criticando sua capacidade - e a capacidade da própria CVDT - de realmente solucionar conflitos normativos no direito internacional. Isto porque, segundo se articula, a identificação do "assunto" dos tratados, bem como a identificação do tempo de sua conclusão são problemáticos. Uma vez que o conflito normativo se dá, à luz deste entendimento, caso um estado não seja capaz de cumprir simultaneamente duas obrigações, a identificação do "assunto" de um tratado é geralmente realizada a partir do interesse predominante que constitui seu objeto, independentemente de

---

[214] Comissão de Direito Internacional das Nações Unidas. Op. Cit. p. 129.
[215] Idem. pp. 129 e 130.

previsões específicas que possam produzir impactos sobre outros interesses[216]. Quer dizer, um tratado a partir de seu núcleo pode ser categorizado como "comercial" e, uma vez que se identifique que "comercial" é seu "assunto", colide com outro tratado sobre o qual se conclua ter "assunto ambiental"; o conflito entre eles não será resolvido nos termos do artigo 30 da CVDT, porque não são tratados que versam sobre um "mesmo assunto".

Com efeito, a aplicação do critério da posterioridade entre normas pertencentes a diferentes "ramos" do direito internacional causa inquietação, já que os tratados são produzidos por sistemas diferentes e, portanto, não versam sobre o "mesmo assunto". Seu campo de operação seria intrassistêmico, e por isso o critério seria ineficiente em relações inter-sistêmicas. Para demonstrar esta abordagem, exemplifica-se com o seguinte: o GATT original foi estabelecido em 1947, de modo que o Tratado de Roma e o Protocolo de Montreal posteriores seriam prevalecentes; com a conclusão do GATT 1994, como tais relações se dariam? E com a conclusão do Tratado de Lisboa? Para os autores que levantam dito questionamento, ou se anuncia o critério da especialidade como superior ao critério da posterioridade, apesar de manter a dificuldade em se saber qual tratado seria mais específico; ou então se reconhece que tais tratados são todos contínuos, possuem vidas independentes, ao ponto de sua relação não poder ser entendida de forma cronológica, negando-lhes o caráter 'sucessivo' e, desta forma, o artigo 30 da CVDT não se aplicaria. O reconhecimento de que tais tratados não pertencem a um mesmo sistema seria a medida mais fácil, para eles[217].

A CDI, por sua vez, argumentou que à análise sobre se dois tratados tratam do "mesmo assunto" importa saber se o atendimento a uma obrigação afeta outra obrigação, inclusive levando em conta os objetos e propósitos dos instrumentos nos quais as obrigações sejam incluídas. Entretanto, a Comissão também argumenta que é mais fácil aplicar as máximas da especialidade e posterioridade quando os instrumentos em conflito pertençam a um mesmo regime[218].

Neste ponto, pelo que se observa, a discussão alcança tema extremamente complicado que é identificação do que seja o "mesmo assunto", dos quais tratariam as normas, para fins de aplicação dos critérios de derrogabilidade. Dito questionamento origina duas correntes.

A visão da se alia a uma visão ampla sobre o que seja o critério do "mesmo assunto". Em estudo a respeito da questão, aduz-se que poucos

---

[216] GHOURI, Ahmad Ali. Op. Cit. p. 250.
[217] MICHAELS, Ralf; PAUWELYN, Joost. Op. Cit. pp. 365 e 366.
[218] Comissão de Direito Internacional das Nações Unidas. Op. Cit. p. 130.

estudiosos do direito internacional – entre entendem que o critério do "mesmo assunto" deva ser lido estritamente. A maioria entende que o critério se aplica caso haja duas normas aplicáveis a um determinado caso e que tal aplicação simultânea resulte em incompatibilidade. Comenta-se que a CDI, ao anunciar a arbitrariedade das classificações temáticas, recusa a opinião de aplicação estrita[219]. Observa-se, ainda, que para a visão estrita aplica-se o critério da posterioridade caso duas normas se dirijam diretamente a uma mesma situação – como, por exemplo, uma norma que diretamente proíba a adoção de restrições às importações de certo produto, a entrar em conflito com uma norma posterior que diretamente a permita; a visão ampla, por outro lado, entende como aplicável o critério caso, havendo uma obrigação contida em norma de tratado com objeto comercial e uma outra contida em tratado ambiental, se uma obrigação não puder ser cumprida conjunta e harmonicamente com a outra, as normas não se dirijam diretamente a uma mesma situação.

Porém, apesar das dificuldades apontadas, se até este ponto grande parte do texto do artigo 30 da Convenção de Viena sobre o Direito dos Tratados foi tido, aos olhos da CDI, como incontroverso, seu parágrafo 4º apresenta dificuldades. Trata-se da situação em que não há identidade de partes nos tratados sucessivos e sobre esta questão a Comissão de Direito Internacional das Nações Unidas se debruçou, mormente a respeito de duas questões: (1) se a incompatibilidade entre tratados deveria ser analisada em termos de 'validade' ou 'prioridade'; (2) se haveria razão para destacar determinados conjuntos de tratados para estuda-los separadamente em razão de seu caráter especial. Houve consenso sobre o caráter imperativo de certos conteúdos, à guisa do artigo 103 da Carta das Nações Unidas[220]; igualmente, reconheceu-se a prevalência genérica – não absoluta – da norma posterior em caso de identidade entre as partes. Porém, houve opiniões controvertidas ao examinar o caso de não identidade entre partes, em suas duas diferentes possibilidades: caso nem todos os estados partes do tratado anterior ratifiquem o tratado posterior e caso os estados os quais ratificaram o tratado posterior não o fizeram ao tratado anterior[221].

---

[219] RAMANUJAN, Adarsh. **Conflicts over "Conflict": Preventing Fragmentation of International Law**. Vol. 1; nº1. Trade, Law and Development/2009; pp. 176 – 178.

[220] Artigo 103: "No caso de conflito entre as obrigações dos Membros das Nações Unidas, em virtude da presente Carta, e as obrigações resultantes de qualquer outro acordo internacional, prevalecerão as obrigações assumidas em virtude da presente Carta".

[221] Comissão de Direito Internacional das Nações Unidas. Op. Cit. pp. 131 e 132.

3.3. Sucessividade normativa e a discussão sobre validade ou prioridade.

Nos trabalhos preparatórios para a Convenção de Viena sobre o Direito dos Tratados, sob a perspectiva do primeiro relator especial, manifestou-se opinião apoiando-se na perspectiva de validade normativa entre norma anterior e posterior, preferindo-se a norma anterior. Haveria, nesta primeira perspectiva, duas situações excepcionais: a nulidade do tratado posterior caso frustre seriamente o propósito do tratado anterior ou o interesse de suas partes; a possibilidade de o tratado posterior ser multilateral e assumir a característica de tratado-lei, afetando todos os membros da comunidade internacional. Neste último caso, haveria derrogação do tratado anterior, posto que tais tratados multilaterais seriam equivalentes à lei no direito doméstico[222].

O segundo relator especial, por seu turno, recusou a ideia de que a consequência do conflito entre tratados deva ser pensada em termos de validade jurídica. A questão dos tratados deveria, para ele, ser considerada em termos de prioridade, conferindo-a igualmente, aos tratados anteriores, com a diferença de que tal prioridade não acarretaria na nulidade ou anulabilidade do tratado posterior: resolver-se-iam eventuais litígios por meio de responsabilização frente à parte inocente. Na mesma linha do primeiro, o segundo relator, ademais, entendia ser necessário levar em consideração tipos de obrigação mais absolutos, quais sejam, tipos "integrais" – cujo cumprimento se impõe independentemente de outras obrigações, como as desenvolvidas pelos direitos humanos e pelo direito humanitário – e "interdependentes" – cujo cumprimento depende da atuação de todas as partes[223].

Por fim, o terceiro relator especial pensou a questão em termo de prioridade, salientando o dever de busca interpretativa pela coerência, com a diferença de que este não dispensou atenção à noção de tratados objetivos[224]. Esclarecem estudos que o primeiro relator pretendera formular a relação entre tratados sucessivos, de modo que o posterior fosse considerado inválido; o terceiro, por sua vez, preferiu abordar a questão como meramente interpretativa[225]. A proposta de prioridade saiu-se vencedora neste debate.

O afastamento da consequência de anulação é um dos motivos pelos quais se acredita que a sucessividade normativa, tal qual disciplinada na CVDT, não traria um critério eficaz no combate à ausência de coerência sistêmica no direito internacional. Há quem argumente que não se resolvendo

---

[222] Idem. p. 132.
[223] Ibidem. p. 133.
[224] Ibidem. p. 134.
[225] RAMANUJAN, Adarsh. Op. Cit. pp. 176 – 178.

a questão em termos de validade, a sucessividade normativa é acaba por resolver-se a partir do "princípio da decisão política"[226].

3.3.1 Princípio da decisão política?

Se da relação entre normas sucessivas não resulta a nulidade de uma obrigação frente à outra, suspeita determinada linha teórica, o cumprimento de uma ou outra obrigação ficará a cargo da decisão do estado, o qual arbitrariamente decidirá a partir de critérios de conveniência e oportunidade política. Esta faculdade que tem o estado, segundo a crítica, seria frequentemente chamada de direito ou poder de eleição: politiza as relações jurídicas de modo a inviabilizar a aplicação de critérios de derrogabilidade normativa e conferir ao direito internacional certa consistência[227].

Precisamente por isso o critério das normas sucessivas não seria capaz de solucionar os problemas decorrentes da fragmentação do direito internacional. O cumprimento de obrigações conflitantes contidas em tratados sucessivos, segundo argumentação, depende da conveniência política do estado responsável pelo cumprimento da obrigação, já que a conclusão de nova obrigação não impõe automaticamente a nulidade de outra anterior, ou mesmo a nova obrigação não é automaticamente derrogada frente à última. Essa problema de a relação entre normas sucessivas não ser tida como questão de validade jurídica é associado a outros que causam a esta corrente descrença sobre a capacidade do critério da posterioridade em produzir a desejada coerência sistêmica no direito internacional público, como a já explicitada questão de haver uma dificuldade em identificar o que sejam tratados os quais versam sobre o "mesmo assunto" em um contexto no qual os instrumentos jurídicos são produzidos dentro de conjuntos temáticos dispersos.

Trata-se de vertente crítica, a qual lança dúvidas sobre a confiança do trabalho da CDI nos critérios de solução de antinomias. Por isso, a capacidade das normas que regulam a relação entre normas sucessivas produzirem a coerência do direito internacional é objeto de controvérsia.

3.4. Cláusulas que tratam da relação entre tratados: a recomendação da CDI.

Após análise das possíveis interpretações ao artigo 30 da Convenção de Viena sobre o Direito dos Tratados, a CDI passou a estudar as cláusulas

---

[226] GHOURI, Ahmad Ali. Op. Cit. p. 255.
[227] Idem. p. 256.

104 Direito Internacional e o Debate sobre sua Unidade

que tratam de conflito normativo. Apurou-se a existência dos seguintes tipos de cláusula: (1) cláusulas que proíbem a formulação de novas normas as quais sejam incompatíveis com o tratado no qual a cláusula fora inserida, correspondendo a uma exceção ao critério da posterioridade; (2) cláusulas que importem permissão de novas normas sobre o objeto do tratado, desde que com este compatíveis; (3) cláusulas contidas no novo tratado as quais dizem não afetar outros tratados; (4) cláusulas inclusas no tratado posterior contendo expressa derrogação aos dispositivos de tratado anterior somente entre as partes do último, correspondendo a uma derrogação por instrumentos bilaterais; (5) cláusulas que ab-rogam expressamente o tratado anterior; (6) cláusulas inclusas no tratado posterior que proclamam compatibilidade com um tratado anterior determinado; (7) cláusulas que estabelecem a ab-rogação de tratado anterior por eventual tratado posterior[228]. Segundo doutrina, diante da dificuldade inerente à relação entre normas, há muita pertinência na inclusão das referidas cláusulas em um tratado, por ser melhor prevenir do que remediar. É certo que as próprias cláusulas terão dificuldades interpretativas, sobretudo quando o conflito se der entre tratados pertencentes a organizações internacionais diferentes (regimes?); ainda assim as referidas cláusulas seriam melhores do que nada[229].

Em suma, na ausência de critérios de derrogabilidades precisos no direito internacional, pertinente seria a inclusão de mencionadas cláusulas em um determinado tratado, cuja função seria precisamente esclarecer qual a relação das normas neste contidas com outras oriundas de outro instrumento, tendo em vista a necessidade de se aliviar as antinomias e os conflitos de racionalidade no direito internacional.

Embora a CDI entenda que essas normas são úteis e permitidas pelo direito internacional público, estas não podem pretender substituir normas de caráter imperativo e princípios hierarquicamente superiores. Além disso, tais cláusulas podem ser obscuras, como, segundo o exemplo dado pela CDI, seria o caso do artigo 22 da Convenção da Diversidade Biológica de 1992[230]; já que o referido dispositivo não esclareceria o que está sendo sobreposto[231].

---

[228] Comissão de Direito Internacional das Nações Unidas. p. 135 – 137.

[229] AUST, Anthony. Op. Cit. p. 218.

[230] Artigo 22 (Relação com Outras Convenções Internacionais): "1. As disposições desta Convenção não devem afetar os direitos e obrigações de qualquer Parte Contratante decorrentes de qualquer acordo internacional existente, salvo se o exercício desses direitos e o cumprimento dessas obrigações cause grave dano ou ameaça à diversidade biológica. 2. As Partes Contratantes devem implementar esta Convenção, no que se refere e ao meio ambiente marinho, em conformidade com os direitos e obrigações dos Estados decorrentes do Direito do Mar".

[231] Comissão de Direito Internacional das Nações Unidas. Op. Cit. p. 137.

Também a discussão a respeito das cláusulas que tratam de conflito normativo, *pari passu* ao artigo 30 da Convenção de Viena sobre o Direito dos Tratados, encontra dificuldades oriundas da organização do direito internacional em regimes temáticos ou territoriais. Sob a afirmação de que a questão das normas sucessivas não pode ser exclusivamente pensada em termos de cronologia, afirma-se haver o tipo de cláusula que firma norma de solução de conflito normativo em termos de validade e outras em termos de coordenação. No caso de as referidas cláusulas não se inserirem em um regime há um problema geral: a aplicação das referidas cláusulas dependerá de uma visão de interseção entre os regimes em conflito. Foi, nas palavras da CDI, o que aconteceu nas negociações preparatórias ao Protocolo de Cartagena sobre Biossegurança à Convenção da Diversidade Biológica de 2000, cujos debates colocaram em relevo a relação entre as obrigações nele estabelecidas e as obrigações firmadas nos acordos da OMC. Também nesta linha, o preâmbulo do Tratado Internacional sobre Recursos Fitogenéticos para Alimentação e Agricultura de 2002 estabelece que suas disposições não devem ser interpretadas como sendo modificações às obrigações anteriormente assumidas pelas partes. Nos casos destas previsões, não haveria uma orientação precisa sobre como solucionar eventuais conflitos normativos, embora haja, nelas, um reconhecimento da possibilidade de o conflito ocorrer[232].

É certo que há nessas cláusulas um importante apelo à interpretação harmônica, ao proclamar que entre instrumentos deve ter "apoio mútuo"[233]. Ocorre que tal providência parece ser de fácil aplicação quando ambos os instrumentos constam de um mesmo regime, ao que, por outro lado, tal harmonização parece de difícil operacionalização quando diante de instrumentos pertencentes a diferentes regimes, porque há colisão entre os objetivos dos regimes[234].

Comenta a CDI, igualmente, que grande parte das cláusulas que tratam de conflito normativo na Convenção das Nações Unidas sobre o Direito do Mar de 1982 abstém-se de estabelecer rigorosas prioridades, a fim de favorecer a regulação específica. No entanto, a compatibilidade tratada no artigo 311 (2)[235] é aberta. A Convenção confere às partes amplo poder para

---

[232] Idem. p. 138 – 140.

[233] Referência ao Protocolo sobre Biossegurança.

[234] Comissão de Direito Internacional das Nações Unidas.Op. Cit. p. 141.

[235] Artigo 311 (Relação com outras convenções e acordos internacionais): "1. A presente Convenção prevalece, nas relações entre os Estados Partes, sobre as Convenções de Genebra sobre o Direito do Mar de 29 de abril de 1958. 2. A presente Convenção não modifica os direitos e as obrigações dos Estados Partes resultantes de outros acordos compatíveis com a presente Convenção e que não afetam o gozo por outros Estados

estabelecimento de novos acordos que se relacionem com seu objeto, desde que não afronte seus princípios fundamentais ou os direitos e obrigações das partes, embora haja ampla margem de interpretação do que sejam os direitos e obrigações das partes. Haveria uma fraqueza no ideal de 'apoio mútuo', consistente em sua indefinição; além de uma transferência do problema a quem for aplicar as cláusulas sobre o conflito normativo, o que se complica ainda mais caso se esteja diante de regimes diferentes. E tal indefinição arrisca um viés estrutural[236].

O Tratado da Comunidade Europeia contém, em seu artigo 307, uma disposição referente ao conflito normativo[237]. O dispositivo confere prioridade aos acordos concluídos com terceiros anteriormente à ratificação do Tratado e reclama que os estados-partes tomem iniciativas conciliatórias,

---

Partes dos seus direitos nem o cumprimento das suas obrigações nos termos da mesma Convenção. 3. Dois ou mais Estados Partes podem concluir acordos, aplicáveis unicamente às suas relações entre si, que modifiquem as disposições da presente Convenção ou suspendam a sua aplicação, desde que tais acordos não se relacionem com nenhuma disposição cuja derrogação seja incompatível com a realização efetiva do objeto e fins da presente Convenção e, desde que tais acordos não afetem a aplicação dos princípios fundamentais nela enunciados e que as disposições de tais acordos não afetem o gozo por outro Estado Parte dos seus direitos ou o cumprimento das suas obrigações nos termos da mesma Convenção. 4. Os Estados Partes que pretendam concluir um acordo dos referidos no parágrafo 3º devem notificar os demais Estados Partes, por intermédio do depositário da presente Convenção, da sua intenção de concluir o acordo bem como da modificação ou suspensão que tal acordo preveja. 5. O presente artigo não afeta os acordos internacionais expressamente autorizados ou salvaguardados por outros artigos da presente Convenção. 6. Os Estados Partes convêm em que não podem ser feitas emendas ao princípio fundamental relativo ao patrimônio comum da humanidade estabelecido no artigo 136 e em que não serão partes em nenhum acordo que derrogue esse princípio.

[236] Comissão de Direito Internacional das Nações Unidas. Op. Cit. pp. 142 e 143.

[237] Artigo 307: "As disposições do presente Tratado não prejudicam os direitos e obrigações decorrentes de convenções concluídas antes de 1 de Janeiro de 1958 ou, em relação aos Estados que aderem à Comunidade, anteriormente à data da respectiva adesão, entre um ou mais Estados-Membros, por um lado, e um ou mais Estados terceiros, por outro. Na medida em que tais convenções não sejam compatíveis com o presente Tratado, o Estado-Membro ou os Estados-Membros em causa recorrem a todos os meios adequados para eliminar as incompatibilidades verificadas. Caso seja necessário, os Estados-Membros auxiliam-se mutuamente para atingir essa finalidade, adoptando, se for caso disso, uma atitude comum. Ao aplicar as convenções referidas no primeiro parágrafo, os Estados-Membros têm em conta o fato de que as vantagens concedidas no presente Tratado por cada um dos Estados-Membros fazem parte integrante do estabelecimento da Comunidade, estando, por conseguinte, inseparavelmente ligadas à criação de instituições comuns, à atribuição de competências em seu favor e à concessão das mesmas vantagens por todos os outros Estados-Membros".

não se admitindo sua aplicação para acordos concluídos posteriormente à sua ratificação[238].

Por fim, a CDI finaliza sua análise a respeito das cláusulas especiais sobre conflito normativo com o exame das cláusulas de desconexão ("disconnection clauses"), cujo núcleo se encontra bem expressado, na visão do relatório, no artigo 27 da Convenção de Assistência Administrativa Mútua em Matéria Tributárias de 1988[239]. As cláusulas de desconexão podem contemplar o tratado inteiro ou apenas parte[240]. São cláusulas geralmente inseridas em tratados multilaterais que viabilizam acordos *inter se* para modificação do tratado original. Disse a Comissão que a classificação de tais cláusulas frente à CVDT é difícil e que sua proliferação apresenta um problema à coerência do tratado original, visto que o artigo 30 (2) determina a prevalência de um tratado caso o outro disponha que deve ser lido de forma compatível com o primeiro. Elas parecem ser cláusulas as quais regulam possíveis conflitos entre o direito comunitário e tratados. No entanto, a CDI enxergou como perturbador o fato de permitirem que o direito comunitário seja sujeito a mudanças por apenas algumas partes. Nas discussões da CDI relativamente ao direito dos tratados, disse o presidente da mesa que cláusulas pactuadas bilateralmente modificando os tratados, embora permitidas, não poderiam ser ilimitadas ao ponto de afetar o propósito do tratado; porque, do contrário, haveria a possibilidade minar o regime original[241].

Cabe assinalar, por fim, que parte dos estudiosos do direito internacional enxergam em referidas cláusulas, nas quais se inclui a própria previsão da Carta das Nações Unidas, como sinais de que os regimes especiais não são neutros e geralmente procuram afirmar-se como prevalentes a outras, à semelhança do artigo XXIV do GATT e do artigo 103 do NAFTA[242].

---

[238] Comissão de Direito Internacional das Nações Unidas. Op. Cit. pp. 144 - 147.

[239] Artigo 27 (Outros Acordos Internacionais): "1. As possiblidades de assistência previstas nos termos do disposto na presente Convenção não limitarão, nem serão limitadas pelas que decorram dos acordos internacionais celebrados ou que venham a ser celebrados entre as Partes interessadas ou de quaisquer outros instrumentos que respeitem à cooperação em matéria fiscal. 2. Não obstante o disposto no número 1, as Partes que sejam Estados Membros da União Europeia podem aplicar, nas suas relações recíprocas, as modalidades de assistência previstas na Convenção, na medida em que estas permitam uma cooperação mais ampla do que as previstas pelo regime aplicável à União Europeia.

[240] Comissão de Direito Internacional das Nações Unidas. Op. Cit. pp. 147 e 148.

[241] Idem. pp. 149 e 151.

[242] Artigo 103 (Relation to Other Agreements): "1. The Parties affirm their existing rights and obligations with respect to each other under the *General Agreement on Tariffs and Trade* and other agreements to which such Parties are party. 2. In the event of any

Esses autores procuram demonstrar, assim, que todos os corpos jurídicos tematicamente organizados buscam se autodescrever como superiores aos demais[243]. Como se os diversos subsistemas se autopromovessem como autoridades superiores em seus domínios específicos, e por isso a Carta das Nações Unidas não se diferenciaria ao procurar reivindicar prioridade.

Para eles, portanto, as cláusulas especiais de conflito normativo, quando declaram a prevalência de seus instrumentos, sinalizam que todos os regimes procuram se autoproclamar como superiores em seus respectivos domínios.

3.5. Acordos *'inter se'* que importam modificação de um tratado.

Quando das discussões da Comissão de Direito Internacional das Nações Unidas sobre direito dos tratados, houve forte preocupação sobre a possibilidade de acordos *inter se* modificarem o conteúdo de tratados multilaterais. Referidos acordos são firmados entre algumas das partes um tratado original, modificando em suas relações mútuas as relações jurídicas anteriormente estabelecidas.

Sustenta a CDI que a conclusão de acordos entre uma parcela limitada de membros de um tratado multilateral é uma prática antiga. Tais acordos não se voltam à derrogação do tratado multilateral, mas à sua implementação mais efetiva, atualização ou fortalecimento. Por isso, segundo diz, não há razões para impedi-los. Um exemplo do potencial de complementariedade entre o tratado multilateral e outros acordos seria fornecido pelo Tratado de Não-Proliferação de Armas Nucleares de 1968, cujo artigo 7º[244] efetivamente incentivou que as disposições do Tratado fossem reforçadas no plano regional[245].

Tais acordos, porém, originam dois tipos de relação: relações gerais aplicáveis a todos os membros de um tratado multilateral e relações especiais entre estados que firmaram um acordo *inter se*. Essa situação não é ocasionada somente pelos acordos, mas também se observa na questão das

---

inconsistancy between this Agreeement and such other agreements, this Agreeement shall prevail to the extent of the inconsistency, except as otherwise provided in this Agreement".

[243] MICHAELS, Ralf; PAUWELYN, Joost. Op. Cit. p. 368.

[244] Artigo 7º: "Nenhuma cláusula deste Tratado afeta o direito de qualquer grupo de Estados de concluir tratados regionais para assegurar a ausência total de armas nucleares em seus respectivos territórios".

[245] Comissão de Direito Internacional das Nações Unidas. p. 152 – 154.

reservas aos tratados e caso as revisões e emendas a determinados tratados sejam aderidos somente por algumas partes do tratado original[246].

Os acordos *inter se* constituem regimes especiais – para empregar a perspectiva da própria CDI - entre certas partes de um tratado. O tratado original deve permiti-los ou proibi-los e, diante de sua omissão, sua permissibilidade será avaliada de acordo com o artigo 41 da CVDT, entendendo-se por válidos caso não afetem interesses de terceiros e nem fulminem o propósito do tratado original. Como a aplicabilidade de tais acordos se restringe às suas partes, às demais partes se aplicam as disposições do tratado original como se o acordo não existisse. Sob a segunda condição, a CDI apontou que a noção de incompatibilidade foi fortemente influenciada pelo *Parecer Consultivo a Respeito de Reservas à Convenção sobre Prevenção e Repressão ao Crime de Genocídio*", apreciado pela Corte Internacional de Justiça em 1951 e inspirou vários dispositivos da CVDT[247].

Nos debates anteriores da CDI sobre o direito dos tratados, fez-se distinção entre obrigações recíprocas e obrigações não-recíprocas, buscando-se distinguir obrigações as quais importam meramente à relação bilateral e outras cujo interesse extrapola a esfera bilateral. Nos casos em que há afetação de interesses de outras partes, reputa-se o acordo *inter se* como contrário ao objeto e finalidade do tratado original. As obrigações não-recíprocas foram compreendidas como "absolutas", "integrais" ou "interdependentes", embora tais denominações não tenham sido incluídas no texto do artigo 41 da CVDT. Porém, a ideia de que certos tratados possuem caráter especial em relação a outros influenciou a discussão e foi corporificada nos mencionados dispositivos da Convenção, ao exemplo do artigo 60 (2) (c)[248].

Neste diapasão, há estudiosos do direito dos tratados que comenta, a não distinção genérica entre tratados bilaterais e multilaterais na CVDT a não ser por alguns poucos dispositivos[249]. É clara nas discussões sobre direito dos tratados a característica dispositiva de grande parte do direito internacional, a qual coloca em igual condição jurídica conteúdos normativos de alta profusão e conteúdos negociados e formalizados em tratados envolvendo dois ou poucos estados.

---

[246] Idem. pp. 155 e 156.

[247] Ibid. pp. 156 – 159.

[248] Ibid. p. 160.

[249] "The convention does not distinguish between bilateral or multilateral treaties. Article 60 (1) is the only provision limited to bilateral treaties. Articles 40, 41, 59 and 60 refer expressly to multilateral treaties, and the provisions on reservations and on depositaries are relevant only to multilateral treaties (AUST, Anthony. Op. Cit. pp. 10 e 11).

Apesar da CVDT não fazer, de um modo geral, distinção entre tratados multilaterais e bilaterais, de modo que não esteja clara a prevalência dos primeiros, a Convenção de Viena sobre Direito dos Tratados e a Convenção de Viena sobre Relações Consulares são tidas, pela CDI, como exemplos de obrigações essencialmente recíprocas, ao que o Tratado do Desarmamento é exemplo de obrigação interdependente. Isto porque as primeiras remontariam a normas as quais os estados possuem interesses para fins de viabilizar suas relações recíprocas e facilitar as relações internacionais – importando a cada um individualmente -, ao que o segundo possui claro objetivo a ser atingido caso todos os estados tenham certo grau de envolvimento e passem a lastrear seus comportamentos, sob pena de referido objetivo ser completamente esvaziado – importando a todos coletivamente. A despeito da distinção, a questão da incompatibilidade permaneceria[250].

Há importante desenvolvimento teórico das questões aqui tratadas em recente obra coletiva a respeito de não proliferação de armas. Nesta obra, lembra-se a distinção sobre obrigações recíprocas e não-recíprocas, sendo estas últimas obrigações interdependentes – aquelas que dependem da participação de todas as partes – ou "absolutas" e "integrais" – obrigações que subsistem mesmo diante do descumprimento de outras partes. Apura-se que desenvolvimento anterior tivera normas de desarmamento como representativas de obrigações interdependentes[251]. Porém, ao que introdutoriamente, nesta obra, expandiu-se o sentido de regimes a contemplar normas de modificação, aplicação e interpretação, discutiu-se se a não-proliferação de armas de destruição em massa corresponde a um regime especial ao ponto de a CVDT não se aplicar no tocante a emendas e modificações a tratados, inclusive indicando o caráter residual conferido aos artigos 39 a 41 nos debates da CDI os quais culminaram na formulação da CVDT, caráter este que confere ampla flexibilidade aos estados para alterarem as normas previstas na CVDT sobre o assunto. Os autores concluem que as normas de modificação e emendas nos tratados de não-proliferação não contam com sistematicidade e coerência que lhes permitam dizer se constituem um regime especial[252]. De todo modo, a indagação acerca da possibilidade de os regimes especiais formularem normas próprias sobre os conteúdos da CVDT, derrogando-os, parece impor um problema adicional ao debate, o qual não foi tratado pela CDI.

---

[250] Comissão de Direito Internacional das Nações Unidas. Op. Cit. pp. 160 e 161.

[251] JOYNER, Daniel H.; ROSCINI, Marco (Ed.). **Non-Proliferation Law As a Special Regime: a Contribution to Fragmentation Theory in International Law**. Cambrigde University Press/2012. pp. 24 e 25.

[252] Idem. pp. 17 – 54.

Embora haja tratados que expressamente incluem uma norma sobre como se relacionam com outros tratados, como é o caso da previsão de primazia sobre eventuais acordos na Convenção das Nações Unidas sobre o Direito do Mar, propriamente em seu artigo 311 (6), a CDI sustenta que geralmente os tratados silenciam sobre a questão[253].

Entretanto, um problema identificado pela CDI é que o artigo 41 da CVDT deixa duas questões abertas: em primeiro lugar, não há precisão sobre o efeito jurídico a ser operado caso o acordo *inter se* seja uma violação ao tratado original; em segundo, o dispositivo não esclarece o efeito jurídico de uma objeção feita por um estado o qual tenha recebido uma notificação sobre a intenção de duas ou mais partes de um tratado firmarem um acordo *inter se*[254]. *A CDI, como dito, não aborda questões relativas a produção de normas contrárias à CVDT.*

Resumidamente, referidos acordos inter se, os quais podem alterar a relação jurídica anteriormente havida entre múltiplas partes somente em relação a algumas delas, adicionam ao tema da unidade do direito internacional dificuldade, relembrando a argumentação de que o direito internacional seja horizontalizado e excessivamente dispositivo para que possa manter sua coerência, por permitir que se crie relações distintas a depender das partes, assim como o fazem as reservas e as revisões de tratados. Esta dificuldade pode ser relativamente refreada com a defesa da doutrina, incluindo-se aquela oriunda da CDI, de que há limites a referidos acordos, como o respeito ao objeto e propósito do tratado original, sobretudo caso este expresse interesses pertencentes à sociedade internacional de maneira difusa, como são as chamadas obrigações integrais ou interdependentes; ou mesmo o dever de reparar prejuízos a terceiros inocentes. A existência de obrigações de natureza jurídica difusa e coletiva realmente pode oferecer auxílio à estabilidade jurídica do direito internacional, embora se tenha lembrado, no seio desta discussão, que a própria CVDT, a qual corresponde ao parâmetro de confiança do trabalho da CDI, já fora concebida como contendo disposições residuais e derrogáveis, o que poderia trazer problemas adicionais à sua defesa, tanto quando afirmou que os regimes especiais muitas vezes autorizam o recurso às normas de interpretação contidas na CVDT e, portanto, o recurso ao sistema geral do direito internacional seria possível por via deles, de modo que a derrogabilidade dos dispositivos contidos na CVDT atrapalharia referido argumento; como a respeito de sua colocação de que a CVDT é exemplo de obrigação recíproca. Isto porque,

---

[253] Comissão de Direito Internacional das Nações Unidas. Op. Cit. p. 162.
[254] Idem. pp. 164 e 165.

112 Direito Internacional e o Debate sobre sua Unidade

conquanto a CDI tenha cunhado todo seu trabalho e confiado à CVDT a função de preservar a estabilidade normativa do direito internacional, por vincular os estados, por fornecer normas de interpretação que possibilitem a expansão do raciocínio ao sistema jurídico como um todo, por reconhecer a existência de normas imperativas; esperava-se desta que enxergasse em seus dispositivos certo grau de "interesse público", em vez de tê-las como exemplos de obrigações recíprocas em relação às quais se autoriza ampla discricionariedade das partes a derrogá-las.

3.6. A conclusão da CDI sobre normas sucessivas e fragmentação.

Concluiu a CDI que o critério da posterioridade, ou a sucessividade normativa, depende da análise da intenção das partes e da análise do objeto e finalidade dos tratados, não havendo automática preferência. Entre normas sucessivas, não há um critério de validade senão uma relativa prevalência. Porém, não há na CVDT um critério claro de prioridade[255].

A despeito da falta de clareza apontada, a CDI afirmou que os debates da Comissão de Direito Internacional das Nações Unidas possibilitaram a imposição de certos limites aos acordos *inter se* e às cláusulas de desconexão, consagrados posteriormente na CVDT. Argumenta, também, que grande parte do direito internacional autoriza a elaboração de regulações *ad hoc*, de modo que a perspectiva da coordenação seja extremamente atrativa, sobretudo quando os instrumentos em questão compõem o mesmo regime; quando estes não fazem parte de um regime, a coordenação – e o próprio critério da posterioridade - é problemática. Caso o conflito se estabeleça envolvendo instrumentos pertencentes a diferentes regimes, a CDI recomendou que, em caso de conflito, prefira-se os órgãos de soluções de controvérsias gerais[256].

Seu estudo produziu certo impacto em opiniões sobre se as normas da CVDT são capazes de solucionar os problemas de coerência sistêmica do direito internacional. Diante do ceticismo na capacidade das previsões da CVDT em solucionar conflitos normativos, certos estudiosos apostam na caracterização de tratados como meio viável de se analisar a relação entre normas. Se os critérios de derrogabilidade normativa não funcionam no direito internacional – e muito menos relegar o cumprimento e o descumprimento de obrigações ao sabor do poder e da conveniência política parece

---

[255] Comissão de Direito Internacional das Nações Unidas. Op. Cit. p. 165.
[256] Idem. p. 166.

uma boa opção -, pode-se distinguir tratados entre, por exemplo, tratados contratuais ou legislativos, seguindo esta linha de raciocínio. Defende-se que os tratados podem, então, ser caracterizados em função de seu "assunto", do número de partes envolvidas e em razão de seu objeto e propósito: caracterizar em razão do assunto não resolve conflitos normativos porque a compartimentação por nomenclaturas ocasiona o mesmo problema dos chamados regimes autônomos, e a caracterização pelo número de partes tampouco parece oferecer uma solução conclusiva. A terceira categoria – identificando-se obrigações mais importantes em tratados de caráter universal e constitucional -, teria condição de resolver tais conflitos, em conformidade com esta linha de pensamento[257].

---

[257] GHOURI, Ahmad Ali. Op. Cit. pp. 257 - 280.

JUS COGENS, CARTA DAS NAÇÕES UNIDAS, OBRIGAÇÕES ERGA OMNES E A UNIDADE DO DIREITO INTERNACIONAL

Os sistemas jurídicos domésticos têm como característica uma hierarquização normativa bem definida, constituindo um critério topológico de soluções de conflitos normativos: certas normas têm caráter superior e, por isso, só podem ser derrogadas caso a norma derrogadora possua o mesmo status normativo. Caso esta norma superveniente possua o mesmo status, operam-se os dois outros critérios: lógico e cronológico.

A hierarquização normativa, desta forma, confere consistência e coerência sistêmica ao direito, porque determinados valores jurídicos são alçados como possuindo maior importância e estabelecem comandos a todas as demais categorias normativas, de modo que a compatibilidade seja necessária e, por isso, tenha-se um sistema jurídico uno.

O direito internacional também possui normas de caráter prioritário: normas imperativas (*jus cogens*) e obrigações vinculantes em relação a todos os membros da sociedade internacional (*erga omnes*). Como será indicado, para além dessas categorias normativas, há normas que desfrutam de relativa prioridade mesmo não sendo expressão de *jus cogens*.

A CDI argumentou, no entanto, que a natureza horizontal do direito internacional faz emergir grande parte das preocupações a respeito da fragmentação do direito internacional[258]. Defendeu, também, que há critérios de soluções de conflitos normativos mais importantes do que outros – o critério topológico seria superior aos critérios lógico e cronológico, tendo em vista que lograria garantir a proteção de interesses vitais à sociedade internacional. Embora haja amplo consenso de que há considerações na sociedade internacional às quais seria atribuída maior importância, como

---

[258] Comissão de Direito Internacional das Nações Unidas. Op. Cit. p. 166.

116 Direito Internacional e o Debate sobre sua Unidade

esta noção de importância deva ser articulada sempre foi objeto de ampla controvérsia[259].

Se a afirmação histórica do *jus cogens* suscita elaborações teóricas a respeito do possível processo de "constitucionalização" em curso no direito internacional, a CDI afirmou não ser seu objetivo tecer considerações sobre esta questão, mas meramente indicar que sempre houve o reconhecimento de normas de caráter superior no direito internacional, a lembrar dos significativos casos julgados pela Corte Internacional de Justiça, quais sejam, o caso do *Estreito de Corfu* de 1949, no qual se entendeu haver limitações à soberania estatal em nome de princípios fundamentais da humanidade, e o *Parecer Consultivo sobre a Licitude da Ameaça ou o Uso de Armas Nucleares* de 1996, no qual se proclamou haver princípios invioláveis do costume internacional[260].

O primeiro caso envolveu o Reino Unido e a República da Albânia em litígio decorrente da explosão de minas depositadas no Estreito Corfu, causando danos e mortes a oficiais britânicos. Acusou-se a Albânia de, se não fora a própria quem instalara o campo minado, ter ciência de que as referidas minas se encontravam em suas águas territoriais; e a ausência de notificação a seu respeito violaria a Convenção de Haia de 1907. Em sua defesa, o Governo da Albânia argumentou não ter sido provado que tenha este depositado a mina, assim como não ficou provado que este tivera ciência de sua existência. Na incerteza e ausência de provas sobre se fora o governo da Albânia quem depositara as ditas minas, considerando, porém, que o referido território é de controle exclusivo da Albânia, ao constatar a provável ciência da Albânia sobre elas e a ampla possibilidade de as minas serem vistas, bem como ao salientar que embora a Convenção de Haia de 1907 se aplique em tempos de guerra há por trás do caso princípios gerais e reconhecidamente elementares à humanidade, assim como a liberdade da comunicação marítima e o impedimento de o estado usar seu território de forma a violar direitos de outros estados, e ainda, diante da alegação de que o Reino Unido violara a soberania da Albânia ao navegar sobre suas águas, afirmando o direito de passagem inocente (mesmo que os navios fossem militares) em tempos de paz, e definindo, para tanto, o conceito de estreito internacional; a Corte considerou a República da Albânia responsável pelos incidentes[261]. Já o Parecer, por seu turno, já teve seu detalhamento no presente trabalho.

---

[259] Idem. p. 167.

[260] Comissão de Direito Internacional das Nações Unidas. Op. Cit. p. 167.

[261] Corte Internacional de Justiça. **Caso do Estreito Corfu (Reino Unido da Grã-Bretanha**

Jus Cogens, Carta das Nações Unidas, Obrigações *Erga Omnes* e a Unidade do Direito Internacional

O presente capítulo buscará esclarecer as lições esposadas na literatura a respeito das normas superiores em direito internacional e identificará a importância da questão à discussão a respeito da unidade do direito internacional.

4.1. Abordagem preliminar sobre a Carta das Nações Unidas e sua prevalência.

Conforme apontou a CDI, havia no Pacto da Liga das Nações um senso de que este constituía uma norma de caráter superior, expresso em seu artigo 20[262]. Tratava-se, segundo disse, de um embrião ao artigo 103 da Carta das Nações Unidas[263].

Desta primeira expressão de normas de caráter superior, tem-se que a Carta, no dispositivo comentado, estabelece a prevalência das obrigações assumidas em virtude de sua ratificação sobre quaisquer outras previstas em virtude de outro instrumento. Tem-se, assim, que a Carta não diz ser ela própria prevalente, mas as obrigações nela fixadas. A CDI observou, ademais, que a prevalência não se restringe aos direitos e obrigações estabelecidos na Carta, mas abrange as decisões vinculantes dos órgãos das Nações Unidas, sobretudo as que emanam do Conselho de Segurança, desde que não exorbitem seus poderes institucionais (*ultra vires*)[264].

Disso advém o alerta, inclusive, por parte de alguns estudiosos, de que se o Conselho de Segurança aprovar resolução contrária ao direito humanitário, aquela terá prevalência sobre este[265].

Porém, questiona-se: qual o efeito jurídico da superveniência de uma norma incompatível com as obrigações previstas na Carta das Nações Unidas? À semelhança da linha desenvolvida sobre as normas sucessivas, a CDI argumenta que a solução se dá em termos de prioridade, não de validade. Há, entretanto, uma pequena corrente que atribui ao dispositivo força maior, de modo que a relação entre as obrigações assumidas em virtude

---

e Irlanda do Norte v. Albânia). Julgado em 9 de abril de 1949.

[262] Artigo 20: "Os membros da Sociedade reconhecem, cada um no que o concerne, que o presente Pacto ab-roga as obrigações ou acordos inter se se incompatíveis com seus termos e comprometem-se solenemente a não contrair semelhantes acordos ou obrigações para o futuro.
Se antes de sua entrada na Sociedade, um membro assumiu obrigações incompatíveis com os termos do Pacto, deverá tomar medidas imediatas para delas se libertar".

[263] Comissão de Direito Internacional das Nações Unidas. Op. Cit. p. 168.

[264] Idem. pp. 169 – 170.

[265] CAITI, Melissa Zekiye. Op. Cit. p. 5.

da Carta e outras obrigações se dê em termos de validade, por enxergar na Carta das Nações Unidas caráter constitucional. A fim de solucionar o impasse, a CDI apontou que a expressão "prevalecer" não denota gramaticalmente invalidade, nulidade ou suspensão, posicionando-se, por isso, a favor da tese de que a relação entre as obrigações assumidas em virtude da Carta e outras obrigações também se dê em termos de prioridade relativa[266].

O artigo 30 da Convenção de Viena sobre o Direito dos Tratados faz menção ao artigo 130 da Carta das Nações Unidas. Segundo opina a CDI, para fins de corroborar com sua tese, não há nulidade automática de um tratado nos termos da CVDT, apesar da prevalência da Carta das Nações Unidas. Esta também afirma que a referida prevalência é diferente daquela estabelecida pelo *jus cogens*, cujos conflitos, estes sim, teriam por consequência a nulidade e terminação das disposições que o confrontem[267].

Como já apontado, o ponto de vista segundo o qual o direito internacional é constituído por regimes especiais os quais, genericamente, tendem a anunciar sua superioridade em relação a outros, vê no artigo 103 da Carta das Nações Unidas um sinal de não neutralidade entre sistemas e a referida prevalência seria de igual natureza daquela afirmada por outros instrumentos adstritos tematicamente. Entende-se assim, pois, como já analisado, que há inúmeros tratados que incluem entre seus dispositivos cláusulas que cuidem da relação normativa, muitas vezes auto afirmando-se como superior a outro tratado naquele domínio.

Como contraponto, há análises do dispositivo defendendo que o artigo 103 da Carta das Nações Unidas expressa o caráter inigualavelmente universal da Organização em relação a seus objetivos e poderes. Sustenta-se que não seria possível adotar outra previsão com igual extensão de efeitos que possui a Carta das Nações Unidas e que contém uma oportuna e significativa referência pelo artigo 30 da CVDT[268]. Por isso, o artigo 103 da Carta das Nações Unidas seria inigualável. Em sentido semelhante, também, enfatiza-se a singularidade do artigo 103 da Carta das Nações Unidas ao apontar a não aplicação, por exemplo, do artigo 30 da CVDT caso entre

---

[266] Comissão de Direito Internacional das Nações Unidas. Op. Cit. p. 170. Ver também: MILANOVIC, Marko. **Norm Conflict in International Law: Whither Human Rights?**. Vol. 20; nº 1. Duke Journal of Comparative & International Law/2009 e MIKO, Samantha A. **Norm Conflict, Fragmentation, and the European Court of Human Rights**. (1351) Boston College Law School Review/2013.

[267] Comissão de Direito Internacional das Nações Unidas. Op. Cit. p. 173.

[268] AUST, Anthony. Op. Cit.pp. 219 e 220.

membros das Nações Unidas se conclua um tratado no qual se estabeleça normas conflitantes com a Carta, em função de sua prioridade[269].

Assim, um primeiro ponto a ser levantado na discussão a respeito da prevalência afirmada pela Carta das Nações Unidas, é que esta divide opiniões entre aqueles que a tem como mais um regime especial a procurar sua autonomia frente aos demais e os que enfatizam sua singularidade.

Parece, contudo, mais correto dizer que há singularidade na Carta em razão de sua importância histórica e refletindo-se sobre a seriedade dos assuntos por ela disciplinados; assim como parece ser imprudente analisá-la desconsiderando o peso político, de maior expressão, de uma decisão ou ação do Conselho de Segurança ao ponto de igualar a Carta das Nações Unidas a outros instrumentos no que concerne à sua relação com outras normas. Digo isso não aderindo à visão segundo a qual a Carta seria representativa da chamada constitucionalização do direito internacional, mas reconhecendo que referida importância repousa em momento histórico marcante, além de concentrar e reclamar a ação das grandes potências em situações, no mínimo, delicadas para a sociedade internacional.

4.1.1 A discussão da CDI sobre normas conflitantes com a Carta das Nações Unidas.

Ao tratar de especiais situações de conflitos normativos com a Carta das Nações Unidas, a CDI passa a considerar eventual conflito de tratados entre membros e não-membros das Nações Unidas. Esta situação é vista como fonte de dificuldades, por ela, já que o artigo 103 da Carta não formula diretrizes sobre obrigações firmadas entre membros e não-membros. Certamente, a dificuldade em questão inexiste aos que entendem que a Carta das Nações Unidas tem caráter constitucional, uma vez que, como tal, quaisquer obrigações incompatíveis a ela seriam, independentemente das partes envolvidas, nulas. Os que não desenvolvem suas perspectivas de direito internacional sob o entendimento de que a Carta tenha este caráter objetam que estados não podem estar vinculados a obrigações que remanescem *res inter alios acta*[270].

Assim, uma nova dificuldade emerge do caráter horizontal do direito internacional: mesmo a Carta das Nações Unidas, a qual corresponde a um dos mais importantes diplomas desenvolvidos nesta dimensão do direito, enfrenta a possibilidade de haver estados que não a tenham aderido. Desta

---

[269] MILANOVIC, Marko. Op. Cit. pp. 76 e 77.
[270] Comissão de Direito Internacional das Nações Unidas. Op. Cit. p. 174.

circunstância, as duas doutrinas cujo confronto trata este trabalho surgem: há estudiosos que procuram atribuir a ela função de representação do fenômeno da constitucionalização do direito internacional, ao que outros mantêm-se firmes no entendimento de que este fenômeno não existe e o estado só pode estar vinculado ao tratado que aderiu.

Outra situação especial é o conflito entre o costume internacional e outras normas não peremptórias. De acordo com a CDI, o artigo 103 da Carta, ao proclamar sua prevalência sobre quaisquer outros acordos internacionais, a despeito de em seu projeto ter havido sugestão de abranger qualquer obrigação decorrente de qualquer fonte de direito internacional, limita-a às normas convencionais. Novamente, aos que enxergam caráter constitucional na Carta, a prevalência alcança as normas desenvolvidas pelo costume internacional. A interpretação literal do dispositivo, por mais expansiva que seja, segundo colocou a CDI, não alcançaria o costume. De todo modo, opina-se que a prevalência deve abranger as obrigações decorrentes do costume entre os membros das Nações Unidas[271].

Um terceiro caso de dificuldade é o conflito com normas imperativas (*jus cogens*). Mesmo as normas da Carta das Nações Unidas, caso confrontem com as normas imperativas, são nulas. Também não podem as resoluções do Conselho de Segurança sobrepuja-las, muito embora estas sejam frequentemente acusadas de fazê-lo. Como observado pelo Tribunal de Justiça da União Europeia, este não estaria autorizado a passar julgamento sobre matéria regulada por resolução do Conselho de Segurança, independentemente do direito comunitário, a não ser que esta implique violação ao *jus cogens*[272].

Nesse passo, a CDI apontou que o artigo 103 da Carta das Nações Unidas é frequentemente lembrado pelos órgãos da ONU, sobretudo pelo Conselho de Segurança por meio de suas resoluções, cujo conteúdo encontra-se explícita ou implicitamente. Nota-se que frequentemente tais resoluções se dirigem a todos os estados, independentemente se membros do sistema ONU, bem como são vinculantes mesmo às organizações internacionais universais ou regionais[273].

Por seu turno, há importante trabalho desenvolvido na doutrina, averiguando-se o efeito jurídico do conflito normativo. Fazendo análise comparada com o critério da posterioridade, afirma-se que o efeito do conflito entre obrigação oriunda da Carta das Nações Unidas ou de Resolução do

---

[271] Idem. pp. 175 e 176.
[272] Ibidem. pp. 176 – 178.
[273] Ibidem. pp. 178 e 179.

Conselho de Segurança com outro tratado é a não responsabilidade por violação ao segundo. Isto é, supondo que três estados firmem um tratado de amizade e, posteriormente, dois deles concluam acordo *inter se* que conflite com o primeiro tratado, nenhum dos dois diplomas são automaticamente derrogados e sobrevirá a responsabilidade do estado o qual descumprir qualquer deles. Por outro lado, caso o conflito se dê com uma Resolução do Conselho de Segurança, os estados não serão responsabilizados pelo descumprimento da norma que disponha em contrário com ela[274].

Em relação à sua aplicação pelos tribunais internacionais, anteriormente à 1992 houve apenas uma menção ao dispositivo pela Corte Internacional de Justiça, especificamente no *Caso das Atividades Militares e Paramilitares na e contra a Nicarágua* em 1984. O caso foi processado e julgado na Corte Internacional de Justiça, envolvendo a República da Nicarágua e os Estados Unidos da América em litígio decorrente de atividades militares e paramilitares na e contra a primeira, as quais, de acordo com a acusação nicaraguense, deveria ter a responsabilidade imputada aos Estados Unidos, visto que tais atividades corresponderiam a uma intervenção indevida nos em seus assuntos internos, violando sua soberania, integridade territorial e independência política. Acusou os Estados Unidos de criar um exército composto de mais de dez mil mercenários, instalados em bases militares em Honduras para fins de lhes oferecer treinamento militar, pagamento e suporte para realização das atividades, com vistas a desestabilizar o governo. Os Estados Unidos alegaram que a Corte não teria jurisdição sobre o caso, sustentando que o pleito seria inadmissível já que a Nicarágua não incluiu na demanda terceiros estados os quais possuem direitos e obrigações sobre o objeto da controvérsia, como Honduras; as práticas sobre as quais a Nicarágua reclamaria responsabilidade são de competência do Conselho de Segurança, ou seja, as atividades em questão são de competência de órgão com atribuição política; que a Corte não deve analisar questões que versam sobre segurança coletiva, cuja apreciação também é atribuída ao Conselho de Segurança; que a Corte não poderia julgar conflitos ainda em curso; e que a Nicarágua não teria exaurido todos os recursos antes de instituir o procedimento. Vez que os Estados Unidos se opuseram às medidas provisionais por frustrarem o processo de negociação encadeada pelo Grupo Contadora, a Corte fez, assim, referência ao artigo 103 da Carta das Nações Unidas a fim de esclarecer que, a despeito de outras normas previstas em tratados regionais, estas estariam sujeitas a prevalência da Carta das Nações Unidas.

---

[274] MILANOVIC, Marko. Op. Cit. p. 77.

No mérito, a Corte rejeitou o argumento de que as referidas atividades se justificariam por legítima defesa coletiva. Considerou que os Estados Unidos eram responsáveis pelo treinamento e amparo à milícia (contras); que houve violação ao costume internacional sobre o uso da força; que houve violação à soberania da Nicarágua; que houve ilegal interrupção do comércio marítimo pacífico; que houve violação ao Tratado de Amizade, Comércio e Navegação entre ambos os estados; que os Estados Unidos não advertiram sobre a existência de minas e, desta forma, violaram o costume internacional; porém, que os atos praticados pela milícia a partir de um manual de origem estadunidense não poderiam ser imputados aos Estados Unidos; que os Estados Unidos devem cessar e se abster de novas práticas semelhantes imediatamente; e que havia um dever de reparação à Nicarágua[275].

No *Caso Lockerbie*, concluído em 1992 pela Corte, houve profunda análise do dispositivo. O caso envolve dois procedimentos, no mesmo sentido, iniciados pela Líbia: o primeiro contra o Reino Unido e o segundo contra os Estados Unidos; ambos em virtude do incidente havido em Lockerbie, no qual uma bomba fora instalada, explodiu uma aeronave no espaço aéreo de Lockerbie e, via de consequência, o Reino Unido e os Estados Unidos iniciaram procedimentos contra dois cidadãos líbios sem se prestar a cooperar com os procedimentos criminais de iniciativa própria da autora, recusando a viabilidade de negociações. A Líbia salientou a inexistência de tratados prevendo extradição e reivindicou, à luz da Convenção, o reconhecimento de sua jurisdição sobre o caso, sem intervenção dos demais estados.

A CDI faz referência ao procedimento em face dos Estados Unidos. Neste, os Estados Unidos alegaram que a Líbia não demonstrou que haveria uma disputa jurídica fundada na *Convenção Para a Repressão Aos Atos Ilícitos Contra a Segurança da Aviação Civil* (Convenção de Montreal), de 1971, e que esta estaria mesmo baseada no referido instrumento. A Líbia, por sua vez, argumentou que este seria o único instrumento a reger a questão, o qual é voltado a coibir este tipo de ação e que, em relação à Carta das Nações Unidas, a Convenção se aplicaria tanto como *lex specialis* como *lex posterior*. Contrariamente a referidas alegações, sustentaram os Estados Unidos que a questão não era de relação bilateral, mas envolvia elementos de ameaça à paz e a segurança internacionais. Havia resoluções do Conselho de Segurança a respeito do caso, argumento contra o qual a Líbia sustentou que a resolução ganhou forma de mera recomendação. A Líbia argumentou,

---

[275] Corte Internacional de Justiça. **Caso das Atividades Militares e Paramilitares Na e Contra a Nicarágua (Niicarágua v. Estados Unidos da América).** Julgado em 27 de junho de 1986.

Jus Cogens, Carta das Nações Unidas, Obrigações *Erga Omnes* e a Unidade do Direito Internacional   *123*

inclusive, que as resoluções 731 (1992), 748 (1992) e 883 (1993) não determinaram a entrega de nacionais líbios aos Estados Unidos e ao Reino Unido.

Conclusivamente, a Corte concordou que as resoluções são recomendatórias e rejeitou as objeções dos Estados Unidos. Entretanto, recusou a tomada de medidas provisionais, porquanto havia medidas do Conselho de Segurança as quais são prevalentes em razão do artigo 103 da Carta das Nações Unidas. Ao final, ambas as partes desistiram do processo[276].

A CDI tomou o caso como exemplo de que o artigo 103 da Carta das Nações Unidas se refere a prevalência e não a validade, visto que a ideia de que a Convenção de Montreal estaria automaticamente abolida não faria sentido, o que foi expresso em opiniões separadas de muitos juízes[277].

Note-se, assim, que há prioridade nas obrigações decorrentes da Carta das Nações Unidas, a qual se estende às resoluções de seus órgãos, com especial importância ao Conselho de Segurança. As medidas tomadas em seu âmbito, por se conduzirem questões de defesa e segurança internacionais, são aquinhoadas de maior importância. Casos em que os órgãos judicantes enfrentaram a temática, portanto, demonstrou-se recalcitrância em responsabilizar o estado que tomou parte em ações coletivas de segurança internacional em razão da sensibilidade do tema.

Por fim, apontou a CDI, que o juiz Lauterpacht, decidindo sobre medidas provisórias no *Caso Relativo à Aplicação da Convenção sobre a Prevenção e Repressão do Crime de Genocídio*, apreciado pela Corte Internacional de Justiça em 1993, fez considerações a respeito da relação entre as resoluções do Conselho de Segurança e *jus cogens*, entendendo que, apesar da prevalência das resoluções em relação ao costume e tratados internacional sob a inteligência do artigo 103 da Carta das Nações Unidas, as normas dotadas de caráter *jus cogens* são ainda superiores às resoluções[278].

Deste modo, demonstra-se que, embora haja prevalência genérica atribuída às obrigações decorrentes da Carta das Nações Unidas, referida prioridade não atingiria os conteúdos que refletem *jus cogens* no direito internacional.

Não obstante, a doutrina levanta duas importantes questões relacionadas ao dispositivo. Primeiramente, aponta-se que parte das determinações

---

[276] Corte Internacional de Justiça. **Caso Sobre Questões de Aplicação e Interpretação da Convenção de Montreal de 1971 Resultantes do Incidente Aéreo em Lockerbie (Líbia v. Estados Unidos da América)**. Encerrado em 10 de setembro de 2003.

[277] Comissão de Direito Internacional das Nações Unidas. Op. Cit. p. 180.

[278] Corte Internacional de Justiça. **Caso Relativo à Aplicação da Convenção de Prevenção e Repressão aos Crimes de Genocídio** (Bósnia-Hezergovina v. Iugoslávia – Sérvia e Montenegro). Julgado em 26 de fevereiro de 2007.

do Conselho de Segurança se expressam por autorizações – como, por exemplo, autorizar o uso da força -; e a questão de o dispositivo mencionar a prioridade sobre 'outros tratados', razão pela qual se impõe a questão sobre se a prevalência da Carta se estende ao costume. Sobre a primeira questão, aponta-se que a literatura jurídica tem estendido a prevalência, oriunda do artigo 103 da Carta das Nações Unidas, às normas facultativas emanadas do Conselho de Segurança, em virtude do papel central que desempenham as questões de segurança coletiva. Sobre a segunda questão, meramente se anuncia a necessidade de estender a prevalência sobre o costume, sem se ocupar da possibilidade de o estado não ser membro das Nações Unidas, como fizera o relatório[279].

Assim, cumpre esclarecer que no tocante ao alcance da prioridade às recomendações do Conselho de Segurança as quais expressam uma simples recomendação, dita prioridade fora reconhecida pela CIJ no caso *Lockerbie*, inclusive. As recomendações dadas pelo órgão não facultam, mesmo quando parecem facultar. Já sobre a extensão da prioridade às outras fontes de direito internacional, mantendo-se a questão no plano doutrinário, embora se possa dizer que há majoritariedade de entendimento no sentido de que a prioridade alcança todos os veículos de materialização de normas.

Como já assinalado, a contenda a respeito da vinculação de estados que não são membros das Nações Unidas se preserva; refletindo dificuldade, para aqueles que enxergam no direito internacional o processo de fragmentação, à capacidade de a Carta das Nações Unidas e sua consentânea priorização de solucioná-lo.

É interessante notar, porém, que se por um lado o dispositivo é visto como orientação para uma eventual fixação de hierarquia institucional, atribuindo-se à Corte Internacional de Justiça autoridade superior aos demais órgãos judicantes, por certos estudiosos, como é o caso de Christian Leathley, este também pode ser motivo de suspeitas sobre a relação entre órgãos, mais propriamente entre a CIJ e o Tribunal Penal Internacional Para a Antiga Iugoslávia.

A proposta de hierarquização institucional por meio da interpretação do artigo 103 da Carta das Nações Unidas se justificaria porque a Corte Internacional de Justiça foi criada por ela. Assim, se a prioridade é extensiva aos órgãos decorrentes da Carta, dever-se-ia reconhecer que a CIJ é instituição cujas decisões sejam vistas como superiores. No entanto, o Tribunal Penal Internacional para a Antiga Iugoslávia foi criado por resolução do Conselho de Segurança. E é precisamente a respeito do contraste

---

[279] MILANOVIC, Marco. Op. Cit. Nota 315; pp. 78 e 79.

jurisprudencial entre esses dois órgãos que a suspeita da fragmentação do direito internacional se baseia.

Um ano após a conclusão do trabalho da CDI, houve o julgamento do *Caso Relativo à Aplicação da Convenção sobre a Prevenção e Repressão do Crimes de Genocídio*, e nele houve referência às decisões do Tribunal Penal Internacional Para a Antiga Iugoslávia, particularmente sobre as diferentes visões sobre a responsabilidade internacional do estado. A divergência jurisprudencial, sobre a qual há suspeita de que a proliferação de órgãos judicantes promova sobreposições jurisprudenciais, foi reforçada neste caso. Como avaliou um estudioso do direito internacional sobre o tema, no tocante à interpretação da Convenção propriamente dita, em pontos como a clareza específica acerca do caráter doloso (*mens rea*) da prática do genocídio ou sobre os atos materiais os quais importam a identificação de tal dolo, a CIJ alinhou seu entendimento às decisões do Tribunal; mas ao tratar novamente do sentido e alcance do termo "controle geral", a Corte, ao entender que o Tribunal possui jurisdição sobre indivíduos e, por isso, não decide de forma vinculante sobre questões ligadas à responsabilidade internacional do estado, manteve o entendimento divergente[280].

Uma vez que o Tribunal Penal Internacional para a Antiga Iugoslávia tivera seu Estatuto aprovado pela Resolução 827 do Conselho de Segurança de 1993, de modo que este esteja integrado ao sistema das Nações Unidas, poder-se-ia estender, com fundamento no artigo 103 da Carta das Nações Unidas, a autoridade superior a ele, como também observou o estudioso em questão. Argumentou, ademais, que as decisões do Tribunal devem ser entendidas como voltadas a garantir os objetivos de manutenção da paz e da segurança internacionais tratadas pela Carta das Nações Unidas. Mas para o autor, adiantando-se ao problema da relação entre tribunais, tal presunção seria problemática, visto que o artigo 103 da Carta das Nações Unidas se dirige à relação entre obrigações contidas na Carta e outras previstas em outro diploma. Para ele, o Conselho de Segurança, ao criar o Tribunal, não intencionou conferir autoridade prioritária à interpretação do Tribunal à Convenção para Prevenção ou Punição ao Crime de Genocídio[281].

De todo modo, o fato de ambas as instituições possuírem o mesmo grau de prioridade, teoricamente, lança dúvidas sobre a intencionada doutrina de primazia da Corte Internacional de Justiça a partir de referido

---

[280] CANNIZZARO, Enzo. **Interconnecting International Jurisdictions: a Contribution from the Genocide Decision of the ICJ**. Vol. I; nº 1. European Journal of Legal Studies/2007; p. 43.Disponível em: http://www.ejls.eu/1/5UK.pdf.

[281] Idem. p. 51.

126 Direito Internacional e o Debate sobre sua Unidade

dispositivo. Certamente, pareceria mais convincente recorrer às circuns-tâncias políticas e históricas da criação da CIJ, de especial relevo para a sociedade internacional, bem como a importância dos casos submetidos, para que se sustente haver uma autoridade, ainda que juridicamente esta-belecida por vias diversas das expressões normativas textuais, a ser reco-nhecida a ela.

4.2. *Jus cogens* e sua capacidade de solução de conflito normativo.

Se é comum entre todos os sistemas jurídicos conter uma categoria de normas tidas como sendo hierarquicamente superiores, ao ponto de não permitirem derrogação por qualquer meio, a não ser que a norma derro-gadora possua igual status normativo, o direito internacional, como adu-ziu a CDI, também a contém. E doutrina esclarece que a ideia de normas peremptórias, *jus cogens*, no direito internacional, é anterior ao contexto moderno; remonta preceitos basilares do direito romano, propriamente a distinção entre *jus strictum* e *jus dispositivum* ou mesmo a máxima *jus publicum privatorum pactis mutari non potest*[282]. Também, afirma a CDI, que a noção de normas prioritárias e inderrogáveis encontraria óbvia afinidade com a visão jusnaturalista nos séculos XVII e XVIII. Recentemente, ainda de acordo com o relatório, o caráter *jus cogens* de certas normas foi afirmado pelo Tribunal Penal Internacional para a antiga Iugoslávia[283].

Como frequentemente é apontado pela literatura jurídica, a solução de conflitos normativos genuínos depende de um método central própria dos direitos domésticos, qual seja, uma hierarquia normativa baseada nas fontes normativas e um sistema centralizado. Preconiza-se que a norma constitucional seja prevalente sobre as normas estatutárias, ao que a lei prevalece sobre ordens emanadas do Poder Executivo. Os conteúdos de di-reito internacional, por outro lado, igualmente os tratados como o costu-me, são expressão do *jus dispositivum*. A única exceção a esta característica do direito internacional seriam as normas *jus cogens* as quais, porém, são muito limitadas e, ainda, não são articuladas enquanto tais nas decisões dos tribunais internacionais[284].

---

[282] Comissão de Direito Internacional das Nações Unidas. Op. Cit. pp. 181 e 182. Ver também CASELLA, P. B. Op. Cit. p. 723.

[283] Comissão de Direito Internacional das Nações Unidas. Op. Cit. pp. 181 e 182. A referência foi ao *caso Prosecutor v. Anto Furundzija*, julgado em 10 de dezembro de 1998 (caso nº IT-95-17/1).

[284] MILANOVIC, Marko. Op. Cit. p. 74.

Jus Cogens, Carta das Nações Unidas, Obrigações *Erga Omnes* e a Unidade do Direito Internacional

A questão da fragmentação ou unidade suscitou abordagens, também, a respeito da solução de conflitos normativos a partir da ideia dos valores morais que as normas visam proteger. Nesta senda, há quem, dedicando-se ao tema, aduza que grande parte dos conflitos normativos são conflitos entre valores morais, argumento este que se faz relembrando o conflito entre integridade territorial e o princípio da autodeterminação dos povos, tratado pela CIJ no *Parecer Consultivo sobre a Legalidade Declaração Unilateral de Independência do Kosovo*, de 2008. Lembra-se, também, a colisão entre comércio internacional e proteção do ambiente. Entre propostas que visam abolir conflitos, argumenta-se que isso não seria completamente possível: conflitos de valores morais não são exclusividade do direito internacional, mas existem nas ordens jurídicas domésticas. Tais conflitos poderiam ser solucionados por meio normativo, calcado na hierarquização, procedimental ou institucional. A hierarquização no direito internacional, no entanto, conquanto a forma constitucional seria inexistente nesta dimensão jurídica, afigura-se sobre padrões mínimos de valores morais como o direito à vida e integridade física, os quais devem sobrepor conteúdos como a soberania estatal, por exemplo. Esta linha de pensamento enxerga nos conteúdos de *jus cogens* os padrões mínimos morais, devendo estes estabelecer hierarquia normativa por excelência no direito internacional, ao que os demais conflitos seriam resolvidos pelos outros critérios. Afirma-se, também, que não há nada errado com o pluralismo de valores na sociedade internacional: o fato de serem múltiplos, não os fariam ser nada[285].

A ideia de imperatividade e inderrogabilidade normativa ganhou forma nos artigos 53[286] e 64[287] da CVDT. Há, porém, desacordos acerca de seus fundamentos teóricos, nos termos da CDI, os quais perpassam discussões sobre os efeitos derivados da norma *jus cogens*. Em primeiro lugar, aponta-se a nulidade da norma incompatível com a norma imperativa, o que

---

[285] PAVEL, Carmen. **Normative Conflict in International Law**. Vol 46. San Diego Law Review/2009.

[286] Artigo 53 (Tratado em Conflito com uma Norma Imperativa de Direito Internacional Geral – *jus cogens*): "É nulo um tratado que, no momento de sua conclusão, conflite com uma norma imperativa de Direito Internacional geral. Para os fins da presente Convenção, uma norma imperativa de Direito Internacional geral é uma norma aceita e reconhecida pela comunidade internacional dos Estados como um todo, como norma da qual nenhuma derrogação é permitida e que só pode ser modificada por norma ulterior de Direito Internacional geral da mesma natureza".

[287] Artigo 64 (Superveniência de uma Nova Norma Imperativa de Direito Internacional Geral – *jus cogens*): "Se sobrevier uma nova norma imperativa de Direito Internacional geral, qualquer tratado existente que estiver em conflito com essa norma torna-se nulo e extingue-se".

128   Direito Internacional e o Debate sobre sua Unidade

se extrai da própria linguagem do artigo 53 da CVDT, em cotejo com a prioridade relativa estabelecida no artigo 31. Os efeitos do conflito normativo envolvendo uma norma peremptória estão descritos no artigo 71 da CVDT[288], o qual, entre outras coisas, esclarece que estes não são retroativos[289].

Essas determinações sugerem à CDI três situações: (1) o conflito entre uma norma peremptória e uma norma contida num tratado ordinário; (2) o conflito entre uma norma peremptória e o costume internacional geral; (3) o conflito entre duas normas peremptórias. Na primeira situação, independentemente de ser o tratado bilateral ou multilateral, este será total ou parcialmente nulo, à extensão da incompatibilidade com a norma peremptória, o que se impõe inclusive sobre a Carta das Nações Unidas e resoluções provenientes de organizações internacionais. No segundo caso, por seu turno, aplica-se a mesma lógica, resultando na nulidade do costume internacional. Já no terceiro caso, exemplificado pela CDI com eventual uso da força dispensado à garantia da autodeterminação de um povo, há maiores dificuldades, uma vez que não há hierarquia entre normas de caráter *jus cogens*[290].

Muito embora a imperatividade de certas normas seja amplamente reconhecida, ainda há possíveis impasses procedimentais. Como notou a CDI, foi o que ocorreu no caso *Al-Adsani v. Reino Unido*, julgado pela Corte Europeia de Direitos Humanos em 2001, no qual apesar da proibição à tortura ser reconhecidamente expressão de *jus cogens*, a Corte entendeu que isso não a habilitava a apreciar a questão independentemente da imunidade do estado[291]. O requerente, neste caso, possui nacionalidade britânica e kuwaitiana. Iniciou procedimento contra o Reino Unido, em razão do tempo em que servira à Força Aérea do Kuwait. Ao que colaborava com a resistência à invasão do Iraque ao Kuwait, adquirira material pornográfico que

---

[288] Artigo 71 (Consequências da Nulidade de um Tratado em Conflito com uma Norma Imperativa de Direito Internacional Geral): "1. No caso de um tratado ser nulo em virtude do artigo 53, as partes são obrigadas a: a) eliminar, na medida do possível, as consequências de qualquer ato praticado com base em uma disposição que esteja em conflito com a norma imperativa de Direito Internacional geral; e b) adaptar suas relações mútuas à norma imperativa do Direito Internacional geral. 2. Quando um tratado se torne nulo e seja extinto, nos termos do artigo 64, a extinção do tratado: a) libera as partes de qualquer obrigação de continuar a cumprir o tratado; b) não prejudica qualquer direito, obrigação ou situação jurídica das partes, criados pela execução do tratado, antes de sua extinção; entretanto, esses direitos, obrigações ou situações só podem ser mantidos posteriormente, na medida em que sua manutenção não entre em conflito com a nova norma imperativa de Direito Internacional geral.

[289] Comissão de Direito Internacional das Nações Unidas. Op. Cit. pp. 183 e 184.

[290] Idem. p. 185.

[291] Ibidem. p. 187 e 188.

incriminavam o Sheik Jaber Al-Sabah Al-Sauf Al-Sabah e que tivera ampla circulação, da qual o demandante foi considerado responsável por exposição pública. Finda a invasão, o demandante teve sua casa invadida, sofreu agressões e foi encaminhado à Prisão de Segurança do Kuwaiti, onde sofreu contínuas agressões físicas e foi forçado a assinar falsa confissão. O demandante alega ter sido submetido a técnicas de tortura, sendo mantido submerso e o Sheik chegou a atear fogo em colchão embebido de gasolina, o que resultou em graves queimaduras ao demandante. Foi, então, enviado a um hospital no Reino Unido, no qual sofreu ameaças para não dar publicidade aos fatos. O demandante recorreu a órgãos judiciais do Reino Unido em face do governo do Kuwait e reclamando contra ameaças sofridas já no Reino Unido. Em tal procedimento, prevaleceu o entendimento da imunidade soberana do estado do Kuwait. O demandante argumentou que a tortura não é um ato de estado, bem como a proibição à tortura é expressão do *jus cogens*. Ao decidir o caso, a Corte lembrou o caráter especial da proibição à tortura, embora não tenha concluído tratar o caso de responsabilidade individual, mas sobre a imunidade do estado[292].

Neste prumo, há avaliações no sentido de ser este caso o mais expressivo exemplo de conflito entre o direito aplicado pela Corte Europeia de Direitos Humanos e o direito internacional geral. Apesar de haver recurso ao artigo 31 (3) (c) da CVDT[293], este se deu para esclarecer que a Convenção Europeia de Direitos Humanos não poderia ser aplicada no 'vácuo', isto é, independentemente do disposto pelo direito internacional geral acerca da imunidade do estado. Sustenta-se que a imunidade do estado poderia ser lida como norma especial em relação à norma geral contida no artigo 6º da Convenção Europeia de Direitos Humanos; no entanto, a questão não é de fácil solução, porquanto haveria diferentes status normativos entre as normas em conflito, visto que a Convenção Europeia estabelece obrigação *erga omnes* – no caso, o acesso à justiça, e não a proibição a tortura a qual a CDI destacara o caráter *jus cogens* -, e por essa razão o caso seria extremamente emblemático. Primeiramente, continua a opinião, que o critério da especialidade não se aplicaria à medida em que há diferentes níveis hierárquicos entre as normas; mas igualmente que, uma vez que as obrigações *erga omnes* gozam de prioridade, o meio adequado de percebê-las em relação a outras normas se faz pelo critério de proporcionalidade, cuja técnica

---

[292] Corte Europeia de Direitos Humanos. **Al-Adsani v. United Kingdom** (application nº 35763/97). Julgado em 21 de novembro de 2001.

[293] Trata-se do dispositivo que institui a 'integração sistêmica', a qual será discutida no próximo capítulo.

130 Direito Internacional e o Debate sobre sua Unidade

se emprega para definição de prioridades[294]. Para esta corrente, portanto, neste caso, a Corte subsumiu seu próprio regime acriticamente[295].

4.2.1 O problema da definição de quais normas são *jus cogens*.

Porém, neste ponto avançamos ao que propriamente deve ser considerado como o principal obstáculo ao *jus cogens* para promover a coerência sistêmica do direito internacional: os conteúdos que ostentam este caráter.

A CDI afirma que a Comissão de Direito Internacional das Nações Unidas listou exemplos de *jus cogens* no Projeto Final sobre Direito dos Tratados, o que também foi feito nos 'Comentários ao Projeto da Comissão de Direito Internacional das Nações Unidas sobre Responsabilidade Internacional dos Estados', neste último mencionando-se a proibição à agressão, ao trabalho e comercio de escravos, ao genocídio, à discriminação racial ou o *apartheid*, a proibição à tortura e o direito à autodeterminação. São alguns exemplos de conteúdos que são mais frequentemente citados como sendo expressões de *jus cogens*: a proibição ao uso da força de agressão; o reconhecimento da legítima defesa; a proibição ao genocídio; a proibição à tortura; os crimes contra a humanidade; a proibição ao trabalho e ao comércio de escravos; a proibição à pirataria; a proibição à discriminação racial e ao *apartheid*; a proibição ao ataque direto a civis. No entanto, reconheceu-se que as dificuldades, aqui, são as seguintes: o fato de não haver qualquer lista de conteúdos que se imponha com autoridade; a dificuldade em se elaborar um critério preciso para identificação desses conteúdos; as circunstâncias qualificadoras, estabelecidas pelo artigo 53, tratando-os como normas aceitas pela comunidade de estados como um todo, apresentar-se--ia como controverso, sobretudo pelas dificuldades de se aferir o que sejam "comunidade de estados" e "como um todo"[296].

Especificamente sobre o primeiro problema, explica-se: a CVDT reconheceu a existência de normas de caráter imperativo no direito internacionais sem dizer quais normas teriam este caráter; e não a norma qualquer, no direito internacional, que assim o faça.

Diante de tal incerteza, a CDI defende ser melhor seguir sua orientação dada em 1966, abdicando-se de fórmulas abstratas para identificação do *jus cogens*, e permitindo que seus conteúdos sejam consolidados por meio da

---

[294] Ver, igualmente no próximo capítulo, a discussão a respeito da técnica de balanceamento.
[295] TZEVELEKOS, Vassilis P. Op. Cit. pp. 665 e 666.
[296] Comissão de Direito Internacional das Nações Unidas. Op. Cit. pp. 188 – 190.

prática dos estados e jurisprudência dos tribunais internacionais[297]. Impende lembrar a opinião do professor Paulo Borba Casella a respeito das fontes de direito internacional as quais concretizam a formação do *jus cogens*, a enfatizar a importância da prática e da convicção de obrigatoriedade – a consolidação de normas imperativas por meio do costume internacional – para tanto[298].

O reconhecimento da existência de normas imperativas representa avanço no direito internacional, mas a identificação e a expansão de seus conteúdos dependem das bases materiais das relações internacionais a edificar, cada vez mais, valores indispensáveis ao sistema jurídico internacional.

Se para parcela dos estudiosos nem sempre as normas de direito internacional possuem uma relação sistêmica, os conflitos normativos envolvendo norma que expressa *jus cogens* certamente constituiria situação em que referida relação se verifica, de modo que a aplicação do critério da superioridade normativa se imporia. Seria desarrazoado, conforme argumentam, com base na própria referência do artigo 53 da CVDT a uma "comunidade internacional de estados", tratar tais tipos de conflitos como não sistêmicos. No entanto, a definição do dispositivo não esclarece quais normas sejam imperativas e, portanto, esta é tida como incapaz de resolver conflitos de maneira intrassistêmica[299].

Por outro lado, no tocante aos direitos humanos, emergem opiniões e projeções as quais buscam conferi-los imperatividade. Para tanto, defende-se que a extensão do reconhecimento de imperatividade a todos os conteúdos de direitos humanos deve-se concretizar como corolário da indivisibilidade dos direitos humanos[300]. Visões contrárias a esta visão expansiva, por seu turno, consideram uma precipitação procurar reconhecer a todos

---

[297] Nas palavras de AUST: "There is no agreement on the criteria for identifying which norms of general international law have a peremptory character (...). Article 53 does not therefore attempt to list examples of *jus cogens*, leaving that to be worked out by State practice and the jurisprudence of international court and tribunals(...). Since the vast majority of the rules of international law do not have the character of *jus cogens*, States are free to contract out of them; and a treaty which conflicts with general international law is therefore not necessarily void. Similarly, if a treaty provides that no derogation from it is permitted, but later a party concludes a treaty which conflicts with it, the later treaty is not void although the party may be liable for breach of the earlier treaty" (AUST, Anthony. Op. Cit. pp. 319 e 320).

[298] CASELLA, P. B. Op. Cit. p. 746.

[299] MICHAELS, Ralf; PAUWELYN, Joost. Op. Cit. pp. 363 e 364.

[300] RAMOS, André de Carvalho. **Processo Internacional de Direitos Humanos**. 2ª Edição. São Paulo: Editora Saraiva/2012. pp. 57 – 59.

os direitos humanos o caráter de *jus cogens*, assim como entendem precipitado tê-los, todos, como positivados por meio do costume internacional[301].

Segundo a CDI, embora frequentemente mencionadas em litígios internacionais, as normas peremptórias raramente foram empregadas como método de solução de conflito normativo. Basicamente, constata-se que os órgãos judicantes têm evitado construir suas abordagens baseando-se na imperatividade da norma internacional. Adicionalmente, observa-se que dificilmente os estados em litígio, pelas mesmas razões, constroem suas argumentações afirmando ou negando o caráter *jus cogens* de certas normas[302].

Oportunamente, relata-se que, especificamente a respeito dos direitos humanos, apesar de inspirarem posições sobre a constitucionalização do direito internacional, dado seu caráter especial – destacando-se o caráter multilateral de seus tratados -, raramente as normas imperativas são empregadas pelos tribunais internacionais para determinar a sobreposição normativa. Ao contrário, segundo se esclarece, a prática demonstra que os tribunais têm evitado o conflito normativo[303].

4.2.2 A existência do *jus cogens*.

No que concerne ao reconhecimento da existência deste corpo de normas pela Corte Internacional de Justiça, há, segundo apontou a CDI, o *Parecer Consultivo a Respeito de Reservas à Convenção sobre Prevenção e Repressão ao Crime de Genocídio*, em 1951, no qual a Corte entendeu ser os princípios contidos na Convenção reconhecidos pelas nações civilizadas e, por isso, vinculantes a toda comunidade internacional. O Parecer em questão, do qual já se fez alusão neste trabalho, tratou da possibilidade da formulação de reservas à Convenção, bem como seus efeitos jurídicos, e, nesta oportunidade, a Corte aproveitou para colocar em destaque o fato de a Convenção não atender à lógica de interesses privados ou bilaterais, mas possuir uma substância de interesse e relevância a todos.

Na mesma linha, houve menção a princípios intransgressíveis do costume internacional no *Parecer Consultivo sobre a Licitude da Ameaça ou Uso de Armas Nucleares*, de 1996, também já tratado neste trabalho, bem como

---

[301] AUST, Anthony. Op. Cit. p. 319.
[302] Comissão de Direito Internacional das Nações Unidas. Op. Cit. p. 191.
[303] MILANOVIC, Marko. Op. Cit. pp. 70 e 71.

no *Parecer Consultivo sobre as Consequências Jurídicas da Construção do Muro no Território Ocupado da Palestina*, de 2003, reafirmou-os[304].

Este último Parecer foi solicitado pela Assembleia Geral das Nações Unidas, questionando quais as consequências jurídicas da construção do muro na Palestina ocupada por Israel. A Corte fez então considerações a respeito de resoluções do Conselho de Segurança propugnando a inadmissibilidade de qualquer tentativa de aquisição territorial entre Palestina e Israel, ao tempo do conflito armado de 1967, bem como um tratado de paz entre Israel e Jordânia de 1994 delimitando fronteira, além de acordos entre Israel e Palestina, nos quais, inclusive, determinavam transferência de autoridades à última. Considerou, igualmente, o dever de abstenção ao uso da força contra a integridade territorial e independência política afirmada na Carta das Nações Unidas. Com relação ao direito humanitário, a Corte observou que, embora Israel não fosse parte da Convenção de Haia de 1907, o Tribunal de Nuremberg considerou seu conteúdo como carreando normas reconhecidas por toda a comunidade internacional e as quais remontam costume de guerra. A Corte enfatizou, por oportuno, que Israel ratificou o Pacto Internacional sobre Direitos Civis e Políticos e o Pacto Internacional sobre Direitos Econômicos, Sociais e Culturais, recordando sua decisão de não cessação dos direitos humanos em tempos de guerra, a ser o direito humanitário considerado *lex specialis* se o caso apresentasse implicações a ambos os "ramos". Inclusive, estendeu a aplicação dos referidos pactos a não nacionais, diante do objeto e propósito dos direitos humanos. Por essas razões, a Corte entendeu que Israel violou uma série de obrigações internacionais. No tocante as consequências jurídicas de tais violações, a Corte pontuou o dever de cessação dos ilícitos; sobre outros estados, o dever de não ser cúmplice das violações; que as violações resultam em responsabilidade internacional do estado; salientou que Israel teria o dever de compensação a pessoas as quais sofreram danos; esclareceu que as obrigações em questão têm caráter *erga omnes*, razão pela qual nenhum estado poderá reconhecer a situação ilegal; que as violações podem acarretar em ações por parte da Assembleia Geral da ONU e do Conselho de Segurança, e tais órgãos devem considerar tomá-las[305].

Além dos referidos pareceres, soma-se o *Caso da Companhia Barcelona Traction, Light and Power Ltda*, apreciado em 1964, o qual denota que

---

[304] Comissão de Direito Internacional das Nações Unidas. Op. Cit. p. 192.

[305] Corte Internacional de Justiça. **Parecer Consultivo Sobre as Consequências Jurídicas da Construção de um Muro no Território Palestino Ocupado**. 2004.

desde o começo a Corte se apoia sobre a ideia da existência de normas mais importantes no sistema internacional[306].

Neste, o procedimento foi iniciado em 1962 por iniciativa da Bélgica contra a Espanha, por danos causados a seus nacionais acionistas da companhia canadense *Barcelona Traction, Light and Power Limited*, em decorrência de ações tomadas por órgãos espanhóis. A companhia tivera subsidiárias instaladas tanto no Canadá quanto na Espanha. Emitira títulos pagáveis em Libras Esterlinas e, no curso da Guerra Civil Espanhola, autoridades espanholas se recusaram a promover a transferência da moeda, o que resultou prejuízos aos acionistas. Por solicitação de acionistas espanhóis, declarara-se a falência da companhia. A Bélgica argumentou que ditas ações seriam contrárias ao direito internacional e que a Espanha deveria reparar os danos sofridos por seus nacionais, bem como a Espanha deveria anular por meios administrativos a falência da companhia.

A Corte entendeu não ter jurisdição sobre o caso, pelas terceira e quarta objeções preliminares, quais sejam: que a companhia não seria belga a habilitar sua capacidade processual, visto que o direito internacional diplomático não confere proteção a acionistas que não sejam da mesma nacionalidade que a companhia; e porque a própria companhia não empregou os remédios locais, conforme exige o direito internacional. A primeira objeção enfrentada pela Corte correspondia ao argumento de que a jurisdição da Corte se tenha encerrado com a carta apresentada por ambos os litigantes, em 1961, terminando procedimento anterior. A Corte analisou uma série de motivos os quais venham a fazer o demandante decidir pela terminação de um procedimento, sem que o caso tenha sido solucionado e sem que isso implique renúncia de direito. Observou que o primeiro procedimento não fora terminado em função de um acordo, mas por ato unilateral do demandante. Diante do argumento de que a reabertura do procedimento violaria o princípio do estoppel, a Corte entendeu não haver o caráter enganoso da conduta da demandante.

A segunda objeção tampouco foi acolhida, qual seja, de que a Corte não teria jurisdição sobre fatos anteriormente havidos ao consentimento da demandada. Conquanto a disputa se baseia em tratado concluído entre os litigantes em 1927, o qual submetia eventuais litígios à apreciação da Corte Permanente de Justiça Internacional, e à luz do artigo 37 de seu Estatuto, o qual dispõe que caso um tratado submeta um litígio à Corte Permanente, a Corte Internacional de Justiça, em substituição, deva apreciá-lo, ao que a demandada argumentara que a cláusula de jurisdição do tratado teria

---

[306] Comissão de Direito Internacional das Nações Unidas. Op. Cit. p. 192.

sido anulada com a dissolução da Corte Permanente, a Corte passou a analisar o objeto e propósito do artigo 37, no sentido de preservar cláusulas de jurisdição presentes em inúmeros tratados. O artigo 37 visaria, segundo a Corte, calibrar duas escolas de pensamento: a que defendia a compulsoriedade da jurisdição da Corte, contra aquela para a qual a jurisdição da Corte só se daria em casos de expresso consentimento.

Uma vez que se abriu a possibilidade de novos pedidos, o caso foi levado a uma segunda fase. Nesta, considerou-se o fato de o processo de falência conter inúmeros erros em relação a legislação espanhola e ser dotado de arbitrariedade. A Corte, então, passou a analisar a obrigatoriedade de um estado, ao receber investimento externo, estender a proteção jurídica às empresas estrangeiras; analisou se tal obrigação seria devida à comunidade de estados como um todo, ou seja, se se trataria de obrigação *erga omnes*. Neste sentido, a Corte afirmou que o direito diplomático lida com aspectos extremamente sensíveis das relações internacionais, fundados na proteção de nacionais. Por outro lado, avaliou a possibilidade de os acionistas possuírem direito próprio e meios de tutela direta de seus interesses. Pontuou, inclusive, que a Corte não poderia dirimir questões de direito doméstico. Ao final, a Corte entendeu que a questão não deva ser qualificada como envolvendo direito diplomático, decidindo que à Bélgica faltaria *jus standi*, ou capacidade processual[307].

A impressão geral a respeito da capacidade do *jus cogens* de promover a coerência do direito internacional, bem representada na visão de Bruno Simma e Dirk Pulkowski, é de que, lembrando que grande parte do conteúdo do direito internacional não se apresenta em relações verticais, este seria pouco e opaco. *Jus cogens* não ofereceria qualquer guia na rotineira fragmentação; e diante desta ausência, eles desafiam a noção de que o direito internacional possa ser descrito como "ordem jurídica" – diferenciando-se "ordem" de "sistema", porém. Acreditam que o critério da especialidade para solução de conflito normativo e para oferecer certa consistência ao direito internacional é fecundo, tendo em vista que a relação entre "direito internacional geral" e "norma especial" é mais profícua[308].

---

[307] Corte Internacional de Justiça. **Caso Barcelona Traction, Light and Power Company, Limited (Bélgica v. Espanha)**. Julgado em 5 de fevereiro de 1970.

[308] SIMMA, Bruno; PULKOWSKI, Dirk. Op. Cit. p. 499 e 500.

136 Direito Internacional e o Debate sobre sua Unidade

4.3. O estudo da CDI sobre obrigações *erga omnes* e suas críticas.

Após estudar a primazia da Carta das Nações Unidas e as normas de caráter *jus cogens*, passa-se às chamadas obrigações *erga omnes*. Diferenciam-se estas daquelas, para a CDI, por não conter valores jurídicos com maior poder normativo, senão expressam um alcance maior. As obrigações *erga omnes* são forjadas no seio do que se compreende por "comunidade internacional como um todo". Assim, seu elemento distintivo é precisamente sua abrangência, e, talvez, o aspecto difuso de sua formação, de modo que qualquer estado titulariza o direito de invocá-las em caso de violação. Porém, a CDI argumenta que não há uma norma clara que confira superioridade às obrigações *erga omnes* sobre quaisquer outras[309].

Compreendidas em oposição ao bilateralismo que marcou grande parte do direito internacional, centrado na soberania estatal e nos acordos *inter se* firmados entre estados soberanos, as obrigações *erga omnes* representam uma nova dimensão do direito internacional, na qual certos interesses são considerados públicos. Neste diapasão que lembrou a CDI sobre o posicionamento de um dos relatores especiais, nos debates da Comissão de Direito Internacional sobre a Convenção de Viena, acerca das obrigações "integrais" e "interdependentes", como formulações incipientes ao tema, além da linha desenvolvida no já mencionado *Parecer Consultivo a Respeito de Reservas à Convenção sobre Prevenção e Repressão ao Crime de Genocídio*, o qual qualificou o núcleo da Convenção como interesse comum. Do parecer em diante, segundo a CDI, a invocação de valores universais tornou-se recorrente[310].

O *Caso da Companhia Barcelona Traction, Light and Power Ltda* é, igualmente, apontado como um dos mais decisivos marcos de reconhecimentos de tais obrigações. Neste, houve distinção entre obrigações devidas a um estado particularmente e obrigações devidas à comunidade internacional. Ocorre que ao exemplificar certas normas como sendo obrigações *erga omnes*, houve parcial coincidência com as normas exemplificadas como *jus cogens*, com a diferença, segundo a CDI, que a Corte não afirmou sua inderrogabilidade. A característica central das obrigações *erga omnes* nas decisões da Corte, então, não seria a importância especial da substância das normas, mas a característica procedimental de autorizar qualquer estado a invocá-las em caso de violação, diferentemente de outras obrigações cujo cumprimento é exigido por beneficiários individuais, na linha do artigo 48

---

[309] Comissão de Direito Internacional das Nações Unidas. Op. Cit. p. 193.
[310] Idem. pp. 194 e 195.

do Projeto da Comissão de Direito Internacional das Nações Unidas sobre Responsabilidade Internacional dos Estados[311], como destacou a CDI[312].

Ademais, pondera-se que grande parte ou todas as obrigações *erga omnes* emergem dos direitos humanos e do direito humanitário, cujo respeito não se opera sob os auspícios da reciprocidade, de forma que os estados devem cumpri-las independentemente da conduta dos outros estados. Exemplifica-se que caso um estado torture seus nacionais, isso não indica um dano direto a um outro estado, mas viola valores comuns a todos os estados[313].

As obrigações *erga omnes* podem ser firmadas por tratados. A CDI aduziu que o *Institut de Droit International* confirmou esta possibilidade por meio de resolução sobre o tema em 2005[314].

Por essas considerações, o trabalho produzido pela CDI foi alvo de críticas. Há posições que acusem a visão da CDI sobre tais obrigações de conservadora. Embora se possa reputar verdadeiro o aspecto procedimental das obrigações *erga omnes*, o aspecto procedimental seria medida racional e operativa e resultaria do fato de que são obrigações as quais incorporam valores superiores do sistema jurídico internacional. Há um elemento moral por trás das obrigações *erga omnes* e, por isso, elas receberiam um peso maior. Disso não se concluiria que possam ser equiparáveis às normas imperativas (*jus cogens*), já que as obrigações *erga omnes* não são absolutas, tampouco inderrogáveis. Caso uma norma conflite com uma obrigação *erga omnes*, sua aplicação só será possível à medida em que não inviabilize a aplicação da obrigação *erga omnes*, razão pela qual o autor entende que as últimas gozam de prioridade[315].

---

[311] Artigo 48 (Invocação de responsabilidade por Estado que não seja o lesado): "1. Qualquer Estado, além do lesado, pode invocar a responsabilidade de outro Estado de acordo com o parágrafo 2, se: a) a obrigação violada existe em relação a um grupo de Estados incluindo aquele Estado, e está estabelecida para a proteção de um interesse coletivo do grupo; ou b) a obrigação violada existe em relação à comunidade internacional como um todo. 2. Qualquer Estado apto a invocar a responsabilidade de acordo com o parágrafo 1º pode reclamar ao Estado responsável: a) a cessação do ato internacionalmente ilícito e seguranças e garantias de não-repetição, consoante o artigo 30; e b) o cumprimento da obrigação de reparação de acordo com os artigos precedentes, no interesse do Estado lesado ou dos beneficiários da obrigação violada. 3. Os requisitos para a invocação da responsabilidade por um Estado lesado consoante os artigos 43, 44 e 45 se aplicam a uma invocação de responsabilidade por Estado apto a fazê-lo de acordo com o parágrafo 1".

[312] Comissão de Direito Internacional das Nações Unidas. Op. Cit. pp. 196 e 197.

[313] Idem. pp. 198 e 199.

[314] Ibidem. p. 203.

[315] TZEVELEKOS, Vassilis P. Op. Cit. pp. 642 e 643.

138 Direito Internacional e o Debate sobre sua Unidade

Entre alguns autores brasileiros, como André de Carvalho Ramos, também é verificada esta visão, para quem "o conceito de obrigação internacional erga omnes é gerado a partir da valoração especial da obrigação primária, tendo como consequência o direito por parte de todos os estados da comunidade internacional de exigir seu respeito"[316].

4.4. Conclusões sobre a prevalência da Carta das Nações Unidas, *jus cogens* e obrigações *erga omnes*.

Concluiu a CDI que o direito internacional não conta com uma hierarquia normativa única e fixa, o que não significa, porém, que inexista qualquer hierarquia nesta dimensão do direito. Contudo, segundo diz, noções como obrigações de natureza "integrais" ou "interdependentes", "princípios intransgressíveis", "considerações elementares da humanidade" e cláusulas cuja derrogação arrisca o objeto e propósito do tratado, são expressões mais decisivas no direito internacional do que "*jus cogens*" e "obrigações *erga omnes*". Apesar disto, a CDI entende que a primazia da Carta das Nações Unidas, os conceitos de *jus cogens* e obrigações *erga omnes* são vitais à discussão dentro da qual se confrontam percepções de "constitucionalização" e "fragmentação" do direito internacional[317].

Sustentou, também, que sobre normas que expressam *jus cogens*, a verdadeira divergência não se dá sobre sua existência, mas sobre os conteúdos que gozam deste status, e predisse que a solução do impasse dependerá de preferências políticas[318].

De um modo geral, pode-se dizer que a dificuldade encontrada pela CDI neste ponto é o caráter essencialmente horizontal e dispositivo do direito internacional público. Pelas leituras anteriores e subsequentes, ademais, esta preocupação parece se manter: grande parte dos estudiosos do direito internacional que tratam de conflitos normativos salientam que o rol de normas imperativas é extremamente limitado para que possa efetivamente produzir a coerência sistêmica do direito internacional. Este problema é acentuado pelo fato de que os referidos conteúdos não foram listados de forma vinculante, na medida em que não há uma norma que esclareça quais conteúdos pertencem a *jus cogens*. Os tribunais internacionais, por outro lado, evitam tecer argumentações baseadas em hierarquia normativa. E, por fim, as relações de prevalência normativa – do artigo 103

---

[316] RAMOS, André de Carvalho. Op. Cit. p. 49.
[317] Comissão de Direito Internacional das Nações Unidas. Op. Cit. pp. 205 e 206.
[318] Idem. p. 206.

da Carta das Nações Unidas e oriundas das obrigações *erga omnes* – produzem incertezas sobre seus efeitos concretos.

Obviamente, essas dificuldades não colocam termo ao debate entre constitucionalização e fragmentação. Sequer a CDI pretendeu fazê-lo, visto que este recorrentemente aduz não ser seu propósito se posicionar sobre ele. Para aqueles que enxergam no direito internacional sua constitucionalização, este seria um movimento progressivo, um processo a se confirmar pela história, de modo que tais dificuldades poderiam ser tidas como próprias do processo gradativo, porém não concluído, de constitucionalização do direito internacional.

FRAGMENTAÇÃO DO DIREITO INTERNACIONAL E INTEGRAÇÃO SISTÊMICA

Na última seção do relatório da Comissão das Nações Unidas sobre as dificuldades decorrentes da expansão e diversificação do direito internacional, este inaugura sua argumentação lançando importantes considerações a respeito dos pontos anteriores (*lex specialis*; *lex posterior*; *lex superior*). Ele diz que seu estudo, até então, havia procurado demonstrar que a técnica jurídica oferece mecanismos de solução de conflito normativo perfeitamente capazes de, por meio de suas regras e princípios, determinar a relação entre normas, apesar de este processo não poder ser automático ou mecânico.

A fim de evitar que certa norma seja completamente inutilizada, a CDI afirmou ser importante o emprego de dois princípios: 1) o pressuposto da harmonização, consistente no esforço em se ler duas normas como compatíveis; 2) ressalvadas as normas *jus cogens*, empreender a hierarquia normativa como critério de prioridade, não de validade. Feitas essas considerações, o ponto seguinte à sua análise foi as possibilidades decorrentes da interpretação jurídica e seu estudo; interpretação esta que, segundo diz, não pode ser analisada separadamente do conflito normativo, visto que, além da solução, a própria identificação do conflito depende de interpretação[319].

Pareceu à CDI apropriado que se leiam as normas a partir de sua contribuição ao todo, tecendo um ideal interpretativo "sistêmico". O percurso do raciocínio jurídico atenderia a questionamentos centrais e progressivos: a busca do significado ordinário das palavras; a identificação da vontade das partes; o estudo do objeto e propósito do tratado; e, ao final, caso persista a incerteza, a adoção dos critérios de derrogabilidade normativa – *lex specialis*, *lex posterior*, *lex superior*. Ao final, o raciocínio jurídico deve

---

[319] Comissão de Direito Internacional das Nações Unidas. Op. Cit. pp. 206 e 207.

142 Direito Internacional e o Debate sobre sua Unidade

contextualizar as normas analisadas em relação a quaisquer outras que possam vir a influir no resultado da interpretação, considerando-se, assim, o ambiente normativo. Bem a previsão do artigo 31 (3) (c) da Convenção de Viena sobre Direito dos Tratados ilustra a possibilidade de "integração sistêmica", já que todas as normas do direito internacional extraem sua validade e força normativa do direito geral, como foi sustentado pela CDI[320].

Neste capítulo, portanto, analisar-se-ão os pontos levantados pela CDI e pela doutrina a respeito da "integração sistêmica" e a possibilidade de promoção da coerência do direito internacional pela via interpretativa de consideração do ambiente normativo de forma geral

5.1. A Convenção de Viena sobre o Direito dos Tratados e integração sistêmica.

Integração sistêmica é um recurso interpretativo previsto no artigo 31(3)(c) da CVDT, consistente na consideração de "quaisquer regras pertinentes de Direito Internacional aplicáveis às relações entre as partes" para fins de interpretação de um tratado. Para a CDI, porém, o princípio da integração significa mais do que dizer que há aplicabilidade do direito geral diante de uma norma especial. Significa que o ambiente normativo deve ser considerado amplamente.

O mecanismo da integração sistêmica foi aplicado no *Caso do Atum da Nadadeira Azul*, de 2000, envolvendo a Austrália e a Nova Zelândia contra o Japão, em virtude do dever de conservação do atum da nadadeira azul e a pesca praticada pelo Japão do recurso natural vivo. Houve requerimento de medidas provisionais junto ao Tribunal Internacional para o Direito do Mar e um procedimento arbitral. Em 1999, o Tribunal decidiu pela adoção de medidas provisionais, no sentido de que todos os estados devem se abster de tomar medidas que agravem ou prejudiquem a arbitragem estabelecida; que a pesca de todos eles obedeça seus limites nacionais; que negociem de modo a garantir a conservação do atum; que deve haver esforços para que as negociações e acordos alcancem terceiros estados[321].

Havia uma convenção de 1993 relativa a conservação do atum de nadadeira azul entre os três estados envolvidos, a qual estabelecia os limites nacionais dos quais o Tribunal se referira. A Austrália se posicionara no

---

[320] Idem. p. 208.
[321] Tribunal Internacional Para o Direito do Mar. **Southern Bluefin Tuna Cases (New Zealand v. Japan; Australia v. Japan) – Provisional Measures**. Decidido em 27 de agosto de 1999.

Fragmentação do Direito Internacional e Integração Sistêmica **143**

sentido de que a base jurídica a ser aplicada no procedimento contemplaria tanto a Convenção de 1993, como a Convenção das Nações Unidas sobre o Direito do Mar (CNUDM) e o costume internacional. O Japão, por seu turno, argumentou que seu programa de experimentação era compatível com a Convenção de 1993, sendo esta a base jurídica única da disputa. O Tribunal Arbitral observou que a Convenção de 1993 foi preparada sob os auspícios da CNUDM, como proclamam suas considerações preambulares, bem como princípios do direito internacional. Acentuou também que ao tempo da conclusão da Convenção de 1993, a CNUDM não estava em vigor; ao tempo do estabelecimento do procedimento arbitral, esta não havia sido ratificada pelas partes. A CNUDM, apesar de concluída em 1982, somente entrou em vigor em 1994, o que colocou o Tribunal Arbitral frente ao seguinte dilema: embora, pela conclusão, a CNUDM poderia ser considerada anterior, argumentou o Japão, que a questão decisiva ao caso não seria a cronologia dos tratados, mas a especificidade, de modo que a Convenção de 1993 devesse ser tida como *lex specialis*. Embora o artigo 311 da CNUDM estabeleça sua prevalência sobre outros tratados, o Japão argumentou que a Convenção de 1993 seria compatível com aquela. Austrália e Nova Zelândia argumentaram, por seu turno, pela primazia da CNUDM, e enfatizaram seu caráter geral e sua qualidade de tratado guarda-chuva; argumentaram que se o Japão estivesse certo, a CNUDM seria um guarda-chuva de papel a dissolver-se.

Neste dilema, o Tribunal faz, finalmente, menção a um paralelismo de tratados, ao sustentar que a violação pelo Japão a uma obrigação não significa que não possa violar outras, de modo que não concordou com sua visão a respeito da aplicação da Convenção de 1993 como *lex specialis*. A completude do direito internacional reclamaria a aplicação da CNUDM, mesmo porque a interpretação da Convenção de 1993 não poderia ser feita, já que esta extrai daquele seu propósito, sem a análise da CNUDM. Por outro lado, disse o Tribunal, que esta decisão seria compatível com o artigo 30 (3) da CVDT (referente aos tratados sucessivos). No entanto, tendo em vista que as partes não tentaram solucionar o caso por todos os meios anteriormente ao procedimento ser instaurado, considerando que os demandantes não aceitaram as propostas de mediação feitas pelo Japão, concluiu que não teria jurisdição sobre o caso[322].

---

[322] Organização das Nações Unidas. **Southern Bluefin Tuna Case Between Australia and Japan and Between New Zealand and Japan (Award on Jurisdiction and Admissibility)**. Reports of International Arbitral Awards: 4 de agosto de 2000.

144 Direito Internacional e o Debate sobre sua Unidade

Assim, o caso faz referência a um paralelismo entre tratados, lembrando à CDI suas discussões que culminaram na elaboração da CVDT, especialmente em relação à menção feita por um de seus relatores especiais acerca da existência de "cadeias de tratados", já que no caso houve sopesamento entre a Convenção das Nações Unidas para o Direito do Mar e um tratado de pesca[323].

Nestes termos, o princípio da integração sistêmica apontaria a necessidade de considerar o ambiente normativo, o que importa a consideração de objetivos compreensíveis e coerentes, bem como a identificação de conteúdos os quais, porque são mais importantes, devem ser tidos como prioritários[324]. Há quem enxergue, igualmente, profícua aplicação do mecanismo em relações normativas, por se basear no pressuposto de que dois estados, ao firmarem tratados, não intencionam se desviar do contexto normativo geral, embora esta corrente teórica não acredita que todo o direito internacional possa corresponder a uma relação desta natureza[325].

No procedimento arbitral *Affaire Concernent L'Apurement des Comptes*", estabelecido entre os Países Baixos e a França, cuja decisão foi exarada em 2004, houve aplicação do artigo 31 (3) (c), particularmente a respeito do princípio do "poluidor pagador", negando-se que este seja conteúdo do "direito internacional geral". Os autores instituíram procedimento arbitral com vistas a discutir situação ligada à Convenção para Proteção do Rio Reno Contra a Poluição Química, cuja controvérsia surgira sobre o montante a ser reembolsado, pela França, aos Países Baixos, a partir do empilhamento de sal e contaminação no rio por clorídeo. A referida Convenção estipulara valor de investimento inicial em 40 milhões de francos franceses e valor corrente de 61,5 francos franceses por tonelada empilhada. Os Países Baixos requereram aplicação conforme o artigo 31 da CVDT, no sentido de se considerar o objeto e o propósito da primeira Convenção, de modo que as despesas francesas devessem contemplar os 61,5 francos franceses multiplicados pelo número de toneladas. Para a França, tal parâmetro servia apenas ao cálculo do limite de clorídeos. Pretenderam os Países Baixos incluir reembolso em virtude do princípio do poluidor-pagador. O Tribunal observou que o referido princípio não está contido nem na Convenção, nem em seu protocolo; bem como não faz parte do direito internacional geral,

---

[323] Comissão de Direito Internacional das Nações Unidas. Op. Cit. pp. 209 e 210.
[324] Idem. p. 211.
[325] MICHAELS, Ralf; PAUWELYN, Joost. Op. Cit. pp. 364 e 365.

embora exista em uma série de instrumentos internacionais. Ao final, o Tribunal confirmou a posição dos Países-Baixos, sobre o cálculo correto[326].

A CDI criticou a decisão, pois o dispositivo em questão conclama a aplicação de "qualquer regra relevante às partes", não usando e não se restringindo ao "direito internacional geral". Para a Comissão, o olhar sistêmico, proporcionado pela técnica de integração do direito internacional, impede o entendimento segundo o qual os órgãos judicantes não podem decidir além do que dispõe seus tratados constitutivos ou outros tratados cuja salvaguarda lhes sejam atribuídas[327].

5.1.1 A aplicação do artigo 31 (3) (c) da CVDT.

Por outro lado, a CDI opinou que o artigo 31 (3)(c) da CVDT pouco esclarece sobre seu sentido substancial e temporal: em que medida deve o "outro direito" ser aplicado? Como este deve ser aplicado em relação em seu aspecto intertemporal? O que propriamente significa "levar em consideração"? São questões por ela levantadas, em relação às quais a mera leitura do dispositivo não ofereceria soluções definitivas[328].

O dispositivo foi incluído na parte III da Seção 3 da CVDT, a qual cuida da interpretação de tratados. Sob sua regra geral, há a afirmação da interpretação de tratados de acordo com a boa-fé e com o significado ordinário das palavras; a compreensão segundo seu contexto – cultural, econômico, político, social - e segundo seu propósito. O item terceiro anuncia recursos adicionais a serem levados em conta, quais sejam: um tratado subsequente entre as partes do tratado original que enuncie normas de interpretação deste; uma prática subsequente que também oriente a interpretação do tratado original; e, finalmente, implementando a diretriz da integração sistêmica, qualquer regra relevante de direito internacional que seja aplicável entre as partes. Comentou a CDI que seu uso é diferente do recurso suplementar aos trabalhos preparatórios (*travaux préparatories*), o qual se emprega em caso de ambiguidade ou obscuridade do tratado, de modo que integração sistêmica constitua meio primário de interpretação de tratados; além disso, sobre o dispositivo, a CDI apresentou os seguintes argumentos:

---

[326] Organização das Nações Unidas. **Affaire concernant l'apurement des comptes entre le Royaume des Pays-Bas et la République Française en application du Protocole du 25 septembre 1991 additionnel à la Convention relative à la protection du Rhin contre la pollution par les chlorures du 3 décembre 1976**. Reports of International Arbitral Awards: 12 de maio de 2004.

[327] Comissão de Direito Internacional das Nações Unidas. Op. Cit. p. 211 e 212.

[328] Ibidem. p. 213.

1) refere-se a regras de direito internacional, de modo que, assim, enfatiza não poder ser princípios amplos que não estejam firmemente estabelecidos em "regras"; (2) regras de direito internacional são mencionadas de forma genérica, contemplando, portanto, regras advindas de qualquer fonte; (3) devem ser "relevantes" e aplicáveis às partes; (4) não foram incluídos elementos de intertemporalidade normativa, de modo que se saiba qual o momento das outras regras – elaboração, conclusão de um tratado – deva ser considerado[329].

Nota-se que a CDI procurou ampliar a função, a qual não considerou ser meramente interpretativa, atribuída à integração sistêmica, no sentido de entendê-la como permitindo o chamado balanceamento de conteúdos jurídicos – técnica esta frequentemente usada em caso de colisão de princípios –, e curiosamente entendeu excluídos os princípios de sua aplicação.

Há posições, no entanto, procurando conceber meios de "desfragmentação do direito internacional", as quais ampliam o alcance da integração sistêmica, a fim de contemplar princípios gerais do direito e princípios do direito internacional, o que se faz tendo decisões da Corte Europeia de Direitos Humanos como referência. Aliás, esta perspectiva afirma que a consideração dos princípios do direito internacional público viabiliza um dos métodos de interpretação que, perdendo apenas para uma sólida hierarquização normativa, seria o segundo meio mais eficaz para solucionar o problema da fragmentação do direito internacional: a adoção da mencionada técnica de interpretação constitucional de balanceamento, como será a seguir analisado[330].

A CDI argumentou, relativamente ao dispositivo, que a Convenção se isentou de se posicionar sobre grandes dilemas doutrinários acerca da interpretação jurídica, ao disponibilizar a interpretação segundo o significado ordinário das palavras como também sua interpretação segundo propósitos; proclama que se busque compreender o interesse das partes ao que igualmente proclama a leitura de tratados de acordo com o princípio da boa-fé. Por outro lado, segundo diz, o dispositivo não contém diretrizes sobre técnicas comuns de solução de conflito normativo, como os critérios da especialidade e posterioridade. Uma vez que há diferentes recursos interpretativos dispostos na Convenção, os diferentes "ramos" do direito internacional desenvolveram seus meios próprios de interpretação: tornou-se

---

[329] Ibidem. pp. 213 – 215.

[330] VAN AAKEN, Anne. **Defragmentation of Public International Law Through Interpretation: a Methodological Proposal**. Vol. 16: Iss. 2. Artigo 5. Indiana Journal Of Global Legal Studies /2009. pp. 500 – 502.

comum a interpretação dos direitos humanos mirando a efetividade de seus instrumentos (*effet utile*) com maior amplitude que os termos do tratado; quando diante de tratados constitutivos de organizações internacionais, estes têm sido interpretados como gozando de status constitucional[331].

Nos debates da Comissão sobre direito dos tratados, de acordo com seu estudo sobre a unidade do direito internacional, houve proposta de que o dispositivo que enunciasse a integração sistêmica fizesse referência a "princípios" em vez de "regras". Esta proposta não recebeu muita atenção, sendo a maior parte da discussão dirigida à questão intertemporal entre tratados, apesar de que, ao final, acabou não havendo reprodução deste segundo ponto na Convenção, igualmente. Diante da omissão da Convenção, esta questão é alvo de intensa controvérsia[332].

Houve poucas referências ao dispositivo por tribunais internacionais. Na Corte Europeia de Direitos Humanos, recorreu-se a ele a fim de conceber o escopo do direito a um julgamento justo, nos termos do artigo 6º da Convenção Europeia de Direitos Humanos, no caso *Golder v. Reino Unido*, de 1975, o que se operou com o auxílio do artigo 38 do Estatuto da Corte Internacional de Justiça ao se entender que o acesso a um julgamento justo constituía "princípio geral do direito". No caso, um cidadão britânico fora condenado, no Reino Unido, por roubo com emprego de violência, a quinze anos de prisão. Houve conturbação no pátio da prisão e um oficial fora atacado. Ao procurar identificar seus agressores, o oficial teria dito que um prisioneiro, talvez de nome Golder, golpeava-o, o que resultou no isolamento e sujeição a interrogatório do demandante. Ao requerente foi negado acesso a um advogado, o que gerou a argumentação, por parte do demandado, que a Convenção não estabelecia um direito direto a tal consulta. Os mecanismos de interpretação de tratados da CVDT foram invocados pela Corte, mesmo que esta ainda não estivesse em vigor, por refletirem princípios gerais do direito. Seria decisivo ao caso interpretar a Convenção Europeia de Direitos Humanos sob seus objeto e propósito, a qual faz referência à Declaração

---

[331] Comissão de Direito Internacional das Nações Unidas; Op. Cit. Nota 9; pp. 215 e 216. Ensina Malcolm N. SHAW que "... há três abordagens básicas à interpretação de tratados. A primeira centra-se no próprio texto do acordo e enfatiza a análise dos termos utilizados. A segunda encara as intenções das partes que adotam o acordo como a solução para as cláusulas ambíguas, e pode ser denominada escola de interpretação subjetiva, em contraposição à abordagem objetiva da escola mencionada em primeiro lugar. A terceira abordagem adota uma perspectiva mais abrangente que as outras duas e propõe que o objeto e a finalidade do tratado sejam o pano de fundo mais importante em relação ao qual o significado de qualquer cláusula específica deve ser avaliado" (SHAW, Malcolm N. Op. Cit. p. 693).

[332] Comissão de Direito Internacional das Nações Unidas. Op. Cit. pp. 216 e 217.

148 Direito Internacional e o Debate sobre sua Unidade

Universal de Direitos Humanos, e reclama compromisso com a norma jurídica e com o princípio da boa-fé; ademais, empregar-se-ia o artigo 31(3) (c) como importante mecanismo para consideração dos princípios gerais do direito internacional, sendo o acesso à justiça um destes princípios universais. Além de entender que houve violação à norma de acesso judicial, a Corte entendeu que os fatos narrados apontam para a violação do direito à privacidade e vida familiar[333].

Também no caso *Loizidou v. Turquia*, de 1996, já descrito neste trabalho, houve invocação do dispositivo para se determinar se a República Turca do Norte do Chipre poderia ser entendida como um estado.

Por fim, o dispositivo foi usado pela Corte em três casos, em 2001, para decidir entre a imunidade do estado e o acesso à Corte. Nos três casos, entendeu-se pela imunidade do estado[334].

Particularmente a respeito do caso *"Loizidou"*, há estudiosos que o compreendem como resposta, vinda da Corte Europeia de Direitos Humanos, às preocupações do Presidente da Corte Internacional de Justiça. Este havia criticado a Corte acerca de suas decisões preliminares tomadas no caso em questão, e utilizando-as como demonstração concreta da fragmentação institucional a qual a sociedade internacional experimentava. Ao decidir definitivamente o caso, portanto, a Corte Europeia consignou recorrer a qualquer regra relevante de direito internacional em vigor entre as partes, valendo-se do dispositivo da CVDT, e afirmando que os princípios contidos na Convenção Europeia de Direitos Humanos não se aplicavam no vácuo[335].

No caso da arbitragem entre Reino Unido e Irlanda sobre a Usina de MOX ("OSPAR Arbitration"), ao que a Irlanda argumentou pela aplicabilidade da Declaração do Rio de Janeiro de 1992 e o Reino Unido objetou que esta não é um tratado, o Tribunal fez referência ao artigo 31(3)(c). No entanto, a menção se fez para constatar que os diplomas aos quais a Irlanda fez menção não seriam "regras jurídicas aplicáveis às partes"[336].

Já na OMC, a CDI entendeu que, no caso "Camarões", houve situação das normas comerciais em relação ao direito internacional geral, fazendo-se ampla referências a diplomas de direito ambiental, e buscando, a partir de expressa referência ao artigo 31(3)(c) da CVDT, um guia interpretativo

---

[333] Corte Europeia de Direitos Humanos. Golder v. United Kingdom (application nº 4451/70). Julgado em 21 de fevereiro de 1975.

[334] Comissão de Direito Internacional das Nações Unidas. Op. Cit. pp. 219 e 220.

[335] TZEVELEKOS, Vassilis P. Op. Cit. pp. 622 e 623.

[336] Comissão de Direito Internacional das Nações Unidas. Op. Cit. pp. 221 e 222.

nos princípios gerais do direito internacional. Diz a Comissão que o Órgão de Apelação da OMC se esforçou em muitos casos para alinhar a interpretação dos dispositivos constantes de seus "acordos abrangidos" com dispositivos alheios ao regime, mas nunca entendeu que aqueles pudessem ter sido derrogados por estes[337].

Observações do Órgão de Solução de Controvérsias da OMC tem, por vezes, entendido que o órgão não pode acrescentar ou diminuir os direitos consagrados nos "acordos abrangidos", entendimento este que o Órgão de Apelação tem negado por corresponder a um "isolamento clínico" das normas da OMC. Sob esta questão, a CDI argumentou que interpretação não significa adicionar ou diminuir direitos, e sim buscar o significado jurídico dos instrumentos, valendo-se do disposto no artigo 31(3)(c) da CVDT[338].

Nesse passo, houve recurso ao dispositivo no caso *Comunidade Europeia – Produtos Biotecnológicos*, em 2006, no qual a Comunidade Europeia argumentara que o banimento às importações de organismos geneticamente modificados se justificaria por instrumentos não pertencentes ao sistema da OMC, particularmente a Convenção sobre a Biodiversidade de 1992 e seu Protocolo sobre Biossegurança de 2000; argumento este que, porém, não tendo a parte adversária, os Estados Unidos da América, ratificado o Protocolo, não foi acolhido.

A consulta foi requerida pelos Estados Unidos da América, relativamente ao regime da Comunidade Europeia de aprovação de produtos biotecnológicos e medidas que proíbem ou restringem seu mercado. Tratam-se de produtos provenientes de cultivares sob desenvolvimento a partir de ácido desoxirribonucleico. Os atos normativos consultados previam, segundo informou a Comunidade Europeia, procedimento administrativo para avaliação de companhias que objetivem disponibilizar produtos biotecnológicos ao mercado, e atenderia às políticas europeias de segurança para produtos geneticamente modificados. Para os Estados Unidos, tal medida violaria disposições do Acordo de Aplicação de Medidas Sanitárias e Fitossanitárias, disposições do GATT 1994, disposições do Acordo sobre a Agricultura, e disposições do Acordo Sobre Barreiras Técnicas ao Comércio.

O "Panel" percorreu algumas considerações sobre engenharia genética, salientando seus benefícios à saúde humana, como meio capaz de reduzir a fome por meio do aumento de produtividade. Entendeu que a Comunidade Europeia não atendeu ao procedimento destinado a aprovação de medidas sanitárias ou fitossanitárias previstas em seu Acordo. Empregou o

---

[337] Idem. pp. 223 e 224.
[338] Ibidem. p. 226.

artigo 31 da CVDT para compreender o sentido ordinário das palavras contidas no Acordo e afirmar que a Comunidade Europeia não teria realizado a avaliação de risco a qual exigem as normas da OMC.

Os Estados Unidos, inclusive, lançaram mão de um ponto importante para nossa temática. Argumentaram que o procedimento não poderia resultar em algo diferente do caso "*hormônios*" relativamente ao "princípio da precaução", tendo em vista que ainda que o "princípio da precaução" fosse considerado regra relevante aplicável à relação entre as partes, nos termos do artigo 31 (3)(c) da CVDT, este seria útil apenas para interpretar termos particulares de um tratado, e não poderia pretender sobrepor as normas da OMC. O princípio da precaução não poderia ser empregado para justificar o não atendimento de obrigações previstas no Acordo de Aplicação de Medidas Sanitárias e Fitossanitárias. O "Panel" esclareceu, por fim, que o dispositivo faz menção a normas relevantes aplicáveis entre as partes e os Estados Unidos não haviam ratificado o Protocolo de Biossegurança. Também o "Panel" desconsiderou o argumento da Comunidade Europeia acerca do princípio da precaução segundo o qual, desde a apreciação do caso "*hormônios*", o princípio se consolidara como "princípio geral do direito" e, portanto, este seria relevante à luz do artigo 31(3)(c). Entendeu o "Panel" que o status jurídico do princípio ainda permanecia incerto[339].

De todo modo, comentou a CDI que o caso é importante por conta da expressa admissão e referência ao dispositivo da CVDT[340]. Para além desta observação, deve-se notar que os Estados Unidos esposaram uma visão diferente da que possui a CDI, conforme será explicitado.

Na Corte Internacional de Justiça, por sua vez, o dispositivo da integração sistêmica foi de central importância no "Caso das Plataformas Petrolíferas", julgado em 2003, iniciado pela República Islâmica do Irã contra os Estados Unidos da América em virtude dos ataques e destruição de complexos de produção de petróleo por navios estadunidenses ao tempo do conflito entre Irã e Iraque, na década de 1980. A demandante alegou que tais ações violavam o Tratado de Amizade, Relações Econômicas e Direitos Consulares entre ambos os Estados.

Em sua defesa, os Estados Unidos afirmaram que o Irã promoveu uma série de ataques a navios inocentes e, portanto, este sim teria violado o Tratado em questão, além de normas acerca do uso da força. Os Estados Unidos se basearam na tese da legítima defesa, atribuindo ao Irã o ataque aos

---

[339] Organização Mundial do Comércio. European Communities – Measures Affecting the Approval and Marketing of Biotech Products (WT/DS291/R).

[340] Comissão de Direito Internacional das Nações Unidas. Op. Cit. pp. 226 e 227.

seus navios, ao que o Irã sustentara ter sido ação do Iraque. Nos termos do próprio Tratado de Amizade, sustentaram que tais ações visavam proteger interesses vitais de segurança.

A Corte passou a analisar este argumento, contraposto à acusação do Irã de que tais ações prejudicaram o comércio iraniano e não estaria justificado como ação para assegurar interesses de segurança. Invocou, então, o artigo 1º do Tratado de Paz, o qual determina que deve haver firme e duradoura paz entre as partes, bem como invocou a técnica de integração sistêmica prevista na CVDT para esclarecer que o Tratado não se pode operar independentemente de todo o contexto normativo do direito internacional, apesar de consciente de que sua jurisdição se limitaria à aplicação do tratado. A Corte pontuou que para justificar o direito individual à legítima defesa, os Estados Unidos precisariam demonstrar que houve um "ataque armado", e que sua resposta atenderia ao critério da proporcionalidade, além de demonstrar que as plataformas de petróleo seriam alvos legítimos a serem sujeitos a uma ação militar tendente à legítima defesa. Não se convenceu, assim, da responsabilidade do Irã pelos ataques aos navios e, como consequência, já que o Tratado de Amizade tratava de medidas necessárias a consecução de interesses de segurança, ao que os Estados Unidos alegaram que a identificação da necessidade é uma medida de discrição, a Corte passou a analisar o sentido de necessidade e proporcionalidade à luz do direito internacional sobre legítima defesa, enfatizando que o ataque às plataformas de petróleo não apontaria para qualquer sentido de necessidade a qualificar a legítima defesa. Portanto, a ação dos Estados Unidos não seria de legítima defesa.

A seguir, a Corte analisou se houve violação à liberdade comercial prevista no tratado, levando em conta a destruição das plataformas e o embargo econômico dos Estados Unidos ao Irã. A Corte considerou, porém, que não houve violação à liberdade de comércio e, portanto, não haveria dever de reparação. Neste passo, a Corte concluiu que a ação militar dos EUA não foi necessária, a partir da interpretação do Tratado sob o direito internacional geral acerca do uso da força; que não houve violação à liberdade de comércio; e que o pedido contraposto dos EUA tampouco poderia ser acolhido[341].

Sua solução dependeu, portanto, do balanceamento de um Tratado de Amizade, Relações Econômicas e Direitos Consulares de 1955 entre o Irã e os Estados Unidos da América e o costume internacional acerca do uso

---

[341] Corte Internacional de Justiça. Caso da Plataforma Petrolífera (República Islâmica do Irã v. Estados Unidos da América). Julgado em 6 de novembro de 2003.

da força, ao que os Estados Unidos pleiteavam a interpretação do tratado segundo seu sentido ordinário e o Irã invocou a interpretação relacionada ao costume. Houve divisão de opiniões entre os juízes da Corte neste caso: Buergenthal opinou pela adstrição do julgamento aos termos do Tratado por corresponder ao limite consentido à jurisdição da Corte, o que, no entender da CDI, invalidaria a previsão do artigo 31(3)(c) da CVDT por sugerir que os termos de um tratado poderiam ser compreendidos independentemente do contexto normativo; Simma, por seu turno, opinou pela afirmação do costume internacional relativo ao uso da força como expressão do "direito internacional geral" e se justificou no dispositivo da CVDT em questão; Higgins se posicionou de maneira crítica ao dispositivo, ao colocar a necessidade de interpretar o tratado em conformidade com o seu contexto regulatório de relações econômicas; e Kooijmans posicionou-se no sentido de que a Corte deveria analisar o Tratado e recorrer a outros elementos apenas em caso de necessidade. Houve no caso, segundo o relatório, reconhecimento da aplicabilidade da integração sistêmica, sem, no entanto, haver indicação clara sobre como deve ser aplicada[342].

Comentando o caso, houve autores para quem a solução para a fragmentação teria caráter institucional e, assim, procuraram encontrar elementos no sistema jurídico internacional que confiram autoridade superior a Corte Internacional de Justiça. Sustenta-se que o artigo 31(3)(c) da CVDT é um dos suportes normativos que asseguram tal superioridade, o qual deve ser lido conjuntamente ao artigo 30 desta Convenção e com o artigo 103 da Carta das Nações Unidas. Para determinar que os tratados sejam considerados em relação aos seus objetos e propósitos, coerentemente juízes – os quais teriam poderes para tanto por força do poder inerente ao Judiciário - deveriam observar os objetivos e propósitos do artigo 103 da Carta, cujo desfecho é o reconhecimento da autoridade superior do diploma e da Corte estabelecida por ele. Adicionalmente, a supremacia da Corte Internacional de Justiça possuiria vocação para solucionar o problema da fragmentação, já pela a aplicação do artigo 31 (3)(c) no caso da "Plataforma de Petróleo", cuja decisão se tornaria referência aos demais órgãos[343].

Há três questões especiais, destacadas pela CDI, a respeito do artigo 31(3)(c) da CVDT, a saber: 1) quais as regras aplicáveis às partes que o dispositivo trata? 2) O que exatamente significa "levar em consideração", qual

---

[342] Comissão de Direito Internacional das Nações Unidas. Op. Cit. pp. 228 – 231.
[343] LEATHLEY, Christian. Op. Cit. pp.285 – 290.

o peso a ser conferido aos outros conteúdos jurídicos a partir desta expressão? Como se resolvem questões temporais dentro de tal previsão?[344]

Sobre a primeira questão, a CDI argumentou que a identificação das regras a serem levadas em consideração se mede pelas decisões dos tribunais as quais, a despeito da ausência de expressa menção ao artigo 31(3) (c), recorrem ao costume e aos princípios gerais do direito como correspondendo ao direito geral no qual a previsão específica se insere. Diz que o dispositivo expõe apenas parte da interpretação jurídica, uma vez que a interpretação deve seguir os seguintes passos: inicia-se do significado das expressões do tratado, avançando-se ao contexto de sua formulação e às considerações acerca de seu objeto e propósito e, a seguir, aferindo-se a prática subsequente à sua conclusão. Caso necessário, recorre-se aos trabalhos preparatórios (*travaux préparatories*). Realizada a interpretação do tratado em si, pelos meios indicados, procede-se a "integração sistêmica" a qual deve-se apoiar em dois pressupostos: 1) um positivo, segundo o qual se deve recorrer ao direito geral caso o tratado seja omisso ou cuja disposição não lhe seja diferente; b) outro negativo, segundo o qual se deve pressupor que as partes não intencionaram agir de forma inconsistente com os princípios gerais do direito. Essas duas premissas abririam as vias para o emprego do costume internacional e dos princípios gerais do direito. Como corolário da interpretação harmônica, segundo a qual se pressupõe que os estados edificam novas normas internacionais de forma compatível com o direito anteriormente estabelecido, lê-se, por exemplo, termos como "necessários a interesses essenciais de segurança" à luz do direito internacional geral a respeito do uso da força, a fim de identificar o que a expressão significa, como permite o artigo 31 (3)(c) da CVDT, promovendo-se, deste modo, a coerência sistêmica[345].

Além do costume internacional e dos princípios gerais do direito, também podem ser constatadas como aplicáveis normas convencionais, com o problema, porém, de se saber se todas as partes no tratado a ser interpretado devem também sê-las no outro tratado a ser aplicado. Neste caso, analisando a decisão do caso "*EC-Biotech Products*", já tratado aqui, a CDI vislumbra a possiblidade de os grandes tratados multilaterais se tornarem "ilhas", o que seria contrário ao "ethos legislativo" por trás das convenções multilaterais. Aos olhos da Comissão, seria melhor permitir a associação a outros tratados que as partes em disputa sejam partes, além

---

[344] Comissão de Direito Internacional das Nações Unidas. Op. Cit.p. 232.
[345] Idem. pp. 233 – 235.

de ser necessária uma apropriada distinção entre obrigações recíprocas e "integrais" ou "interdependentes"[346].

Novamente, relativamente ao caso *"EC-Biotech Products"*, há entendimento no sentido de que este confirma a hipótese de que à questão da fragmentação importa o assentamento de autoridade a quem se atribua a função de integrar o sistema jurídico, visto que a interpretação restritiva ao artigo 31(3)(c) no referido caso ocorreu em consideração à autonomia do regime da OMC e a possível perda de influência caso se considere amplamente o "direito internacional geral". Sustenta-se, portanto, que a integração que efetivamente poria fim aos problemas de coerência sistêmica no direito internacional seria tanto uma integração normativa como uma integração de autoridade[347].

Sobre a segunda questão, por sua vez, relativa ao peso a ser atribuído a outras regras a serem levadas em consideração, a CDI entendeu que a questão tem importância não só em termos de hierarquização normativa, mas igualmente sobre a necessidade de conectar as partes especializadas do direito internacional. Porém, a avaliação do peso a ser conferido a essas outras regras só poderia ocorrer no caso concreto[348].

Por fim, sob o aspecto intertemporal, a CDI afirmou que a regra tradicional seria levar em conta a contemporaneidade e as alterações a serem consideradas. Isto significaria tomar o tratado em relação ao contexto de sua elaboração, mas também situá-lo ao momento de sua aplicação. Se interpretar o tratado em relação a sua elaboração teria o condão de melhor identificar seus propósitos ao tempo em que a relação foi formada, interpretá-lo em relação ao momento da conclusão captaria de forma mais eficiente a intenção das partes; como nenhuma norma poderia ficar temporalmente estática, a prática subsequente dos estados deve ser levada em consideração. A CDI argumenta ser inútil estabelecer qualquer preferência rígida entre o passado e o presente, e, por isso, ela lança duas diretrizes: 1) os termos do tratado devem ser compreendidos como evolutivos; 2) descrições de obrigações em termos demasiadamente genéricos autorizam que seus significados sejam evolutivamente captados por outros conteúdos jurídicos mais específicos. Esta última observação a CDI fez dispendendo atenção ao *Caso Camarões*[349].

---

[346] Ibidem. pp. 237 e 238.
[347] MATZ-LÜCK, Nele. Op. Cit. pp. 126 e 127.
[348] Comissão de Direito Internacional das Nações Unidas. Op. Cit. pp. 239 e 240.
[349] Idem. pp. 240 e 241.

Há, porém, duras críticas dirigidas ao estudo da CDI neste ponto. Argumenta-se que o artigo 31 (3)(c) foi descoberto pela Comissão de Direito Internacional como potencial medida antifragmentação. A CDI não teria feito uma simples menção à integração sistêmica como método interpretativo – o que, pela leitura do artigo 31 como um todo, seria assim entendido -, mas abstraiu do artigo um verdadeiro princípio jurídico segundo o qual todos os tratados devem ser interpretados de acordo com o ambiente normativo geral. Há, segundo a crítica, quem ainda vá além e refira ao princípio como possuindo status constitucional. Lembra-se, inclusive, que a proposta inicial ao dispositivo conclamaria a contemporaneidade, segundo a qual o tratado seria interpretado de acordo com o contexto no qual se aplicaria[350].

Percebe-se, assim, haver um debate neste ponto. A integração sistêmica pode ser entendida nos termos da argumentação dos Estados Unidos da América, no Caso dos Produtos Biotecnológicos, analisado pelo o Órgão de Solução de Controvérsias da OMC: um mecanismo para interpretação dos termos de um tratado particular. A CDI não desenvolve sua análise acerca do artigo 31 (3)(c) da CVDT sob este viés; frequentemente, seu estudo o qualifica como um princípio jurídico, a traduzir-se em um dever de sempre se considerar o direito internacional como um todo. Impende lembrar, inclusive, que William Masfield chegara a conclusão correspondente ao primeiro entendimento, quando do seu incipiente estudo sobre o dispositivo da integração sistêmica junto ao grupo de estudo sobre fragmentação da CDI: o dispositivo somente se aplicaria caso houvesse lacuna ou ambiguidade no tratado a ser interpretado, segundo sua linha de desenvolvimento.

Já de acordo com as críticas feitas ao trabalho da CDI, por trás dos debates que culminaram na formulação do artigo 31 (3)(c), estaria o método dinâmico ou evolutivo de interpretação, os quais primam pela consideração da evolução da norma a ser interpretada de acordo com os contornos que assuma no transcurso do tempo. O aspecto temporal – proposto inicialmente - não fora reproduzido no texto da CVDT, embora esteja implícito que a aplicação de "qualquer regra relevante" se estenda àquelas que advieram após a edição e conclusão da norma a ser interpretada. Sustenta a crítica que o trabalho da Comissão sobre o direito dos tratados expõe duplo viés: ao conclamar a aplicação do dispositivo, firma posição no sentido do caráter dinâmico que possui as normas internacionais ao reclamar a aplicação de outras normas as quais produzem novo sentido à norma interpretada; por outro lado, defende a estabilidade do chamado direito internacional geral

---

[350] TZEVELEKOS, Vassilis P. Op. Cit. pp. 631 - 634.

que, já que vinculante aos regimes especiais, estes não podem ir muito além do que estipulado por aquele[351].

Referida base teórica ainda aponta que a Corte Europeia de Direitos Humanos aplica a integração sistêmica, no sentido material, para três fins: 1) em situações em que o direito aplicado pela Corte é complementar às normas relevantes de direito internacional geral; 2) em situações em que há contraditoriedade entre estas e aquele; 3) em situações em que as normas relevantes do direito geral não são aplicáveis ao caso, razão pela qual a Corte as esclarece preliminarmente com o fito de afirmar sua jurisdição. A análise de casos apreciados pela Corte, realizada pelo autor, leva-o a constatar que o âmbito de aplicação do artigo 31 (3)(c) se dá no primeiro caso, qual seja, de associação normativa em caso de complementariedade. Esta aplicação aproxima o artigo 31 (3)(c) mais do princípio evolutivo do que da chamada 'integração sistêmica', e sua explicação é que o dispositivo foi empregado pela Comissão de Direito Internacional apenas recentemente como forma de buscar a unidade do sistema jurídico internacional[352].

Ademais, a Corte Europeia de Direitos Humanos seria a Corte que mais aplicou o dispositivo da CVDT. Mas o objetivo da aplicação não fora propriamente a busca pela integração sistêmica – sendo este um benefício apenas secundário -, mas uma tentativa de reunir recursos interpretativos adicionais para a compreensão teleológica da Convenção Europeia de Direitos Humanos[353].

Referida linha de raciocínio lembra, igualmente, o caso *"Bosphorus"*, no qual a Corte empregou o artigo 31 (3)(c) com manifesta intenção de preservar o funcionamento regular do direito europeu. Este caso apresentaria a face institucional da questão da fragmentação, de sorte que o recurso ao dispositivo se operaria como medida para evitar sobreposições jurisdicionais. No mesmo passo que sobre o caso *"Al-Adsani"*, entendeu-se tratar- de um uso abusivo do dispositivo da CVDT a fim de não apreciar a demanda[354].

Na obra brasileira *Direito dos Tratados – Comentários à Convenção de Viena sobre Direito dos Tratados (1969)*, no comentário sobre o artigo 31 da CVDT, faz-se referência à capacidade de o dispositivo promover a integração e antifragmentação do direito internacional, em diálogo expresso com

---

[351] Idem. pp. 634 – 636.
[352] Ibidem. pp. 646 - 648.
[353] Ibidem. p. 649.
[354] TZEVELEKOS; Vassilis P. Op. Cit.pp. 680 – 682.

os pontos desenvolvidos pela CDI. A integração sistêmica é, nesta obra, tida como princípio[355].

5.2. A proposta da técnica de balanceamento.

Nem todo trabalho, posterior à conclusão do relatório da CDI, associa a integração sistêmica à técnica de balanceamento.

A técnica de balanceamento se apoia na ideia de proporcionalidade. Sua aplicação exige, inicialmente, uma distinção entre regras e princípios, constituindo os últimos em programas de otimização. Se as regras podem ou não ser aplicadas, os princípios são mais ou menos atendidos de acordo com as circunstâncias[356]. Trata-se da afamada "ponderação" ou sopesamento de princípios.

Com efeito, exemplifica-se a aplicação da técnica de balanceamento com um eventual caso que oponha o direito dos investimentos aos direitos humanos de tribos indígenas. Conquanto as duas esferas correspondem a valores – o direito à reparação justa e equitativa em caso de expropriação com direitos humanos de povos indígenas – em colisão, tanto os princípios de direitos humanos, ambientais e o princípio da justa e equitativa reparação devem ser balanceados A integração sistêmica, nesta senda, indicaria quais outras normas podem ser levadas em consideração além daquelas contidas no tratado objeto de um litígio. No entanto, não indicaria como essas normas devem ser consideradas. O princípio da proporcionalidade e sua subjacente técnica de balanceamento corresponderiam a um meio de integração mais apto a conservar um sentido geral ao direito internacional[357].

Nota-se que há uma divergência de entendimento entre esta visão e o trabalho da CDI, visto que, para a Comissão, a integração sistêmica se aplica exclusivamente a regras, e não a normas de caráter abstrato que anunciam valores fundantes da ordem jurídica internacional.

Por seu turno, há autores que se opõem à ideia de que a técnica de balanceamento possa ser construtiva no direito internacional, visto que esta só pode se operar de maneira intrassistêmica e, como já salientado, estes não veem todo o direito internacional como sistema. Os diferentes sistemas estabelecem diferentes objetivos dentro dos quais o balanceamento pode ocorrer internamente, apenas[358].

---

[355] SALIBA, Aziz Tuffi (org.). Op. Cit.
[356] VAN AAKEN; Op. Cit. pp. 502 e 503.
[357] Idem. pp. 503 – 512.
[358] MICHAELS, Ralf; PAUWELYN, Joost. Op. Cit. pp. 356 e 357.

Outra linha crítica ao trabalho da CDI diz respeito à referência ao balanceamento (*weighing*) na seção dedicada à integração sistêmica, tendo em vista que balanceamento e integração sistêmica são, segundo esta linha, duas figuras com racionalidades e pressupostos distintos. Conquanto a integração sistêmica trataria de um recurso que habilita uma norma ser lida de forma associada ao contexto normativo, o balanceamento seria um método analítico de adjudicação normativa, no qual se entrelaçam e sistematizam interesses, sendo este método próprio do constitucionalismo. A integração sistêmica promoveria interpretação teleológica ao recorrer ao contexto; o balanceamento se daria entre duas demandas válidas das quais se escolhe a prevalecente. Salienta-se que o balanceamento não seria meio de interpretação normativa, mas empregado ao que, diante de conflito ou colisão de normas constitucionais, determina-se qual interesse deve ser predominante[359].

Na medida em que a CDI afirma que a própria existência do conflito é resultado de interpretação, assim como depende de interpretação para sua solução, esta linha teórica argumenta que isso não justifica tratar a técnica de balanceamento como se fosse interpretação. O balanceamento se daria quando a interpretação já ocorrera e se constata que a colisão de normas persiste[360].

5.3. Conclusões do trabalho da CDI sobre "integração sistêmica".

Ao concluir o tema, a CDI diz que "integração sistêmica" significa situar uma norma ao contexto jurídico, composto de regras e princípios, apesar de não ser possível determinar abstratamente como essa relação vai acontecer. Sem integração sistêmica, as instituições ficariam completamente isoladas, o que arriscaria qualquer chance de se assegurar o bem comum da humanidade[361].

Como contraponto, Vassilis P. Tzevelekos indica quatro formas de uso para o artigo 31 (3)(c) - responsável por introduzir à interpretação dos tratados o postulado de 'integração sistêmica' -, com base na jurisprudência da Corte Europeia de Direitos Humanos. Em um primeiro sentido, no qual

---

[359] DEL NEGRO, Guilherme. **The Weight of Obligations": Systemic Integration, Balancing and Conflicts of Legitimacy**. In Fragmentação do Direito Internacional – Pontos e Contrapontos. Belo Horizonte: Arraes/2015. p. 42.

[360] Idem. p. 43.

[361] Comissão de Direito Internacional das Nações Unidas. Op. Cit. pp. 243 e 244.

a Corte enxerga outras normas como complementares à Convenção Europeia de Direitos Humanos, esta recorre ao dispositivo da CVDT com o fito de expandir o conteúdo da Convenção Europeia. Neste primeiro caso, o artigo 31 (3)(c) se prestaria a reforçar a teleologia do regime europeu para os direitos humanos. Porém, nesta situação o fenômeno da fragmentação não se afiguraria, de modo que o dispositivo não se prestaria a resolvê-lo. Nos casos de conflito, nos quais o fenômeno da fragmentação verdadeiramente seria visível, o artigo 31 (3)(c) oferece pouca capacidade de solução, visto que por 'integração sistêmica' não basta a elucidação de um 'ponto de contato' entre as normas em conflito, mas o emprego de meios adicionais, sobretudo a proporcionalidade (balanceamento) e a consideração de obrigações *erga omnes*. A terceira hipótese se refere aos casos de lacuna no direito aplicado pela Corte, razão pela qual esta recorre ao direito internacional geral a fim de supri-las. Neste terceiro sentido, o autor diagnostica que a Corte tem silenciado sobre o dispositivo. O artigo 31 (3)(c), como já havia destacado, foi aludido pela Corte de Estrasburgo para denegar sua jurisdição. Por fim, em um quarto sentido o dispositivo se prestou a evitar a fragmentação institucional – embora esta observação se faça a partir de um caso único, como bem alerta o autor, precisamente o caso *"Bosphorus"* -, indicando uma cortesia institucional[362].

Como conclusão, o autor sustenta que o artigo 31 (3) (c) da Convenção de Viena sobre Direito dos Tratados de 1969 terá o condão de promover a integração sistêmica caso a Corte Europeia de Direitos Humanos assim o queira, observação esta que pode ser estendida a outros tribunais. Haveria vários modos de aplicação do dispositivo e a variação entre elas se dá a partir da balança de poder entre órgãos judicantes, porquanto há seletividade e discricionariedade em seu emprego, como nas normas as quais serão consideradas relevantes. Por outro lado, o autor indica que o dispositivo permite analisar o direito internacional como um todo, além de permitir um ativismo no avanço de objetos e propósitos de certos tratados, com especial atenção à Convenção Europeia de Direitos Humanos. O dispositivo permitiria, ademais, que o direito internacional contenha dinamismo saudável, ao permitir evolução jurisprudencial sobre determinada matéria. Como último apontamento, Tzevelekos observa que as dificuldades de interpretação e aplicação do direito internacional não se resolvem sem a definição de prioridades[363].

---

[362] TZEVELEKOS, Vassilis P. Op. Cit. pp. 685 – 687.
[363] Idem. pp. 688 – 690.

CONCLUSÃO

De modo algum pode-se compreender o trabalho da Comissão de Direito Internacional das Nações Unidas como uma visão segundo a qual a expansão e diversificação do direito internacional tenham minado a unidade ou a possibilidade de unidade desta dimensão do direito. O fenômeno da fragmentação não é tido por seu relatório nem como um esfacelamento do sistema jurídico internacional, nem mesmo como ameaças às suas unidade e coerência. Prova disto é a afirmação, contida na conclusão do capítulo sobre *lex specialis* e regimes autônomos, de que não há qualquer perigo sério à pratica jurídica advindo de problemas de substância do direito internacional, já que a especialização e organização do estudo do direito em "ramos" é normal; e juízos associativos entre esferas especiais de operação normativa, estabelecendo-se relações de prioridade ou hierarquia, são comuns ao raciocínio jurídico. A CDI chega a afirmar que, sendo o fenômeno próprio da complexidade social e globalização as quais afetam o direito internacional, a inaptidão para lidar com tais influxos não expõe um problema do direito internacional, mas da criatividade dos juristas: o problema não residiria em sua "caixa de ferramentas" – para usar os termos do próprio relatório -, mas em sua imaginação sobre como utilizá-las[364].

Em seu desenvolvimento, a CDI incorpora aquilo que Bruno Simma considera ser o maior avanço na discussão acerca da fragmentação, consistente

---

[364] Comissão de Direito Internacional das Nações Unidas; Op. Cit. Nota 9; pp. 114 e 115. "... the fragmentation of the substance of international law – the object of this study – does not pose any very serious danger to legal practice. It is as normal a part of legal reasoning to link rules and rule-systems to each other, as it is to separate them and to establish relations of priority and hierarchy among them. The emergence of new "branches" of the law, novel types of treaties or cluster of treaties is a feature of the social complexity of a globalizing world. If lawyers feel unable to deal with this complexity, this is not a reflection of problems in their "tool-box" but in their imagination about how to use it".

em não a tratar como imediata e essencialmente negativa, distanciando-se de visões que a tem como ameaça à unidade sistêmica do direito internacional, mas apenas tratando-a como "dificuldades" oriundas do maior grau de complexidade que o direito internacional assumiu. O próprio título dado ao trabalho da CDI é expressivo disto, como também observa Simma, já que associa termos com conotações positivas e negativas – fragmentação e dificuldades; expansão e diversificação[365]. Já em seu título, inclusive - levando em consideração a crítica de Martineau segundo a qual o debate é irrefragavelmente imbuído de ideologia e crítica, de modo que o termo "fragmentação" somente seja empregado pelos descontentes com o projeto político em curso, ao que seus entusiastas titulam o fenômeno pelo termo "diversificação"[366] –, impende notar que a CDI faz uso das duas expressões, no claro ímpeto de se constituir nem como um relato sobre a erosão da unidade ou da coerência do sistema jurídico internacional, nem como afirmação de sua progressiva constitucionalização.

Com efeito, pode-se ver o trabalho da CDI mais como um posicionamento a favor da sistematização e hierarquia do direito internacional – apesar das dificuldades - do que como um diagnóstico de fragmentação. Observa-se esta percepção do relatório na análise de Mads Andenas, para quem este contém "ênfase forte do direito internacional enquanto sistema com hierarquia de normas"[367]. Este também é o entendimento de Eyal Benvenisti, o qual analisa a concepção de direito internacional enquanto sistema jurídico e, entre a escola de estudiosos geralmente dos Estados Unidos da América os quais enxergam o direito internacional como um conglomerado de normas solitárias flutuantes no abismo da anarquia internacional e juristas alemães cujo esforço se empenha no sentido da criação de um sistema jurídico coerente, situa o relatório na segunda corrente, ao sugerir que qualquer conteúdo de direito internacional esteja ao alcance da CVDT e ao se apoiar sobre conceitos como *jus cogens* e obrigações *erga omnes*[368].

Enfaticamente, sobretudo no capítulo sobre lex specialis e regimes autônomos, a CDI sustentou existir um sistema de direito internacional do qual os estados jamais poderiam se apartar completamente – por motivos políticos, ponderou o relatório em diálogo com Pauwelyn, mas principalmente porque material e logicamente os regimes autônomos não têm condições

---

[365] SIMMA, Bruno; Op. Cit. Nota 94.

[366] MARTINEAU, Anne-Charlotte; Op. Cit. Nota 9.

[367] ANDENAS, Mads; Op. Cit. Nota 98; p. 705.

[368] BENVENISTI, Eyal; *The Conception of International Law as a Legal System; German Yearbook of International Law*; Vol. 50; 2008.

de reinventar o mundo, valendo-se de conceitos historicamente enraizados, tais quais "jurisdição" ou "estado", a fim de estatuir seus institutos jurídicos próprios -, apesar da ampla possibilidade de derrogação a partir da formulação de novas normas, especiais ou posteriores, multilaterais ou bilaterais.

A este respeito é imperioso notar que o relatório da CDI constitui um trabalho coletivo, o qual vislumbrou distintos posicionamentos. O fato de a defesa do direito internacional enquanto sistema estar mais presente no capítulo sobre *lex specialis* talvez se deva às variações de posicionamentos entre os próprios membros do grupo de estudo, o qual contemplou divisão de tarefas, e sobre o qual se pode compreender que há certa oscilação de narrativa. Não porque nos demais capítulos a fragmentação seja tratada como perniciosa e irrecuperável, mas porque não parece haver ênfase tão forte na qualificação do direito internacional enquanto sistema coerente – acusando, inclusive, a falta de criatividade de juristas -, senão um levantamento menos incisivo sobre dificuldades e possibilidades. O capítulo correspondente à integração sistêmica, por outro lado, parece ser o que mais incorpora aspecto propositivo.

Fragmentação, constitucionalização, unidade e coerência são percepções sobre o direito internacional considerado em sua generalidade. Dificilmente se poderá, por isso, produzir um estudo que assimile todos os contornos dessas questões: inevitavelmente tal estudo implicará uma escolha de enfoque. Nesse passo, a CDI fez uma escolha clara de abordagem, centrando seus esforços no aspecto substantivo da fragmentação do direito internacional, o que significou aos membros de seu grupo de estudo a análise de desenvolvimentos normativos os quais conduzem a um possível conflito de normas, como as consagradas dicotomias entre norma especial e geral, posterior e anterior, superior e inferior; além de contemplar um mecanismo interpretativo entendido como fator integrador das relações normativas. Seu relatório se ocupa de aliar considerações teóricas à análise de como tais dicotomias e a integração sistêmica foram assimiladas pelos tribunais internacionais a partir de suas decisões. Como consequência, grande parte das críticas feitas ao relatório se dá sobre tal escolha, sobretudo referentemente à exclusão da dimensão institucional do fenômeno da fragmentação.

Nesse prumo, críticas como a de Christian Leathley e Nele Matz-Lück foram reproduzidas neste trabalho. Para eles, o problema da fragmentação é manifestamente institucional, a solucionar-se a partir da estrutura organizacional e alocação de autoridades. Leathley, segundo o qual inevitavelmente a Comissão de Direito Internacional terá de tratar futuramente do aspecto institucional do problema, aborda-o a partir da proposta de hierarquização de tribunais internacionais, a conferir-se à Corte Internacional de Justiça autoridade superior a partir de elementos já constantes do sistema jurídico internacional: o dever de integração sistêmica, a prioridade da Carta das Nações Unidas estabelecida em seu artigo 103, o fato de a Corte Internacional de Justiça ter sido criada pela Carta, a referência a esta prioridade feita pelo artigo 30 da Convenção de Viena sobre Direito dos Tratados de 1969[369]. Por outro lado, Matz-Lück entende que, conquanto a abordagem institucional implique análise sobre autoridade para decidir qual norma a ser aplicada, esta seria indispensável ao estudo da fragmentação, já que a integração de autoridades teria o condão de promover a desejada integração substantiva[370].

Outro ponto de vista também relevante a esta crítica foi a de Maksmylian Del Mar, para quem, ao não tratar conflitos jurisprudenciais como tipo genuíno de fragmentação do direito internacional, a CDI erroneamente faz crer que normas têm existência separada de sua aplicação e argumenta, por isso, que o entendimento sobre raciocínio jurídico foi reduzido. Seu propósito foi, ao demonstrar contradições epistêmicas no relatório da CDI, oferecer meios alternativos de racionalidade jurídica, os quais levem em conta a realidade dos tribunais. O autor, inclusive, sugere uma nova agenda à CDI, a qual reveja o relatório tomando por base a inextricabilidade entre normas e sua adaptabilidade factual em contextos institucionais específicos[371]. Seria necessário produzir estudo empírico.

As críticas não se resumiram à exclusão do aspecto institucional. O relatório da CDI poderia tocar em tantos outros pontos, normativos mesmo, que teriam relevância para o exame da fragmentação do direito internacional. O princípio da boa-fé, por exemplo, poderia ser abordado como limitação ao poder dos estados em se desviarem de normas internacionalmente estabelecidas a partir da formulação de novas normas; Adamantia Rachocitsa manifesta surpresa ao ver que no debate acerca das dificuldades sobrevindas da expansão e diversificação do direito internacional – fragmentação – não se tenha discutido a cláusula da proteção mais favorável aos direitos humanos, já que, para ela, esta cláusula aliviaria bastante tais dificuldades[372]. Talvez o estudo de como as fontes do direito internacional se relacionam com o tema seria igualmente apropriado.

---

[369] LEATHLEY, Christian; Op. Cit. Nota 109.

[370] MATZ-LÜCK, Nele; Op. Cit. Nota 111.

[371] DEL MAR, Maksymilian; Op. Cit. Nota 104; pp. 38 – 59.

[372] RACHOVITSA , Adamantia; *Treaty Clause and Fragmentation of International Law*: Appliying the More Favorable Protection Clause in Human Rights; Human Rights Law Review; Vol. 16; 2016; pp. 78 e 79.

O capítulo do relatório da CDI sobre *lex specialis* e regimes autônomos reúne observações as quais se relacionam com todo o tema da fragmentação do direito internacional. Note-se, por exemplo, as três possibilidades de conflito inclusas neste capítulo: divergência jurisprudencial, exceção ao direito geral, ou duas normas que se apresentam como especiais. As duas últimas se relacionam com o critério da especialidade, mas a primeira não necessariamente. Como esta abordagem é tratada neste capítulo, as críticas relativas à exclusão do aspecto institucional foram reproduzidas igualmente no capítulo correspondente. Também foram analisados debates que se centraram no diálogo entre órgãos judicantes do direito internacional: esta perspectiva não pode ser tida como impacto do relatório propriamente, mesmo porque este se abstivera de tecer maiores considerações a respeito do tema, mas foi importante esclarecer que esta discussão permanece viva e suscita interesse sob diversos ângulos, seja para analisar eventuais mecanismos de diálogo – como fez a Sociedade Americana de Direito Internacional -, seja para proclamar a necessidade de análise empírica sobre a realidade dos tribunais – como defendeu o professor George Rodrigo Bandeira Galindo. A dificuldade encontrada pela CDI, no aspecto institucional, é claramente a ausência de hierarquia entre instituições, da qual resultam incertezas jurídicas. Demonstrou-se, neste trabalho, ademais, que o ideal de hierarquia institucional, de modo que a Corte Internacional de Justiça venha a assumir o topo de dita hierarquia, ainda permanece como proposta de alguns estudiosos. De todo modo, ao longo desses dez anos decorridos da conclusão do relatório da CDI, observa-se que o debate não se resume a saber se o aumento do número de órgãos é nocivo ou não à unidade do direito internacional, senão houve proposições materiais e epistêmicas sobre o diálogo entre órgãos.

Sobre os aspectos técnicos de aplicabilidade de *lex specialis* não houve divergências fundamentais. Basicamente, a CDI sustenta que a máxima da preferência pela norma especial é relativa, dependerá do contexto no qual ambas as normas são invocadas e que a interpretação deve evitar o conflito normativo, de modo que o critério se aplique somente caso seja impossível a interpretação harmoniosa, conjunta. Sempre que se possa ler uma norma especial como sendo a aplicação de uma norma geral, a segunda deve ser entendida como contida na primeira. Por isso, a CDI adota uma postura crítica à jurisprudência da Corte Europeia de Direitos Humanos a qual, conforme indicam alguns casos, procura selecionar uma norma a ser aplicada e excluir outras possíveis, em vez de relacioná-las.

O estudo de *lex specialis* no direito internacional, porém, suscita questões sobre interseções temáticas. Relevante foi a opinião de Bill Bowring

166 Direito Internacional e o Debate sobre sua Unidade

sobre a relação entre direitos humanos e direito humanitário, bem como sua crítica às decisões da CIJ acerca da não cessação dos direitos humanos em caso de conflito armado, de modo que as disposições do direito humanitário sejam *leges speciales* em relação aos direitos humanos. Para ele, circunstâncias especiais do caso invocam uma ou outra categoria de normas. Ponderado foi, inclusive, se há benefícios na descrição de um "ramo" do direito internacional como *lex specialis* em relação a outro e particularmente no caso dos direitos humanos os quais, dado seu conteúdo eminentemente axiológico, poderiam ser tidos não como norma geral, mas como pilar do sistema jurídico internacional, de modo que condicione toda sua inteligibilidade. Neste caso seria possível conceber os direitos humanos tal qual os entende Pedro de Abreu Dallari, para quem eles constituem mais do que especialidade temática senão verdadeiro fator estruturante do sistema jurídico internacional[373].

Sobre a relação entre geral e especial, o relatório foi objeto de críticas. Anastasios Gourgourinis sustentou que o relatório da CDI não ofereceu definição precisa do que seria geral e especial. Para ele, a solução para este impasse seria distinguir normas pelo seu alcance, de modo que normas vinculantes a todos os membros da sociedade internacional devem ser tidas como gerais[374]. Para Del Mar, o direito geral só poderia ser identificado por meio de estudo pragmático[375]. Por outro lado, Melissa Zekiye Calti entende que o direito internacional, por sua organização em regimes, não permite distinguir o geral do especial[376]. A solução encontrada pela CDI para este impasse foi sustentar que o geral e o especial têm caráter relacional: um só pode ser identificado em relação ao outro, o que dependerá do contexto no qual as normas serão invocadas.

Por outro lado, quando a CDI se põe a analisar a permissibilidade da formulação de uma norma especial, esta se depara com um dos atributos o qual pode ser tido como dificuldade a acarretar fragmentação: o caráter dispositivo de grande parte do direito internacional. É evidente que a ausência de ampla e rígida hierarquia normativa no direito internacional é frequentemente apontada como condição problemática às unidade e coerência do direito internacional, e essa percepção permeia toda a elaboração de seu relatório. De todo modo, seu trabalho teve o mérito de apontar que a permissibilidade da elaboração de norma especial depende se a norma a ser

---

[373] DALLARI, Pedro de A.; Op. Cit. Nota 83.
[374] GOURGOURINIS, Anastasios; Op. Cit. Nota 201.
[375] DEL MAR, Maksymilian; Op. Cit. Nota 104.
[376] CALTI, Melissa Zekiye; Op. Cit. Nota 204.

preterida corresponde a *jus cogens*, obrigação *erga omnes*, ou se meramente a nova norma frustra expectativas de terceiros estados. A observância ao objeto e propósito do tratado o qual se pretende preterir deve ser, adicionalmente, levada em consideração. A CDI igualmente aponta que o critério da especialidade não guarda uma relação clara com o da posterioridade à luz da CVDT. Sobre todas essas afirmações, não foram encontradas contraposições posteriores.

Contudo, maior controvérsia recai sobre a capacidade de os critérios de preferência normativa efetivamente solucionarem os problemas decorrentes da diversificação e expansão do direito internacional, sobretudo por conta de sua organização no que se convencionou chamar de 'regimes autônomos'. Há posicionamentos de preferência por critérios em detrimento de outros, o que certamente se justifica na possibilidade de eles reverberarem na estabilidade do sistema jurídico internacional. Anthony Aust[377], Bruno Simma e Dirk Pulkoski[378] depositam no critério da especialidade a virtude de efetivamente resolver conflitos e assegurar o equilíbrio das relações internacionais. Por outro lado, a organização do direito internacional em categorizações temáticas causa ceticismo em alguns estudiosos – como Ghouri – sobre a capacidade do critério da especialidade promover a consistência do direito internacional[379]. A CDI toma, igualmente, a organização do direito internacional em regimes como dificuldade à aplicação do critério da especialidade, sobretudo quando aponta que as normas em conflito devem tratar do "mesmo assunto", visto que obrigações são incluídas em distintas categorizações temáticas e afetam umas às outras, sem que propriamente se possa dizer que versam sobre um "mesmo assunto".

A questão dos regimes autônomos, por seu turno, suscita intensa divergência de entendimento, desde sua definição. A CDI encontrou três possíveis sentidos para a expressão: conjunto de normas secundárias, conjunto de normas primárias e secundárias inter-relacionadas, e um ramo de especialização funcional que contenha normas próprias de administração, terminação e interpretação. O primeiro sentido no qual a expressão foi empregada, no caso "*S.S. Winbledon*", fora tida pelo relatório como ocasional, por tratar-se de uma norma singular especial. Bruno Simma e Dirk Pulkowski[380], seguidos por Anastasios Gourgourinis, entendem que a definição de regimes autônomos se dá a partir de subsistemas que contenham normas

---

[377] AUST, Anthony; Op. Cit. Nota 146.
[378] SIMMA, Bruno; PULKOSKI, Dirk; Op. Cit. Nota 125.
[379] GHOURI, Ali Ahmad; Op. Cit. Nota 116.
[380] SIMMA, Bruno; PULKOSKI, Dirk; Op. Cit. Nota 125.

secundárias, de modo que não se recorra ao sistema geral de responsabilidade internacional do estado em caso de violação às normas primárias as quais as normas secundárias específicas prometem assegurar. Para Gourgourinis o abandono da dicotomia entre normas primárias e secundárias para fins de definição e operação de regimes foi um erro do relatório da CDI[381]; como contraponto, para George Rodrigo Bandeira Galindo e Loussia Penha Musse Felix houve acerto, por ter a CDI permitido que os estudiosos do direito internacional entendam que lidam com racionalidades sociais em constante colisão[382]. Nota-se, a partir disso, que o termo 'regimes autônomos' tanto pode ser empregado como tendo um valor normativo em si, por meio do qual se analisa a potencial aplicabilidade de outras normas sobre responsabilidade internacional que não estejam contidas no próprio regime; como pode ser empregado com abordagem sociológica para descrição do funcionamento da realidade social global e seu direito subjacente. De todo modo, também houve argumentos de que estudos empíricos e multidisciplinares devem ser produzidos para identificação do que sejam "regimes autônomos"[383].

Ao tratar das condições para estabelecimento de um "regime autônomo", a CDI concebe o que se pode entender como uma forte defesa do direito internacional como sendo um sistema jurídico. Além de esclarecer restrições aos regimes autônomos – aquelas impostas à formulação de normas especiais -, e o recurso ao direito internacional geral em caso de lacuna, seu relatório levanta uma série de casos em diferentes domínios nos quais os órgãos judicantes extraíram de conceitos jurídicos pertencentes ao direito internacional geral razões para a interpretação dos instrumentos os quais têm atribuição primária de aplicar. Demonstrou-se que os regimes autônomos não possuem normas específicas sobre conteúdos como "estado", "jurisdição", entre outros. O estudo ganha adeptos como Regis Yann Simo[384], a procurar demonstrar que o completo isolamento de conteúdos jurídicos organizados em categorias temáticas específicas inexiste. No entanto, se a CDI enfatiza e levanta casos em que houve relação de normas, e, por exemplo, no caso do direito do comércio internacional, produz tese jurídica a qual autoriza a aplicação da CVDT e, como consequência, habilita a aplicação de quaisquer normas internacionais de relevância; esta igualmente reconhece que isso não exclui existir um 'ethos' da OMC: novamente,

---

[381] GOURGOURINIS, Anastasios; Op. Cit. Nota 201.
[382] GALINDO, George Rodrigo Bandeira; FELIX, Loussia Penha Musse; Op. Cit. Nota 152.
[383] GALINDO, George Rodrigo Bandeira; Op. Cit Nota 81.
[384] SIMO, Regis Yann; Op. Cit. Nota 185.

seu relatório parece ponderar a existência de racionalidades sociais especializadas as quais se chocam em casos específicos. O reconhecimento de racionalidades sociais – 'ethos' que inspiram os diferentes regimes – parece moderar a defesa da CDI do direito internacional enquanto sistema. Possivelmente, seja esta uma "dificuldade" encontrada, decorrente da expansão e diversificação do direito internacional.

No tocante à discussão sobre regionalismo, a CDI limita-se a indicar que sistemas jurídicos regionais devem obedecer a mesma lógica dos regimes autônomos, jamais constituindo-se como sistemas isolados. Sustenta, igualmente, que o desenvolvimento de ditos sistemas pode vir a carrear os propósitos estabelecidos pelo direito internacional geral. Os argumentos esposados em seu trabalho foram relacionados a outros escritos os quais analisam a paradoxal relação entre direito geral e local: no campo comercial, por exemplo, alguns posicionamentos indicam prejuízos ao sistema multilateral, ao mesmo tempo que a flexibilidade e a sensibilidade a condições particulares de seus membros podem ter efeitos benéficos para o almejado fim a restrições comerciais. Alguns expedientes foram tidos como gozando de especial importância: a cooperação e os diferentes níveis de participação de membros no sistema de comércio, a cláusula da nação mais favorecida e o mecanismo de transparência sobre acordos regionais o qual o sistema multilateral conta. Permanece, segundo se conclui da participação de Gabrielle Marceau em debate promovido pela ASIL, a preocupação com a alocação de autoridades no direito internacional, a qual a autora articulou em atenção ao *Caso das Restrições às Bebidas Açucaradas entre o México e os Estados Unidos da América*, no qual a despeito da existência de normas regionais que seriam relevantes ao caso, a contenda foi decidida pelo sistema multilateral da OMC[385]. Ao longo desses dez anos de conclusão do estudo da CDI, outros escritos também se ocuparam de tratar da relação entre direito regional e geral sobre temas específicos, como foi a preocupação de Makus G. Puder sobre se o direito regional poderia ser considerado "boa notícia" ao direito ambiental: o princípio da precaução, por exemplo, deve ser visto como vinculante no direito europeu; embora possa ser visto como não vinculante no sistema de direito internacional geral. Mas, a partir do caso da usina de MOX, o autor observa que o direito europeu só será benefício ao ambiente caso a integração europeia assim o faça com que seja[386].

Pelo que se observa, não houve profunda contestação sobre as observações da CDI acerca do regionalismo. Talvez porque tais observações

---

[385] MARCEAU, Gabrielle; Op. Cit. Nota 221.
[386] PUDER, Markus G.; Op. Cit Nota 223.

acabem por simplesmente submeter o regionalismo aos mesmo termos que toda a discussão sobre *lex specialis* e regimes autônomos, não desenvolvendo questionamentos exclusivos ao tema. Há quem entenda que as impressões da CDI sobre o tema sejam limitadas demais.

Como dito, no tratamento da CDI correspondente a *lex specialis* e regimes autônomos, seu relatório lança mão de argumentos os quais denotam forte senso do direito internacional enquanto sistema. Tal constatação fica ainda mais evidente ao ler sua conclusão, tendo em vista que a CDI sustenta que os regimes estão vinculados ao direito internacional geral, que aqueles extraem sua força vinculante deste, que a validade normativa dos regimes é absorvida dos princípios gerais do direito internacional, além de o direito internacional geral ser aplicado em caso de lacuna ou falha do regime e orientar sua interpretação; chega a defender a CDI, aliás, que o direito internacional geral controla a aplicação dos regimes, determinando qual regime deve prevalecer, ou, ao menos, estabelecendo consequências jurídicas pela escolha de um ou outro regime.

Em sua discussão sobre tratados sucessivos e critério da posterioridade, o relatório demonstra que há dificuldades em sua aplicação, tal qual previsto pela CVDT. A CVDT não esclareceria o momento que o tratado deve ser considerado anterior ou posterior, tampouco esclareceria como este deve lidar com a máxima da especialidade. O aspecto horizontal das normas de direito internacional e o fato de a adesão a um tratado depender da aceitação do estado parecem ter sido lembrados pela CDI ao vislumbrar uma possibilidade que colocaria intensas dúvidas à relação entre normas sucessivas: se for considerada a adesão como termo para aplicação do critério da posterioridade; e caso uma parte, em eventual litígio, tenha aderido um e outro tratado, ao que a parte contrária os tenha aderido na ordem inversa, esta situação se torna insolúvel. Novamente, a CDI parece ter-se deparado com a horizontalidade do direito internacional como "dificuldade" decorrente sua diversificação e expansão: a ausência de um processo legislativo centralizado traria consequências dificultosas à relação entre normas em relação ao tempo.

De todo modo, a CDI postula a não automaticidade da aplicação do critério da posterioridade, na medida em que se analise se as normas sucessivas podem ter aplicação sob o princípio da harmonização; devendo-se igualmente apreciar se a substituição do padrão normativo fora intencionada pelas partes; assim como, em caso de litígio, entre o critério da especialidade e posterioridade, um órgão pode decidir qual elemento seria mais decisivo para sua solução, assim como pode decidir pela não aplicação de quaisquer deles. Por certo que, assim como a norma especial, a norma derrogadora posterior necessariamente deve gozar do mesmo status normativo que a norma derrogada.

Ademais, a CDI pontua que há situações de não identidade entre as partes do tratado anterior e posterior, de modo que subsistam diferentes direitos dependendo das partes ou conjunto delas. Neste ponto, foi relembrada a visão de Jenks segundo a qual o fato de nem todos os estados participarem da revisão de tratados poderia se traduzir em inconsistências sistêmicas no direito internacional. Além disso, seu relatório afirma que o critério da posterioridade tem sido aplicado em contexto complexo de conjuntos normativos: tais conjuntos podem ser arbitrariamente categorizados de modo que, embora suas disposições prevejam obrigações que impactam obrigações contidas em outro instrumento, não sejam considerados como tratando do "mesmo assunto". Talvez o critério da posterioridade dependa de certa linearidade conceitual nas previsões dos tratados sucessivos.

A CDI apura, inclusive, que ao longo da história do estudo do direito internacional houve manifesta preferência pela norma anterior ou posterior. O direito internacional parece oscilar, conforme se colocou, entre o entendimento de que uma nova norma corresponda a um padrão normativo a substituir o anterior ou a uma violação ao primeiro. Para todas essas questões, a Comissão defende a apropriada distinção entre obrigações, reconhecendo-se obrigações "integrais" e "interdependentes" como forma de atribuir consistência ao direito internacional.

Neste ponto, não houve críticas à abordagem da CDI, senão certo ceticismo sobre a capacidade de o critério da posterioridade promover coerência à relação entre normas, como foram os posicionamentos, tratados neste trabalho, de Ahmad Ali Ghouri, bem como de Michaels e Pauwelyn[387]. Para Ghouri, a relação entre normas sucessivas, já que não tratada em termos de validade jurídica, se dá pelo princípio da decisão política, de modo que discricionariamente o estado pode escolher qual tratado cumprir e, nestes termos, o critério seria completamente incapaz de solucionar conflitos normativos[388].

Contudo, mais controvertida é a questão sobre o que pode ser considerado como o "mesmo assunto", para fins de aplicação do critério da posterioridade. A CDI se filia à corrente a qual entende que duas normas tratam do "mesmo assunto" caso os direitos e obrigações nelas contidas não possam ser atendidos ou desfrutados simultaneamente de maneira integral. Não há exigência – como entenderia a vertente estrita – de que as

---

[387] PAUWELYN, Joost; MICHEALS, Ralf; Op. Cit. Nota 146.
[388] GHOURI, Ali Ahmad; Op. Cit. Nota 117.

normas se dirijam a uma mesma hipótese, com certa linearidade conceitual e contextual. Adarsh Ramanujan observa que a CDI adere a esta corrente ao denunciar a possível arbitrariedade na classificação de complexos normativos a partir de suas categorizações temáticas, e saúda a perspectiva de seu estudo[389]. Dada a organização dos conteúdos jurídicos internacionais em categorias de operação técnica específicas, a visão estrita sobre o que seja "mesmo assunto" praticamente invalidaria a aplicação do critério. Por outro lado, a extensão do que possa ser tido como "mesmo assunto" pode acarretar em dispensa de importantes normas internacionais. A CDI parece amenizar este risco ao proclamar a relatividade da aplicação do critério da posterioridade, condicionando-o a outros fatores, como a intenção das partes, o atendimento aos objeto e finalidade dos tratados, defendendo a apropriada distinção entre obrigações "integrais" e "interdependentes", bem como ao sustentar que, entre norma anterior e posterior, há uma relativa prioridade pela última, quando as partes sejam idênticas, de modo que sua relação não se conceba em termos de validade jurídica.

Sobre cláusulas especiais que cuidam da relação com outros tratados, não foram identificadas objeções aos termos do estudo da CDI, senão a declaração de suas pertinências em um terreno de imensas dúvidas. Estas ajudam a esclarecer como os tratados devem ser entendidos em relação uns aos outros. Apontado foi, por outro lado, a opinião de Pauwelyn e Michaels, no sentido de que os tratados, quando anunciam sua prevalência em relação aos outros, demonstram sua não isenção frente a outros regimes. Para os autores, é o que se dá no artigo 103 da Carta das Nações Unidas[390].

No tocante à modificação de tratados multilaterais por acordos *inter se*, a CDI faz apelo à preservação dos objeto e propósito do tratado original, sob inteligência do artigo 41 da CVDT. Apesar deste parâmetro, este entende que, à semelhança das reservas a tratados, os acordos *inter se* acabam por acarretar relações jurídicas distintas. Entretanto, a discussão sobre modificação de tratados contemplou estudo sobre a não-proliferação de armas de destruição em massa, tal qual tratada por Malgosia Fitzmaurice e Panos Merkouris, os quais ponderam a possibilidade de regimes especiais estabelecerem normas específicas sobre modificação e emenda a tratados, de modo que a CVDT não se aplique[391]. A possibilidade de derrogação da CVDT, pelo que se apurou, não foi objeção aos argumentos da CDI. Sua

---

[389] RAMANUJAN, Adarsh; Op. Cit Nota 256.
[390] PAUWELYN, Joost; MICHAELS, Ralf; Op. Cit. Nota 146.
[391] JOYNER, Daniel H.; ROSCINI, Marco (Ed.); Op. Cit. Nota 295.

possibilidade pode vir a relativizar a confiança depositada por seu trabalho à CVDT como referência básica para a coerência sistêmica do direito internacional.

Já sobre seu estudo de relações de maior importância normativa, *jus cogens*, obrigações *erga omnes* e o artigo 103 da Carta das Nações Unidas, novamente o aspecto horizontal e dispositivo do direito internacional foi salientado. Sobre o artigo 103 da Carta das Nações Unidas, esclareceu-se a visão de Pauwelyn e Michaels[392], os quais situam o dispositivo no mesmo plano que outras normas contidas em tratados as quais declaram a superioridade de suas disposições. Para outros autores – Aust[393], Milanovic[394] -, o artigo 103 revela o caráter inigualável, em termos de importância, da Carta das Nações Unidas.

Com efeito, especificamente sobre o artigo 103, a CDI aponta que há dificuldades em saber se sua prevalência abrange não membros das Nações Unidas, ou mesmo se ela se impõe a todas as fontes do direito internacional. Também sobre o dispositivo, esclareceu-se que este tem uma especial relação com o tema das sobreposições jurisprudenciais, em particular a afamada rivalidade de entendimentos entre a Corte Internacional de Justiça e o Tribunal Penal Internacional para a Antiga Iugoslávia, visto que a prevalência do artigo 103 da Carta das Nações Unidas se estende às resoluções do Conselho de Segurança e, ao que a CIJ foi criada pela Carta, o Tribunal foi criado por resolução do Conselho. Interessantemente, Cannizzaro[395] se adianta ao problema, ao defender que o Conselho de Segurança não tivera a intenção de conferir autoridade superior ao Tribunal sobre a interpretação da Convenção para Prevenção e Repressão ao Crime de Genocídio. De todo modo, cumpre esclarecer que a CIJ, no *Caso Relativo à Aplicação da Convenção para Prevenção e Repressão ao Crime de Genocídio*, abordou a relação entre órgãos e suas respectivas jurisprudências, não sob o ponto de vista da autoridade superior para decidir, mas a partir da delimitação da esfera de jurisdição do Tribunal, o qual não poderia ser persuasivo sobre o julgamento de estados – sobre outros pontos sim - já que a atribuição do Tribunal é julgar indivíduos.

No tocante ao *jus cogens*, sua capacidade de solucionar conflitos normativos é geralmente referida como dificultosa, já que, como se demonstrou, para grande parte dos estudiosos de direito internacional, seu conteúdo é

---

[392] PAUWELYN, Joost; MICHAELS, Ralf; Op. Cit. Nota 146.
[393] AUST, Anthony; Op. Cit. Nota 147.
[394] MILANOVIC, Marko; Op. Cit. Nota 315.
[395] CANNIZZARO, Enzo; Op. Cit. Nota 328.

extremamente limitado (Milanovic[396]), ou como indicou a CDI não há uma lista de normas imperativas que se imponha com autoridade. Para alguns autores, o conteúdo de *jus cogens* é "pouco e opaco" (Simma e Pulkowski[397]).

Por sua vez, o estudo do relatório sobre as obrigações *erga omnes* contém um único foco de controvérsia: a CDI diferencia *jus cogens* de obrigações *erga omnes*, por ser *jus cogens* questão de importância – expressam-se valores jurídicos mais fortes – e as obrigações *erga omnes* questão de abrangência – envolve maior número de participantes. Vassilis P. Tzevelekos criticou o relatório por apresentar visão conservadora sobre o tema, uma vez que o aspecto procedimental – autorizando qualquer estado a reclamar o cumprimento das obrigações *erga omnes* – só pode ser explicado pelo aspecto substantivo, entendendo-se que tais obrigações incorporam valores considerados de maior importância no sistema jurídico internacional[398].

Por outro lado, o estudo a respeito do mecanismo de integração sistêmica do relatório apresenta alguns interessantes e pertinentes focos de discussão. A começar que nos debates da Comissão convencionou-se não referir ao mecanismo como sendo um "princípio", preferindo-se a expressão "objetivo". Curiosamente, a versão final do relatório da CDI faz menção a "princípio da integração sistêmica". Na primeira discussão do grupo de estudo sobre integração sistêmica, cuja análise inicial foi produzida por William Mansfield, entendeu-se que o dispositivo da CVDT não teria o condão de solucionar os problemas decorrentes da fragmentação, uma vez que, sendo um recurso eminentemente interpretativo, este só se aplicaria caso um tratado apresentasse qualquer lacuna ou ambiguidade. Certamente, o grupo superou este entendimento, ao verificar que as possibilidades de interpretação previstas no artigo 31 da CVDT diferenciam-se das previstas no artigo 32: o primeiro trata da interpretação de tratados e, entre outros meios, anuncia a possibilidade de considerar qualquer regra relevante e aplicável entre as partes; o segundo trata de meios suplementares de interpretação, caso tenha resultado obscuridade ou ambiguidade, ou ainda se o resultado é absurdo ou desarrazoado. Nota-se que os meios previstos no artigo 31 da CVDT são formas primárias de interpretação de tratados.

Entretanto, remanesce a dúvida sobre se a integração sistêmica serve à interpretação dos termos de um tratado ou de um dispositivo particular, identificando seu sentido ao relacioná-los a outros conteúdos que sejam relevantes e aplicáveis às partes, ou se é um dever jurídico de aplicação e

---

[396] MILANOVIC, Marko; Op. Cit. Nota. 315.
[397] SIMMA, Bruno; PULKOSKI, Dirk; Op. Cit. Nota 125.
[398] TZEVELEKOS; Vassilis P. Op. Cit.

interpretação do direito internacional como um todo. Ao tratar o mecanismo por "princípio", bem como ao sustentar que o dispositivo não esclarece qual o peso a ser conferido às outras regras relevantes e aplicáveis às partes para fins de oportunizar o sopesamento entre normas, a CDI faz clara opção pelo segundo sentido: seria um dever jurídico de aplicação de todas as normas que se relacionam ao caso, inclusive indicando qual o peso a ser atribuído a cada qual. Esta opção fica clara ao que seu relatório argumenta que o dispositivo da integração sistêmica aponta para a necessidade de se compreender o ambiente normativo como um todo, absorvendo deste objetivos compreensíveis e coerentes, inclusive identificando conteúdos os quais devam ser tidos por prioritários. Esta perspectiva foi objeto de reações.

Vassilis P. Tzevelekos criticou a CDI por ter deixado de compreender o artigo 31 (3) (c) como método interpretativo, mas como verdadeiro princípio jurídico o qual impõe um dever de consideração de todo o ambiente normativo. O autor indicou diversos usos ao dispositivo, pela Corte Europeia de Direitos Humanos, inclusive para fins de afirmar sua jurisdição – em alguns casos declinando-a -, ou com o fito de conferir interpretação extensiva aos direitos humanos. A consideração do ambiente normativo como um todo é um benefício apenas secundário, para o autor[399].

Essa discussão, como bem se demonstrou, leva ainda a um segundo questionamento: se a integração sistêmica pode ser entendida como correspondente ou mesmo como viabilizadora da técnica de balanceamento. Apontou-se, neste sentido, a posição de Anne Van Aaken, para quem a integração sistêmica deve contemplar princípios gerais do direito e princípios de direito internacional, com o fito de oportunizar esta técnica a qual é o segundo meio mais eficaz de promoção da coerência sistêmica, perdendo apenas para uma rígida hierarquia de normas. A autora diferenciou "integração sistêmica" da "técnica de balanceamento", ao sustentar que a primeira indica "quais" normas devem ser consideradas, ao que a segunda trata de "como" devem ser consideradas[400]. Guilherme Del Negro, por seu turno, criticou a abordagem da CDI por confundir integração sistêmica com balanceamento: para ele, o balanceamento não é sequer método interpretativo, a ser empregado caso, mesmo após a interpretação, permaneça o conflito, de modo que obrigue o intérprete a fazer uma escolha entre elementos válidos do sistema sobre os quais se deva definir prioridades[401].

---

[399] Idem.
[400] VAN AAKEN, Anne; Op. Cit. Nota 379.
[401] DEL NEGRO, Guilherme; Op. Cit.

No transcurso desses dez anos de conclusão do estudo da CDI, houve algumas revisões de posicionamentos. Joost Pauwelyn, a quem a CDI confiara para dizer que os estados, embora possam derrogar parte ou todo – ressalvado *jus cogens* - o direito internacional, mas jamais se apartar do sistema de direito internacional[402], escreveu, juntamente com Ralf Michaels, artigo sustentando que nem todo o direito internacional pode ser tido como sistema, de modo que a solução de conflitos normativos a partir das técnicas tradicionais seja bem menos importante do que acreditou a CDI: bastaria que seu relatório deduzisse que, nos campos onde o direito internacional pode ser entendido como sistema, adotam-se os critérios de derrogabilidade normativa; no entanto, em casos que tal entendimento não seja possível, adotam-se soluções próprias para relações intersistêmicas, como são as normas de direito internacional privado[403].

Pode-se dizer que o estudo da CDI produziu três tipos de impacto: (1) uma vez que ele aborda questões conceituais e aplicação de dispositivos centrais ao debate da coerência sistêmica do direito internacional, seu estudo é referido por autores os quais, procurando produzir literatura sistematizadora sobre os institutos tratados pelo relatório, coletam argumentos por ele articulados. Embora não tenha a intenção direta de constituir estudo dogmático, senão indicar dificuldades e edificar um guia para lidar com a fragmentação, este pode ser analisado para esses fins. Neste primeiro sentido o impacto do relatório é relativo: no caso do estudo ao direito dos tratados, pode-se recorrer ao relatório como fonte extremamente instrutiva sobre institutos previstos na CVDT, sem que tal passagem seja obrigatória. Foi o que ocorreu com a obra brasileira vocacionada a comentar a CVDT, a qual o relatório foi mencionado nos comentários a certos dispositivos, não recebendo, porém, atenção em relação a outros dos quais o relatório também tratou[404]; (2) diante de toda a discussão a respeito de fragmentação e coerência sistêmica no direito internacional, há um louvável esforço de busca por interseções temáticas, de modo que estudiosos, escrevendo sobre domínios específicos de operação jurídica do direito internacional, procuram relacioná-los a outros conteúdos de direito internacional. O relatório, neste caso, recebe menções ao se entender que a compartimentação dos "ramos" do direito internacional deva ser rebatida com análises associativas entre tais direcionamentos, sob pena de haver fragmentação. Igualmente, neste segundo sentido, o impacto é ocasional e indireto, já que

---

[402] PAUWELYN, Joost; Op. Cit. Nota 195.
[403] MICHAELS, Ralf; PAUWELYN, Joost; Op. Cit Nota 146; p. 375.
[404] SALIBA, Aziz Tuffi (org.); Op. Cit. Nota 300.

é possível entender que a busca pelo ponto de contato entre categorias jurídicas não tenha sido inaugurado por seu estudo, embora tenha-se tornado pertinente, neste ponto, após sua conclusão; (3) o estudo contido no relatório da CDI, por fim, impacta, como não poderia deixar de ser, na discussão sobre constitucionalismo, unidade, fragmentação, coerência sistêmica e solução de conflitos normativos. Neste ponto, seu estudo se dá para discussão dos próprios temas aos quais o relatório se dedica, e estudiosos o menciona, seja para criticá-lo, seja para extrair de seus termos a racionalidade de suas abordagens e desenvolvimento teórico.

Porém, dificilmente se pode dizer que houve alteração das circunstâncias as quais desencadearam o debate sobre unidade, fragmentação ou coerência do direito internacional. Sean D. Murphy avalia o impacto do relatório sete anos após sua conclusão. Diz que este fora amplamente citado por estudiosos do direito internacional, e também muito criticado, sobretudo por ter excluído a questão da relação entre instituições internacionais de sua análise. Outros teriam criticado o relatório por tentar promover 'integração sistêmica' entre um tratado contemporâneo e um antigo - como as tentativas de interseção entre o direito humanitário e direitos humanos, as quais no presente trabalho se fizeram representar pela a opinião de Bill Bowring -, além de críticas pontuais a certas afirmações. O autor salienta, inclusive, os numerosos esforços de esclarecimento da interseção entre "ramos" do direito internacional, com particular impacto sobre os estudos acerca dos direitos humanos, direito humanitário e direito dos investimentos estrangeiros. O relatório da CDI corresponde a uma fonte importante para o estudo de conflitos específicos, envolvendo o direito ambiental e direito do comércio internacional[405].

A seguir, Murphy faz indagação interessante: se o trabalho da CDI constitui uma confirmação ou uma traição aos posicionamentos de Martti Koskenniemi. Sobre a identificação do relatório de antinomias, haveria afinidade com as percepções de Koskenniemi sobre a pós-modernidade. Por outro lado, argumenta Murphy, que a visão da CDI de que o direito internacional constitua um único sistema e não uma coleção aleatória de normas, além da impressão de que há graus maiores ou menores de hierarquia normativa, não apresenta correspondência nos trabalhos de Koskenniemi, visto que em grande parte dos trabalhos deste há uma noção de que o direito internacional é um sistema sem hierarquias e, portanto, não oferece

---

[405] MURPHY, Sean D. **Deconstructing Fragmentation: Koskenniemi's 2006 ILC Project**. GWU Law School Public Law Research Paper nº 109. Temple International & Comparative Law Journal: 14 de Junho de 2013.

meios de solução de conflitos internos. Por exemplo, os conflitos envolvendo os direitos humanos não são meramente interpretativos na visão de Koskenniemi, mas obedecem a inteligibilidade específica, sob pressupostos e valores próprios. Diz, ainda, em atenção ao trabalho de Michaels e Pauwelyn, que a CDI foca em conflitos entre normas e, assim, perde a oportunidade de estudar conflitos entre sistemas jurídicos, os quais seriam regulados por mecanismos próprios do direito internacional privado[406].

Com efeito, Murphy argumenta que a CDI deixou de abordar temas importantes ao conflito normativo, mormente técnicas de negociação, cooperação e coordenação. Seu relatório não seria propenso a tratar de competição entre interesses diversos que operam por meio dos diferentes regimes. Por outro lado, pudera a CDI abordar temas como a conveniência das competições jurisprudenciais, mas decidiu insistir na descrição do direito internacional público como um sistema coerente. Além disso, especificamente sobre a questão do regionalismo, seu relatório não seria satisfatório ao esclarecer o fenômeno e sua relação com a questão da fragmentação, apenas descrevendo-o como uma forma de *lex specialis*; o que não posiciona o regionalismo como um rico contexto cultural e normativo. Outro ponto de contraste, são as suspeitas de Koskenniemi em relação ao desenvolvimento técnico o qual anima as diferentes esferas operacionais de normatividade no direito internacional. A CDI parece ao autor manter o discurso técnico--jurídico e se filiar à mentalidade gerencial[407].

Esta é uma observação interessante de Murphy. Talvez, a CDI não tenha adesão ao pensamento de Koskenniemi, por ter seu trabalho dado resposta extremamente técnica a um problema que, para Koskenniemi, a técnica teria ajudado a criar.

Por fim, Murphy questiona a importância do relatório da CDI para a codificação e sistematização do direito internacional público. Neste ponto, o relatório conclama maior atenção a normas que tratem de conflito normativo; faz importante diferenciação de relação de normas dentro de um regime ou entre regimes; indica que futuros trabalhos devem ser realizados para a compreensão do que seja direito internacional geral. Diz Murphy que futuros relatórios são esperados: novos estudos sobre as questões tratadas pela CDI, mas, espera o autor, que outros tópicos sejam abordados, incluindo conflitos de jurisdições ou a relação entre direito internacional e direito interno[408].

---

[406] Idem; pp. 300 – 302.
[407] Ibidem; pp. 302 e 303.
[408] Ibidem; pp. 304 – 307.

Tomer Broude também avalia a atualidade do relatório após transcorridos sete anos de sua conclusão. Para ele, a única coisa interessante que ocorreu desde a conclusão do trabalho da CDI foi o falecimento do debate acerca da fragmentação. Apesar de a fragmentação ainda estar viva, aduz o autor, o fenômeno foi normalizado – aceito, como politicamente inevitável e interpretativamente manejável - e não considerado como potencial ameaça ao direito internacional enquanto sistema. Diz ele que agora fomos encorajados a parar de temer a fragmentação e passar a amá-la, ou mesmo pensar além dela[409].

Se esta proposição estiver correta, o impacto do trabalho da CDI teria sido esmorecer a efervescência do debate sobre fragmentação. Possivelmente, a discussão tenha-se tornado mais complexa diante da densidade da argumentação contida em seu relatório. Neste caso, o que se põe como possibilidade é que a fragmentação se tenha tornado mais dificilmente demonstrável a partir do estudo da CDI, não porque este tenha recusado sua realidade, senão porque, agora, tornou-se mais problemática a demonstração do que seja, efetivamente, a fragmentação. Isso será verdade se a perspectiva da CDI, da fragmentação como dificuldades – e não impossibilidades - sobrevindas da expansão e diversificação do direito internacional, tenha sido extremamente convincente para que estudiosos possam continuar a abordar o fenômeno como um processo necessariamente negativo. Representativa desta proposição é, certamente, a perspectiva da obra *"Non-Proliferation Law As a Special Regime – A Contribution to Fragmentation Theory In Internacional Law"*. Ao introduzi-la, Daniel H. Joyner e Marco Roscini, tomam a fragmentação como um risco, mas não à credibilidade e efetividade do direito internacional, senão um risco de aumento de conflitos normativos e incompatibilidades sistêmicas, abordagem esta embasada no relatório da CDI[410].

Nesta linha, fragmentação ainda seria vista como um problema, mas não como um risco imposto à estabilidade do sistema jurídico internacional. Fragmentação seria dificuldade em se promover a coerência e um certo dever da sociedade internacional de dispensar atenção às possibilidades de solução ou coordenação de conflitos normativos. Neste sentido, a observação de Broude sobre o impacto do relatório parece ser verdadeira.

---

[409] BROUDE, Tomer; *Keep Calm and Carry On: Martti Koskenniemi and the Fragmentation of International Law*; *Temple International & Comparative Law Journal*; Vol. 27; nº 2; 1 de maio de 2013.

[410] JOYNER, Daniel H.; ROSCINI, Marco (Ed.); Op. Cit. Nota 297; pp. 1 – 14.

O estudo da CDI, possivelmente, remete a dúvidas maiores: e se o direito internacional, ao se ocupar de solucionar potenciais conflitos normativos e, em nome de sua coerência, acabar por dispensar conteúdos jurídicos os quais seriam vitais para preservação de interesses da humanidade? Ou mesmo, caso se possa associar unidade à conservação do estado das coisas e fragmentação – diversificação ou pluralismo – à possibilidade de transformação, por que a conservação é melhor do que transformação? Aliás, essas discussões todas, que reconhecidamente lidam com ideais do direito internacional, caso o estudioso ainda venha a analisar a conveniência de um ou outro ponto de vista, necessariamente este terá de explicitar se unidade, independentemente de suas implicações, é sempre um objetivo a ser perseguido; se coerência e certeza jurídica são virtuosas por si só e independem de outros fatores; se pluralismo é benéfico ou prejudicial e o quê o faz ser um ou outro; se fragmentação deve mesmo ser assim assimilada e se será, independentemente de seus contornos, perniciosa para as relações jurídicas internacionais. Outra dúvida que se impõe é se por fragmentação se entende um processo em curso, ou se é um momento do direito internacional a ser superado pelos esforços de sistematização.

Ademais, o estudo do trabalho da CDI enseja dúvidas sobre se, entre fragmentação e coerência, deva haver conclusões absolutas por um ou outro; ou se também suas percepções não podem possibilitar gradações, de modo que se conclua que o direito internacional seja mais ou menos fragmentado, mais ou menos coerente. E um raciocínio correlato, o qual emerge deste questionamento, poderia levar o estudioso a questionar se, no embate entre constitucionalização e fragmentação, os dois fenômenos serão necessariamente excludentes – ou o direito internacional está diante de sua constitucionalização ou diante de sua fragmentação -, ou se ambos não podem ser reais conjunta e paradoxalmente. Do efeito identificado por Broude, algumas possibilidades exsurgem: talvez tenha a discussão se tornado cansativa e sido levada à exaustão, o que é pouco provável; talvez o relatório tenha sido dotado de autoridade argumentativa de tal forma incisiva que o debate tenha esmorecido por reconhecimento dos seus acertados pontos de vista; mas, talvez, a discussão de um modo geral, incluindo a formulada pela CDI, tenha sido conduzida à percepção de que, por trás de seus questionamentos básicos, há dúvidas ainda mais profundas, incluindo a possibilidade de realidades complexas contar com a convivência (pacífica?) de fenômenos antagônicos no mesmo espaço. Neste caso, a dificuldade aqui apontada se refere à reunião de bases epistemológicas apropriadas para percepção e discussão do que se tem chamado de pós-modernidade. Essas são algumas possibilidades sobre o possível esmorecimento do debate, embora se possa dizer que a observação de Broude, caso correta, seja uma verdade relativa: há ainda estudiosos que retratam a fragmentação como ameaça à unidade do sistema jurídico internacional.

De um jeito ou de outro, as bases materiais sobre as quais o debate se põe continuam presentes, para serem debatidas.

REFERÊNCIAS BIBLIOGRÁFICAS

ABI-SAAB, Georges. Fragmentation or Unification: Some concluding remark. Vol. 31; n. 4. pp. 919 – 933. New York Journal of International Law and Politics, 1999.

ACCIOLY, Hildebrando; NASCIMENTO, G.E; CASELLA, P.B. Manual de Direito Internacional Público. 19ª Edição. São Paulo: Editora Saraiva, 2011.

ANDENAS, Mads. Reassertion and Transformation: From Fragmentation to Convergence in International Law. Vol. 46. Georgetown Journal of International Law: 2015.

AUST, August. Modern Treaty Law and Practice. Second Edition. New York: Cambridge University Press, 2007.

BENVENISTI, Eyal. The Conception of International Law as a Legal System. Vol. 50. pp. 393 – 405. German Yearbook of International Law, 2008.

BOWRING, Bill. Fragmentation, lex specialis and the tensions in the jurisprudence of the European Court of Human Rights. Vol. 14; Issue 3. pp. 485-498. Journal of Conflict & Security Law – Oxford University Press, 2010.

BROUDE, Tomer. Keep Calm and Carry On: Martti Koskenniemi and the Fragmentation of International Law. Vol. 27; nº 2. Temple International & Comparative Law Journal, 2013.

BUSCH, Marc L. Overlapping Institutions, Forum Shopping, and Dispute Settlement in International Trade. Vol. 61; iss 4. pp. 735-761. International Organization, 2007.

CALTI, Melissa Zekiye. Methods of Norm Conflict Avoidance in International Law Applied to the Relationship Between Human Rights Law and Humanitarian Law: Fragmentation or Harmonisation? – The Applicability of Human Rights Treaties in the Context of Armed Conflicts. Master thesis/University of Oslo, 2014.

CANÇADO TRINDADE, Antônio Augusto. The Merits of Coordination of International Courts on Human Rights. Vol. 2; issue 2. pp. 309 – 312. Journal of International Criminal Justice,2004.

CANNIZZARO, Enzo. Interconnecting International Jurisdictions: a Contribution from the Genocide Decision of the ICJ. Vol. I; nº I. European Journal of Legal Studies, 2007. Disponível em: http://www.ejls.eu/1/5UK.pdf (último acesso em 16.8.2016).

CASELLA, P. B. Fundamentos do Direito Internacional Pós-Moderno. São Paulo: Quartier Latin, 2008.

CASSESE, Antonio. International Law. 2ª Edição. Oxford University Press, 2005.

CHARNEY, Jonathan I. Is International Law threatened by Multiple International Tribunals? (271) Recueil des Cours de l'Academie de Droit International de la Haye, 1998.

Comissão de Direito Internacional das Nações Unidas. Fragmentation of International Law: Difficults Arising from the Diversification and Expansion of International Law: Report of the Study Group of the International Law Commission Finalized by Martti Koskenniemi (A/CN.4/L.682). 2006. Disponível em: http://legal.un.org/avl/ha/fil/fil.html (último acesso em: 12.11.2016).

_____. Report of the Study Group on Fragmentation of International Law (A/CN.4/L.628). 2002. Disponível em: http://legal.un.org/ilc/guide/1_9.shtml (último acesso: 12.11.2016).

_____. Report of the Study Group on Fragmentation of International Law: Difficults Arising from the Diversification and Expansion of International Law (A/CN.4/L.644). 2003. Disponível em: http://legal.un.org/ilc/guide/1_9.shtml (último acesso: 12.11.2016).

DALLARI, Pedro B. de Abreu. Atualidade dos Tribunais Administrativos de Organizações Internacionais. Tese apresentada na Faculdade de Direito da Universidade de São Paulo para obtenção do título de Livre Docente, 2009.

DEL MAR, Maksymilian. System Values and Understanding Legal Language. Vol. 21. Leiden Journal of International Law, 2008.

DEL NEGRO, Guilherme. "The Weight of Obligations": Systemic Integration, Balancing and Conflicts of Legitimacy. In Fragmentação do Direito Internacional – Pontos e Contrapontos. Belo Horizonte: Arraes, 2015.

DUPUY; Pierre-Marie. L'unité de l'ordre juridique international. (297) Recueil des Cours de l'Academie de Droit International de la Haye, 2002.

FABRICOTTI, Alberta. The Paradox of Multilateralizing Regionalism Through Flexibility; in Multilateralizing Regionalism and The Future Arquitecture of International Trade Law as a System of Law. Vol. 103. pp. 119-121. American Society of International Law, 2009.

FASSBENDER, Bardo. The Meaning of International Constitutional Law; in Transnational Constitutionalism – International and European Perspectives. Cambridge University Press, 2007.

FISHER-LESCANO, Andreas; TEUBNER, Gunther. Regime Collisions: The Vain Search for Legal Unity in the Fragmentation of Global Law. Vol. 25; nº 4. Michigan Journal of International Law, 2004.

FRIEDMANN, Wolfgang. Mudança de Estrutura do Direito Internacional. Rio de Janeiro: Freitas Bastos, 1971.

GALINDO, George Rodrigo Bandeira. Dialogando na Multiplicação: uma Aproximação. Vol. 9. Brazilian Journal of International Law, 2012.

_____. Introdução: Dialética Negativa? In Fragmentação do Direito Internacional – Pontos e Contrapontos. Belo Horizonte: Arraes, 2015.

GALINDO, George Rodrigo Bandeira; FELIX, Loussia Penha Musse. Pessoal Diplomático e Consular dos Estados Unidos em Teerã (Estados Unidos vs. Irã) (24 de maio de 1980). In O Direito Internacional em Movimento: Jurisprudência Internacional Comentada – Corte Internacional de Justiça e Supremo Tribunal Federal. João Henrique Ribeiro Roriz e Alberto do Amaral Júnior (Orgs.). Brasília: Instituto Brasiliense de Direito, 2016. Disponível em: https://www.academia.edu/28893710/O_Direito_Internacional_em_Movimento_Jurisprud%C3%AAncia_Internacional_Comentada_-_Corte_Internacional_de_Justi%C3%A7a_e_Supremo_Tribunal_Federal) (último acesso: 2/1/2017.

GHOURI, Ahmad Ali. Is Characterization of Treaties a Solution to Treaty Conflicts? Vol. 11. pp. 247-280. Chinese Journal of International Law, 2012.

GOURGOURINIS, Anastasios. General/Particular International Law and Primary/Secondary Rules: Unitary Terminology of a Fragmented System. Vol. 22; nº 4. The European Journal of International Law, 2011.

GUILLAUME, Gilbert; *The Proliferation of International Judicial Bodies: the Outlook for the International Legal Order – Speech by His Excellency Judge Gilbert Guillaume, President of the International Court of Justice, to the Sixth Committee of the General Assembly of the United Nations;* 2000. Disponível em: http://www.icj-cij.org/court/index.php?pr=85&pt=3&p1=1&p2=3&p3=1 (Último acesso em: 29.9.2015).

HAFNER, Gerhard. Pros and Cons Ensuing from Fragmentation of International Law. Vol. 25. (849) Michigan Journal of International Law, 2003 – 2004.

_____. Risks Ensuing From Fragmentation of International Law. Syllabuses on Topics Recommended for Inclusion in the Long-Term Programme of Work of the Comission (A/55/10) -2000. Disponível em: http://legal.un.org/ilc/guide/1_9.shtml (último acesso: 12.11.2016).

JENKS, Wilfred. El Derecho comum de la humanidade. Madrí: Tecnos, 1968.

_____. The Conflicts of Law-Making Treats Treaties. In (30) The British Year Book of International Law, 1953.

JOYNER, Daniel H.; ROSCINI, Marco (Ed.). Non-Proliferation Law as a Special Regime: A Contribution to Fragmentation Theory in International Law. Cambridge University Press, 2012.

JUENGER, Friedrich K. Forum Shopping, Domestic and International. In Law Journal Library. Vol. 63. Tulane Law Review, 1998 – 1999.

KINGSBURY, Benedict. Foreword: Is the Proliferation of International Courts and Tribunals a Systematic Problem? Vol. 31. New York University Journal of International Law and Politics/1999.

KOSKENNIEMI, Martti. The Fate of Public International Law: Between Technique and Politics. Vol 70; iss 1. Modern Law Review, 2007.

_____. International Law: Between Fragmentation and Constitutionalism. Canberra, 2006. Disponível em: http://www.helsinki.fi/eci/Publications/talks_papers_MK.html. (último acesso em: 4.11.2016).

KOSKENNIEMI, Martti; LEINO, Päivi. Fragmentation of International Law? Postmodern Anxieties. Volume 15; issue 3. pp. 553-579. Leiden Journal of International Law, 2002.

LAVRANOS, Nikolaos. The Solange-Method as a Tool for Regulating Competing Jurisditions Among International Courts and Tribunals. Vol. 30. Law Journal Library Loyola of Los Angeles International and Comparative Law Review, 2008.

LEATHLEY, Christian. An Institutional Herarchy to Combat the Fragmentation of International Law: Has the ILC Missed an Opportunity? Vol. 40. New York University Journal of International Law and Politics, 2007.

MARCEAU, Gabrielle. Conflicts of Norms and Conflicts of Jurisdiction – The Relationship between the WTO Agreement and MEAs and other Treaties. Vol. 30. Journal of World Trade, 2001.

_____. News from Geneva On RTAs and WTO-PLUS, WTO-MORE, And WTO-MINUS. In Multilateralizing Regionalism and The Future Architecture of International Trade Law as a Sustem of Law. American Society of International Law, 2009.

MATZ-LÜCK, Nele. Structural Question of Fragmentation. In Fragmentation of International Legal Orders and International Law: Ways Forward? American Society of International Law, 2011.

MARTINEAU, Anne-Charlotte. The Rhetoric of Fragmentation: Fear and Faith in International Law. Vol 22; issue 1. pp. 1-28. Leiden Journal of International Law, 2009.

MICHAELS, Ralf; PAUWELYN, Joost. Conflict of Norms or Conflict of Laws? Different Techiniques in the Fragmentation of Public International Law. Vol. 22; iss. 3. Pp. 349 – 376. Duke Journal of Comparative & International Law, 2012.

MIKO, Samantha A. Norm Conflict, Fragmentation, and the European Court of Human Rights. (1351) Boston College Law School Review, 2013.

MILANOVIC, Marko. Norm Conflict in International Law: Whither Human Rights? Vol. 20; n°1. Duke Journal of Comparative & International Law, 2009.

URPHY, Sean D. Deconstructing Fragmentation: Koskenniemi's 2006 ILC Project. Vol. 109. Temple International & Comparative Law, 2013.

PAUWELYN, Joost; SALLES, Luiz Eduardo. Tribunals: (Real) Concerns and (Im) Possible Solutions. Vol. 42. Cornell International Law Journal, 2009.

PAUWELYN, Joost; Multilateralizing Regionalism: What About an MFN Clause in Preferential Trade Agreements? In Multilateralizing Regionalism and The Future Architecture of International Trade Law as a Systema Of Law. American Society of International Law, 2009.

_____. Conflitc of Norms in Public International Law – How WTO Law Relates to Other Rules of International Law. Cambridge Studies in International and Comparative Law, 2003.

PAVEL, Carmen. Normative Conflict in International Law. Vol. 46. San Diego Law Review, 2009.

PROST, Mario; CLARK, Paul Kingsley. Unity, Diversity and the Fragmentation of International Law: How Much Does the Multiplication of International Organizations Really Matter? Volume 5; n° 2. pp. 341 – 370. Chinese Journal of International Law, 2006.

PUDER, Markus G. The Rise of Regional Integration Law (RIL): Good News for International Environment Law (IEL)? Vol. 23. Georgetown International Environmental Law Review, 2011.

RACHOVITSA, Adamantia. Treaty Clause and Fragmentation of International Law: Applying the More Favorable Protection Clause in Human Rights. Vol. 16. Pp. 77 – 101. Human Rights Law Review, 2016.

RAMANUJAN, Adarsh. Conflicts over "Conflict": Preventing Fragmentation of International Law. Vol. 1; n° 1. Trade, Law and Development, 2009.

RAMOS, André de Carvalho. Direitos Humanos Na Integração Econômica – Análise Comparativa da Proteção de Direitos Humanos e Conflitos Jurisdicionais na União Europeia e Mercosul. Rio de Janeiro: Editora Renovar/2008.

_____. Processo Internacional de Direitos Humanos. 2ª Edição. São Paulo: Saraiva, 2012.

RESEK, Francisco. Direito Internacional Público – Curso Elementar. 14ª Edição. São Paulo: Editora Saraiva, 2013.

ROMANO, Cesare. The Proliferation of International Judicial Bodies: the Pieces of the Puzzle. Vol. 31. New York University Journal of International Law and Politics, 1999.

SALIBA, Aziz Tuffi (org.). Direito dos Tratados – Comentários à Convenção de Viena sobre o Direito dos Tratados (1969). Belo Horizonte: Arraes, 2011.

SCHWEBEL, Stephen. Address to the Plenary Session of the General Assembly of the United Nations. 1999. Disponível em: http://www.icj-cij.org/court/index.php?pr=87&pt=3&p1=1&p2=3&p3=1 (Último acesso em: 29.9.2015).

SHAW, Malcolm N. Direito Internacional. São Paulo: Martins Fontes, 2010.

SHEFFER, Megan Wells. Bilateral Investment Treaties: A Friend or Foe to Human Rights? (483) Denver Journal of International Law and Policy, 2011.

SIMMA, Bruno. Fragmentation in a Positive Light. Vol. 25. (845) Michigan Journal of International Law, 2003 – 2004.

SIMMA, Bruno; PULKOWSKI, Dirk. Of Planets and The Universe: Self-contained Regimes in International Law. Vol. 17; n°3. The European Journal of International Law, 2006.

SIMO, Regis Yann. The Law of International Responsibility: The Case of WTO as a "Lex Specialis" Or the Fallacy Of a 'Self-Contained' Regime. Vol. 22; nº 2. African Journal of International and Comparative Law, 2014.

SINGH, Sahib. Two Potential Paths Forward from Fragmentation Discourse: Sociology and Ethics. In Fragmentation of International Legal Orders and International Law: Ways Forward? American Society of International Law (ASIL Proceedings), 2011.

TZEVELEKOS, Vassilis P. The Use of Article 31 (3) (c) Of the VCLT In the Case Law of the ECtHR: An Effective Anti-Fragmentation Tool or A Selective Loophole for The Reinforcement of Human Rights Teleology? Vol. 31. Michigan Journal of International Law, 2010.

VAN MULLIGEN, Johannes Gerald. Global Constitutionalism and the Objective Purport of the International Legal Order. Leiden Journal of International Law, 2011.

VARELLA, Marcelo Dias. A Crescente Complexidade do Sistema Jurídico Internacional – Alguns Problemas de Coerência Sistêmica. Vol. 42; n. 167. pp. 135-170. Brasília: Revista de Informação Legislativa, 2005.

YOUNG, Margaret A. Introduction: The Productive Friction between Regimes. In Regime Interaction in International Law: Facing Fragmentation. Cambridge University Press, 2012.

JURISPRUDÊNCIA INTERNACIONAL CONSULTADA

Corte Europeia de Direitos Humanos. Al-Adsani v. United Kingdom (application nº 35763/97). Julgado em 21 de novembro de 2001.

Corte Europeia de Direitos Humanos. Bankovic and others v. Belgium and others (application nº 55207/99). Apreciado em 12 de dezembro de 2001.

Corte Europeia de Direitos Humanos. Golder v. United Kingdom (application nº 4451/70). Julgado em 21 de fevereiro de 1975.

Corte Europeia de Direitos Humanos. Marlène Belilos v. Switzerland (application nº 10328/83). Julgado em 29 de abril de 1988.

Corte Europeia de Direitos Humanos. Loizidou v. Turkey (application nº 15318/1989); julgado em 18 de dezembro de 1996.

Corte Europeia de Direitos Humanos. Tatjana Slivenko and Others v. Latvia (application nº 48321/99). Julgado em 9 de outubro de 2003.

Corte Interamericana de Direitos Humanos. Parecer Consultivo Sobre Outros Tratados Sujeitos à Jurisdição Consultiva da Corte (Parecer Consultivo nº OC-1/82). 24 de setembro de 1982.

Corte Interamericana de Direitos Humanos. Caso "Velázquez Rodríguez v. Honduras". Julgamento em 29 de julho de 1988; série C nº 4.

Corte Internacional de Justiça. Caso Barcelona Traction, Light and Power Company, Limited (Bélgica v. Espanha). Julgado em 5 de fevereiro de 1970.

Corte Internacional de Justiça. Caso da Plataforma Petrolífera (República Islâmica do Irã v. Estados Unidos da América). Julgado em 6 de novembro de 2003.

190 Direito Internacional e o Debate sobre sua Unidade

Corte Internacional de Justiça. Caso das Atividades Militares e Paramilitares Na e Contra a Nicarágua (Nicarágua v. Estados Unidos da América). Julgado em 27 de junho de 1986.

Corte Internacional de Justiça. Caso do Estreito Corfu (Reino Unido da Grã--Bretanha e Irlanda do Norte v. Albânia). Julgado em 9 de abril de 1949.

Corte Internacional de Justiça. Caso Relativo à Aplicação da Convenção de Prevenção e Repressão aos Crimes de Genocídio (Bósnia-Herzegovina v. Iugoslávia – Sérvia e Montenegro). Julgado em 26 de fevereiro de 2007.

Corte Internacional de Justiça. Caso Relativo ao Corpo Diplomático e Consular em Teerã (Estados Unidos da América v. Irã). Julgado em 24 de maio de 1980.

Corte Internacional de Justiça. Caso Sobre Questões de Aplicação e Interpretação da Convenção de Montreal de 1971 Resultantes do Incidente Aéreo em Lockerbie (Líbia v. Estados Unidos da América). Encerrado em 10 de setembro de 2003.

Corte Internacional de Justiça. Parecer Consultivo a Respeito de reservas à Convenção sobre Prevenção e Repressão ao Crime de Genocídio. 1951.

Corte Internacional de Justiça. Parecer Consultivo Sobre a Licitude da Ameaça ou Uso de Armas Nucleares. 1996.

Corte Internacional de Justiça. Parecer Consultivo Sobre as Consequências Jurídicas da Construção de um Muro no Território Palestino Ocupado. 2004.

Corte Permanente de Arbitragem. Caso Irlanda vs Reino Unido (Arbitragem OSPAR). Disponível em: http://www.pca-cpa.org/showpage.asp?pag_id=1158 (Último acesso em: 6.7.2015).

Corte Permanente de Arbitragem. Caso da Usina de MOX – Irlanda vs Reino Unido. Disponível em: http://www.pca-cpa.org/showpage.asp?pag_id=1148 (Último acesso em: 6.7.2015).

Corte Permanente de Justiça Internacional. Caso do "S.S. Winbledon". Julgado em 17 de agosto de 1923.

Corte Permanente de Justiça Internacional. Caso "Mavrommatis Palestine Concessions". Julgado em 30 de agosto de 1924.

Corte Permanente de Justiça Internacional. Parecer Consultivo sobre "Customs Regime between Germany and Austria". Prolatado em 5 de setembro de 1931.

Corte Permanente de Justiça Internacional. Caso Oscar Chinn. Julgado em 12 de dezembro de 1934.

Organização das Nações Unidas. Affaire concernant l'apurement des comptes entre le Royaume des Pays-Bas et la République Française en application du protocole du 25 septembre 1991 additionnel à la Convention relative à la protection du Rhin contre la pollution par les chlorures du 3 décembre 1976. Reports of International Arbitral Awards: 12 de maio de 2004.

Organização das Nações Unidas. Southern Bluefin Tuna Case Between Australia and Japan and Between New Zealand and Japan, Award on Jurisdiction and Admissibility. Reports of International Arbitral Awards: 4 de agosto de 2000.

Organização Mundial do Comércio. "European Communities – Measures Concerning Meat and Meat Products (Hormones) (WT/DS26/AB/R, WT/DS48/AB/R).

Organização Mundial do Comércio. European Communities – Measures Affecting the Approval and Marketing of Biotech Products (WT/DS291/R).

Organização Mundial do Comércio. "Chile – Measures affecting the transit and importation of swordfish" (WT/193/1).

Organização Mundial do Comércio. "Korea – Measures Affecting Government Procurement" (WT/DS163/R).

Organização Mundial do Comércio. "Turkey – Restrictions on Imports of Textile and Clothing Products" (WT/DS34/R).

Organização Mundial do Comércio. "United States – Import Prohibition of Certain Shrimp and Shrimp Products" (WT/DS58/AB/R).

Organização Mundial do Comércio. "United States - Standards for Reformulated and Conventional Gasoline" (WT/DS2/AB/R).

Tribunal Internacional Para o Direito do Mar. "The MOX Plant Case" (Case nº 10). Pedido de Medidas Provisórias da Irlanda.

Tribunal Internacional Para o Direito do Mar. Case on conversation of swordfish stocks between Chile and the European Community in the south-eastern pacific ocean (Chile vs. European Union).

Tribunal Internacional Para o Direito do Mar. Southern Bluefin Tuna Cases (New Zealand v. Japan; Australia v. Japan) – Provisional Measures.